Orbis

Bertram Münker

Wildblumen

Herausgegeben von Gunter Steinbach
Illustriert von Fritz Wendler
Beratung von Manfred Stangier

Orbis Verlag

Bildautoren

J. Apel: S. 173 u.r.; **R. Chattopadhyay:** S. 77 u.l., 121 o.r., 141 o.l., 161 o.r, 163 u.r., 171 u.r., 175 u.r., 187 o.r., 195 o.r., 269 u.r., 273 M.r.; **R. Cramm:** S. 107 u.l., 123 M.l., 157 u.r., 209 u.l., 279 u.l.; **W. Curth:** S. 227 u.l.; **R. Haslberger:** S. 19 u.l., 23 o.l., 53 u.r., 129 o.r., 133 u.l., 133 u.r., 161 u.r., 165 o.r., 165 M.l., 185 o.r., 249 u.l., 255 o.r., 265 u.r., 277 u.r.; **C. Janßen:** S. 103 o.r.; **G. Kalden:** S. 43 u.l., 129 o.l., 247 o.l., 249 o.r.; **C. Militz:** S. 195 M.l.; **B. Münker:** S. 27 M.l., 31 o.l., 31 o.r., 55 u.r., 81 o.l., 83 o.r., 83 u.r., 89 u.r., 123 M.r., 127 M.r., 145 o.r., 157 o.l., 167 M.l., 169 o.l., 171 o.r., 175 o.l., 179 o.r., 205 u.l., 207 o.r., 209 o.l., 219 u.l., 221 M.r., 227 o.r., 227 u.r., 235 u.r., 239 o.r., 265 o.r., 271 o.r., 273 o.r., 275 o.l., 275 u.r.; **M. Pforr:** S. 25 M.l., 33 u.r., 35 o.l., 51 o.r., 57 o.r., 57 u.l., 59 u.r., 61 u.r., 63 o.l., 63 u.l., 65 u.r., 67 o.l., 67 u.l., 67 u.r., 69 o.l., 71 u.r., 73 o.r., 75 o.l., 87 o.r., 87 u.l., 91 u.r., 93 o.r., 93 u.l., 93 u.r., 95 o.r., 109 u.l., 125 o.l, 125 u.l., 129 u.l., 131 o.l, 131 o.r., 145 o.l., 149 u.r., 159 u.l., 167 u.r., 177 u.l., 177 u.r., 181 M.l., 195 u.l., 211 u.r., 229 o.r., 233 u.r., 235 o.l., 237 u.l., 247 u.l., 255 o.l.; **W. Pilz:** S. 25 o.r., 51 u.l., 61 o.l., 65 M.l., 73 u.r., 87 u.r., 95 o.l., 103 u.l., 123 o.r., 135 o.r., 163 u.l., 169 u.r., 183 u.r., 195 M.r., 197 u.M., 217 u.r., 231 o.r., 239 o.l., 241 u.l., 267 u.l., 271 u.l.; **Dr. E. Pott:** S. 17 u.r., 19 o.l., 23 u.r., 37 o.r., 65 M.r., 83 u.l., 99 o.r., 109 u.r., 111 u.r., 113 M.r., 135 u.r., 141 o.r., 145 u.l., 183 o.l., 191 o.r., 205 M.r., 225 o.r., 253 o.r., 253 u.r., 257 u.r., 259 o.r., 261 u.l., 265 o.l., 265 u.l., 267 M.r., 275 u.l., 277 o.l., 277 o.r.; **H. Reinhard:** S. 17 u.l., 21 o.l., 21 u.l., 23 u.l., 25 o.l., 27 M.r., 41 o.l., 41 u.l., 43 o.l., 55 u.l., 59 o.l., 65 o.l., 69 u.r., 95 M.l., 97 u.r., 129 u.r., 135 o.l., 139 o.l., 143 o.r., 147 o.r., 151 o.l., 153 o.l., 155 o.l., 163 o.l, 165 o.l., 165 u.l., 173 o.r., 175 o.r., 181 u.r., 195 u.r., 197 u.r., 201 o.l., 203 u.r., 205 M.l., 217 u.l., 219 o.l., 219 u.r., 221 u.r., 223 o.r., 231 o.l., 231 u.l., 231 u.r., 237 o.l., 249 o.l., 251 o.l., 253 M.l., 253 u.l., 255 u.r., 257 o.l., 261 o.r., 269 o.l., 269 o.r., 269 u.l.; **Dr. F. Sauer:** S. 51 u.r., 147 o.l.; **E. Schäfer:** S. 235 o.r.; **Dr. T. Schauer:** S. 29 M.r., 39 o.l., 43 o.r., 75 u.r., 107 o.l., 115 u.r., 119 o.r., 149 o.r., 203 o.r.; **J. Schimmitat:** S. 31 u.l., 81 o.r., 91 o.r., 113 o.l., 113 o.r., 117 o.r., 119 o.l., 185 o.l.; **H. Schrempp:** S. 17 o.r., 19 u.r., 21 u.r., 23 o.r., 25 u.r., 27 o.r., 27 u.l., 27 u.r., 29 o.l., 29 M.l., 29 u.r., 31 u.r., 33 o.l., 33 o.r., 33 u.l., 35 o.r., 35 u.l., 35 u.r., 37 o.l., 37 u.l., 37 u.r., 39 o.r., 39 u.l., 39 u.r., 41 M.r., 43 M.l., 43 M.r., 43 u.r., 45 o.l., 45 o.r., 45 u.l., 45 u.r., 47 o.r., 47 u.l., 47 u.r., 49 o.l., 49 o.r., 49 M.l., 49 M.r., 49 u.l., 51 o.l., 53 o.l., 53 u.l., 55 o.l., 55 o.r., 57 o.l., 57 u.r., 59 u.l., 61 o.r., 61 u.r., 63 o.r., 63 u.r., 65 o.r., 67 o.r., 69 o.r., 69 u.l., 71 o.l., 71 o.r., 73 o.l., 73 u.l., 75 o.r., 75 u.l., 77 o.r., 77 u.r., 79 M.l., 79 M.r., 79 u.r., 81 u.l., 81 u.r., 81 u.r., 83 o.l., 85 o.r., 87 o.l., 89 o.r., 91 o.l., 91 u.l., 93 o.l., 95 M.r., 95 u.r., 97 o.l., 97 o.r., 97 u.l., 99 o.l., 101 o.l., 101 o.r., 101 u.l., 101 u.r., 103 o.l., 103 u.r., 105 o.r., 105 u.l., 105 u.r., 107 M.l., 107 o.r., 109 o.l., 109 o.r., 111 o.l., 111 o.r., 111 u.l., 113 u.l., 113 u.r., 115 o.l., 115 o.r., 115 M.l., 115 M.r., 115 u.l., 117 o.l., 117 M.l., 117 M.r., 117 u.l., 117 u.r., 119 M.l., 119 M.r., 119 u.l., 119 u.r., 121 o.l., 121 M.l., 121 M.r., 121 u.l., 121 u.r., 123 o.l., 123 u.l., 123 u.r., 125 u.r., 127 o.l., 127 o.r., 127 M.l., 127 u.l., 127 u.r., 131 u.l., 133 M.l., 133 M.r., 137 o.l., 137 o.r., 137 u.l., 139 o.l., 139 M.l., 139 u.l., 139 u.r., 141 u.l., 143 u.r., 147 u.l., 149 o.l., 151 u.l., 151 u.r., 153 u.l., 153 u.r., 155 o.r., 155 u.l., 155 u.r., 157 o.r., 157 u.l., 159 o.l., 159 o.r., 159 u.r., 161 o.l., 161 u.l., 163 o.r., 165 M.r., 165 u.r., 167 o.l., 167 M.r., 167 u.l., 169 o.r., 169 u.l., 171 o.l., 171 u.l., 173 o.l., 173 M.l., 173 M.r., 173 u.l., 177 o.l., 177 o.r., 179 o.l., 179 u.l., 179 u.r., 181 o.l., 181 o.r., 181 M.r., 181 u.l., 183 u.l., 185 u.l., 185 u.r., 187 o.l., 187 u.l., 187 u.r., 189 o.l., 189 o.r., 189 u.l., 191 o.r., 191 u.l., 191 u.r., 193 o.l., 193 o.r., 193 u.l., 195 o.l., 197 o.l., 197 o.r., 199 o.l., 199 o.r., 199 u.l., 199 u.r., 201 o.r., 201 u.l., 201 u.r., 203 o.l., 203 u.l., 205 o.l., 205 o.r., 207 u.r., 209 o.r., 209 u.r., 211 o.l., 211 u.l., 213 o.l., 213 o.r., 213 u.l., 213 u.r., 215 o.l., 215 o.r., 215 u.l., 215 u.r., 217 o.l., 217 o.r., 219 o.r., 219 M.l., 219 M.r., 221 o.l., 221 o.r., 221 u.r., 225 o.l., 225 u.l., 227 o.l., 229 o.l, 229 u.r., 233 o.l., 233 o.r., 235 u.l., 237 o.r., 237 u.r., 239 u.l., 239 u.r., 241 o.l., 241 o.r., 241 u.r., 243 o.l., 243 o.r., 243 u.l., 243 u.r., 245 o.r., 247 u.r., 251 o.r., 251 u.l., 251 u.r., 253 o.l., 253 M.r., 255 M.l., 255 u.l., 259 o.l., 267 o.l., 267 o.r., 267 M.l., 267 u.r., 271 o.l., 271 o.M., 273 u.l., 275 o.r., 279 o.l., 279 u.r.; **E. Schuhmacher:** S. 29 u.l., 77 o.l., 147 u.r., 249 u.r., 259 u.l., 261 o.l., 263 o.r., 273 o.l.; **S. Seidl:** S. 19 o.r., 221 M.l., 257 u.l., 277 u.l.; **H. Spönlein:** S. 21 o.r., 79 o.l., 149 u.l.; **G. Steinbach:** S. 61 o.r., 79 u.l., 95 u.l., 105 o.l., 113 M.l., 229 u.l., 257 o.r.; **G. Synatzschke:** S. 245 u.r.; **K. Wolfstetter:** S. 25 u.l., 27 o.l., 41 o.r., 41 M.l.,41 u.r., 65 u.l., 85 u.l., 85 u.r., 99 u.l., 99 u.r., 133 o.l., 223 u.r.; **K. Wothe:** S. 25 M.r., 29 o.r., 47 o.l., 49 u.r., 59 o.r., 61 u.l., 71 u.l., 79 o.r., 85 o.l., 107 u.r., 125 o.r., 133 o.r., 137 u.r., 145 u.r., 183 o.r., 193 u.r., 197 u.l., 207 o.l., 207 u.l., 211 o.r., 223 o.l., 223 u.l., 225 u.r., 233 u.l., 247 o.r., 255 M.r., 261 u.r.; **G. Ziesler:** S. 263 o.l.

Genehmigte Sonderausgabe 2000
Orbis Verlag für Publizistik, München
in der Verlagsgruppe Bertelsmann GmbH

Druck und Bindung: Mladinska Knjiga, Ljubljana
Printed in Slovenija · ISBN 3-572-01089-6

Inhalt

Zum Buch

Der Artenreichtum an Wildpflanzen unserer europäischen Heimat ist fast unübersehbar. Hinzu kommt das Heer der Unterarten und örtlichen Rassen, der Bastardbildungen, der »Ausbrecher« aus Kulturen und der eingebürgerten Arten, die teilweise fester Bestandteil unserer Flora wurden. Jeder Feldführer zum Pflanzenbestimmen stellt deshalb einen Kompromiß dar. In allgemeinen Pflanzenbüchern findet man am häufigsten die schönen und auffälligen Arten abgebildet. So kann der Wildblumenfreund, der seine Kenntnisse schrittweise erweitern möchte, auch mit mehreren Bestimmungsbüchern durchaus auf die gleichen Lücken stoßen. Je mehr Pflanzengruppen und Lebensräume ein bebilderter Feldführer umfaßt, desto unvollständiger muß er im einzelnen bleiben.
Unserer Naturführer-Reihe liegt eine einfache Idee zugrunde: die Pflanzen und Tiere (die Reihe enthält auch einen Mineralführer) unseres zwar kleinen, aber an unterschiedlichen Lebensräumen so reichen Europas in einem System vorzustellen, das Ausführlichkeit der Darstellung mit einer gewissen Vollständigkeit eines Bereiches verbindet. Trotzdem sollen die Bände in Format und Umfang den Rahmen von Feldführern nicht überschreiten.
Eine verhältnismäßig hohe Bandzahl des Gesamtwerkes wird damit unumgänglich. Ist es doch das Ziel von Verlag und Herausgeber, nicht nur der Mitte, sondern auch dem hohen Norden und dem warmen Süden Europas gerecht zu werden – fast eine Notwendigkeit im Zeitalter der Ferienflüge, in dem Europa eigentlich keine Schranken der Entfernung, nur noch solche der Politik kennt.

Unser vorliegender Band ist also kein Pflanzenführer im allgemeinen, sondern ein Wildblumenführer im eingegrenzten Sinn. Dazu bedarf es einer kurzen Begriffserklärung des Wortes Wildblumen. Auf den ersten Blick weiß jeder, was damit gemeint ist: Blütenpflanzen der Wildbahn. Pilze und Flechten, Moose und Farne fallen nicht darunter. Wir sonderten aber auch Sträucher und Bäume aus, und zwar die Gehölze im strengen Wortsinn, worunter Pflanzen verstanden werden, deren Sprosse verholzen. Dazu gehören nicht nur Blütensträucher wie Heckenrosen, Ginster oder Geißklee, sondern auch Zwergsträucher, die landläufig eher den Wildblumen als den Gehölzen zugeordnet werden: die zahlreichen Heidekrautarten etwa oder die niedrig wachsende Dornige Hauhechel. Sie bleiben den Bänden Strauchgehölze und Bäume vorbehalten.
Während wir für die meisten Bände unserer Reihe den Lebensraum Europa in seiner ganzen Nord-Süd- und Ost-West-Ausdehnung zugrundelegen konnten, mußten wir beim vorliegenden Wildblumenband die Mittelmeerflora ausgliedern. Auch ihr wird ein eigener Band dieser Reihe gewidmet. Damit nicht genug, bekamen auch die Blütenpflanzen der Hochgebirge und Tundren einerseits, die der Meeresstrände andererseits eigene Bände zugewiesen. Die verbleibenden Wildblumen lassen sich sinnvoll in einem Band unserer Reihe ausbreiten, umfassend im Sinne einer Berücksichtigung nahezu aller in Frage kommenden Pflanzenfamilien und der allermeisten Gattungen, nicht aber im Sinne einer Artenvollständigkeit. Die ist in einem bebilderten Feldführer nicht erreichbar – und nicht nötig. Denn gerade dort, wo etliche weitere Arten zu zeigen wären, etwa bei

den Köpfchenblütlern oder Knabenkräutern, fallen die Artunterschiede oft so gering aus, daß auch Fachleute mitunter in Bestimmungsschwierigkeiten geraten.
Mit Bedacht bevorzugten wir nicht einseitig die »schönen« und auffälligen Blumen, sondern suchen den Buchbenutzer durch die nicht weniger ausführliche Darstellung auch unscheinbarer Blütengewächse auf die gleichsam verborgene Welt der »Unkräuter« aufmerksam zu machen. Die Beschäftigung mit Pflanzen, die gemeinhin übersehen und nicht als betrachtungswürdige Blüten wahrgenommen werden, kann auf dem kleinsten Spaziergang auch in unmittelbarer Stadtnähe Entdeckerfreuden bringen.
Aus gutem Grund bedienen sich viele Pflanzenführer der gezeichneten oder gemalten Vorlage. Ihnen haftet der Nachteil an, daß für den ungeübten Blumenfreund die Identität zwischen einer in der Natur gefundenen und im Buch abgebildeten Pflanze nicht immer leicht nachzuvollziehen ist. Ein Vorzug der Zeichnung, ihre Detailbetonung, macht gleichzeitig ihren Mangel aus: Sie idealisiert schon dadurch, daß sie zum Beispiel Strichgrenzen zieht, die in der Natur so scharf nicht vorhanden sind. Sie kann Blätter und Blüten auf ein kleines Darstellungsformat zusammenziehen, die in Wirklichkeit durch viel längere Sproßachsen getrennt sind. Kurz, die Zeichnung vermittelt Einzelformen gut und Gesamteindrücke im Dienste der Wiedererkennbarkeit oft unzureichend. Das Foto dagegen vermittelt wirklichkeitsgerechte Eindrücke der Pflanze und ihres natürlichen Standortes, kann aber oft die Erkennungsmerkmale im einzelnen nicht wünschenswert deutlich machen. Das gilt besonders für große und hohe Pflanzengestalten; wenn sie zudem noch kleine Blüten tragen, gibt es kein Idealfoto, das zugleich Blätter, Wuchsform und Blüten für den Bestimmungszweck klar genug zeigt.
Mehrere Fotos einer Art zu bringen, verbietet der beschränkte Raum. Wir fanden für dieses Problem eine, wie wir glauben, befriedigende Lösung: Jede Pflanze wird durch einen ausführlichen Lesetext beschrieben und durch ein ausreichend gro-

ßes Farbfoto wiedergegeben. Darüber hinaus fügten wir überall dort, wo uns weitere Bestimmungshilfen nützlich schienen, Zeichnungen ein. Sie berücksichtigen Blattformen oder andere kennzeichnende Einzelheiten der Pflanze, die das Foto nicht genügend hervorheben kann.

Die ausgefeilte, stahlstichartige Darstellungstechnik des bekannten Tier- und Pflanzenzeichners Fritz Wendler, die freundliche Bereitschaft vieler namhafter Naturfotografen, ihre Archive für das Werk zur Verfügung zu stellen, die Anpassungsfähigkeit des Textautors, die Geduld des wissenschaftlichen Beraters und nicht zuletzt Verständnis und Entgegenkommen des Verlages ermöglichten diese dreispurige Dokumentation unserer heimischen Wildblumen im vorliegenden Band.

Nun noch ein Wort zur Einteilung und Handhabung dieses Werkes. Die bei Feldführern vielfach gewählte Gliederung nach Lebensräumen und Blütefarben, die zweifellos Vorteile bringt, wurde hier nicht zugrundegelegt. Dafür gab es zwei entscheidende Gesichtspunkte:

Die Einteilung nach Lebensräumen der Pflanzen und nach den Farben ihrer Blüten verursacht zahlreiche Doppelbelegungen und schafft einen Ermessensspielraum mit Zuordnungsproblemen. Viele Pflanzen gedeihen entsprechend ihrer großen Vielfalt und Anpassungsfähigkeit in mehreren Lebensräumen. Nicht wenige Blumen zeigen mehrere und unterschiedliche Blütenfarben, so daß auch hier Mehrfachbelegungen nötig wären, die den Informationsgehalt des Bestimmungsteiles schmälern würden. Die Zuordnung des Standortes einer draußen gefundenen Blume zu einem bestimmten Lebensraum macht jedenfalls dem Anfänger durchaus Schwierigkeiten, zumal sich verschiedene Lebensräume gegenseitig verzahnen und ineinander übergehen können.

Hier wurde die Gelegenheit wahrgenommen, unsere Wildblumen in der Stellung ihres natürlichen Systems, das heißt in ihrem verwandtschaftlichen Zusammenhang, vorzustellen, wie das üblicherweise in wissenschaftlichen Werken geschieht. Doppelbelegungen und Zuordnungsfragen werden damit ausgeschlossen. Ähnliche, verwechslungsfähige Arten kommen oft unmittelbar nebeneinander zu stehen, auch wenn sie mitunter verschiedenen Lebensräumen entstammen.

Für den Anfänger mag es zunächst unwichtig sein, welche Mitglieder eine Pflanzenfamilie außer der gesuchten Art noch enthält. Wer aber tiefer in die Welt unserer Wildblumen eindringen will, zieht aus der Gliederung eines Feldführers nach Ordnungen, Familien und Gattungen mehrfachen Gewinn, nicht zuletzt bei der Benützung weiterführender Literatur.

Die Reihung der Familien orientiert sich an einem der angesehensten Bestimmungswerke Mitteleuropas: Schmeil-Fitschen »Flora von Deutschland und seinen angrenzenden Gebieten« im Verlag Quelle & Meyer, Heidelberg. Dieses Standardwerk wurde nicht als Feldführer für Laien gemacht, schon weil es keinen farbigen Bildteil mit der Darstellung ganzer Pflanzen enthält. Für den Botaniker ist ein solches Buch allerdings unverzichtbar.

In unserem Wildblumenführer wurden Beschreibungstexte und Farbfotots flächengleich behandelt und auf Doppelseiten gegenübergestellt. Die Buchbenutzung ist deshalb denkbar einfach: Dem Farbbild, das auf einer Seite etwa links oben steht, entspricht ein gleichgroßer Text der ge-

genüberliegenden Seite auf gleichem Platz. Damit wurden Bildverweise und Bildunterschriften überflüsig.

Die Bestimmungstexte gliedern sich in folgende durch Druck herausgehobene Leitbegriffe: *Merkmale* (M), *Standort* (St), *Verbreitung* (Vb), *Blütezeit* (Bl), *Vermehrung* (Vm), *Allgemeines* (Allg). Vergleichende Informationen kann der Leser also mühelos aufnehmen.

64 Randsymbole für die Familien erleichtern das schnelle Auffinden einer Pflanzengruppe. Dem Anfänger prägt sich durch diese visualisierte Gliederung nach und nach ein, welche Pflanzenarten eine Familie beinhaltet. Die sehr unterschiedliche Artenzahl der Familien schränkt den praktischen Wert dieser Bestimmungshilfe allerdings ein. Der ersten Übersicht über die Familien mit ihrem jeweiligen Platz im Buch dienen die folgenden drei Seiten.

An dieser Stelle sei offen gesagt, daß die Bestimmung von Wildblumen nicht immer mühelos und nicht immer schnell gelingt. Die Natur bietet uns kein leicht zu abstrahierendes System, sondern eine überwältigende Fülle an Formen, Farben und Gestalten an. Als Anfänger wird man die gewünschte Art nicht vergleichbar rasch im Bestimmungsführer finden wie einen Namen im Telefonbuch. Man kann aber gerade beim Blättern, beim Vergleichen der Bilder und beim Anlesen der Texte viel dazulernen, so daß die Orientierung nach Pflanzenfamilien, die im pflanzenkundlichen Sinne die einzig richtige ist, bald zur Selbstverständlichkeit wird.

Sich in der Pflanzenwelt namenwissend zurechtzufinden, erfordert einen langen, ich möchte sagen, liebevollen Umgang mit ihr. Diesem Umgang möchte der vorliegende Wildblumenführer dienen. G. S.

Gestaltsaufbau einer Wiesenblume

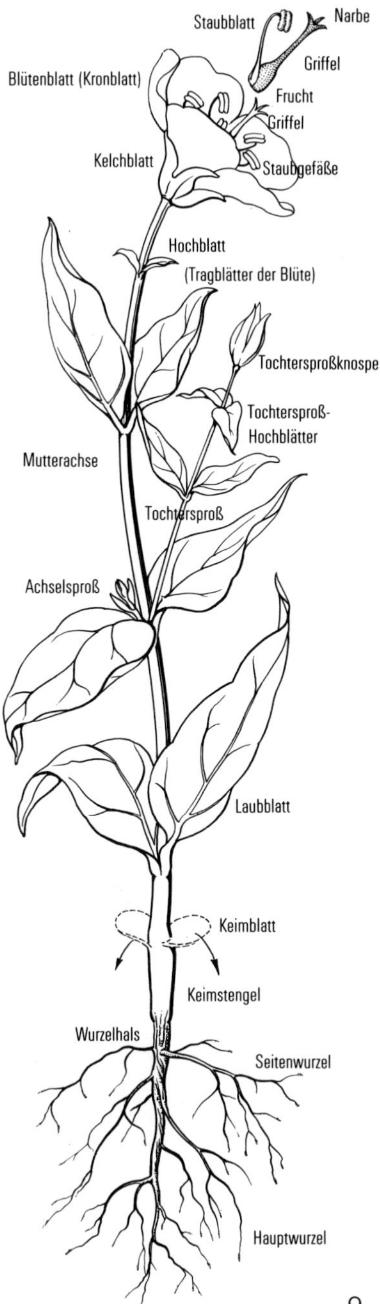

Übersicht der Bildsymbole für die 64 Pflanzenfamilien dieses Bandes

Seerosengewächse
Seite 17

Hahnenfußgewächse
Seite 17

Mohngewächse
Seite 31

Kreuzblütler
Seite 35

Rosengewächse
Seite 57

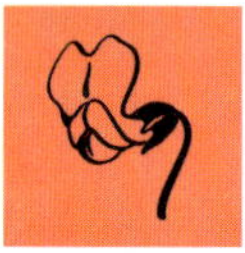

Schmetterlingsblütler
Seite 63

Weiderichgewächse
Seite 77

Nachtkerzengewächse
Seite 77

Sauerkleegewächse
Seite 87

Storchschnabelgew.
Seite 89

Leingewächse
Seite 93

Balsaminengewächse
Seite 93

Brennesselgewächse
Seite 111

Osterluzeigewächse
Seite 111

Knöterichgewächse
Seite 113

Gänsefußgewächse
Seite 117

Primelgewächse
Seite 135

Enziangewächse
Seite 141

Immergrüngewächse
Seite 145

Schwalbenwurzgew.
Seite 145

Abkürzungen					
B	Blätter	Keb	Kelchblätter	♂	männlich
Bl	Blüten	Krb	Kronblätter	♀	weiblich
F	Frucht	Stb	Stengelblatt	□	Ende einer Familie
K	Kelch	Grb	Grundblatt		

Resedagewächse
Seite 51

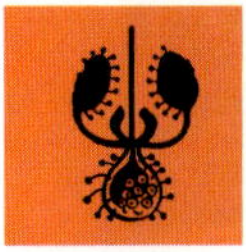

Sonnentaugewächse
Seite 51

Dickblattgewächse
Seite 53

Steinbrechgewächse
Seite 55

Cistrosengewächse
Seite 81

Veilchengewächse
Seite 81

Johanniskrautgewächse
Seite 85

Malvengewächse
Seite 87

Rautengewächse
Seite 95

Kreuzblumengewächse
Seite 95

Wolfsmilchgewächse
Seite 95

Doldengewächse
Seite 97

Fuchsschwanzgew.
Seite 119

Portulakgewächse
Seite 119

Nelkengewächse
Seite 119

Wintergrüngewächse
Seite 133

Windengewächse
Seite 147

Sperrkrautgewächse
Seite 147

Rauhblattgewächse
Seite 149

Eisenkrautgewächse
Seite 155

Lippenblütler
Seite 157

Nachtschattengewächse
Seite 173

Rachenblütler
Seite 175

Sommerwurzgewächse
Seite 189

Wasserschlauchgew.
Seite 189

Kugelblumengewächse
Seite 191

Wegerichgewächse
Seite 191

Rötegewächse
Seite 193

Moschuskrautgewächse
Seite 197

Baldriangewächse
Seite 197

Kardengewächse
Seite 199

Kürbisgewächse
Seite 203

Glockenblumengew.
Seite 203

Köpfchenblütler
Seite 209

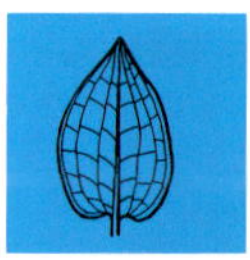

Froschlöffelgewächse
Seite 245

Schwanenblumengew.
Seite 245

Liliengewächse
Seite 247

Narzissengewächse
Seite 257

Schmerwurzgewächse
Seite 259

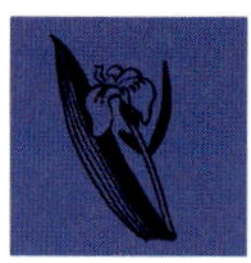

Schwertliliengewächse
Seite 259

Knabenkräuter
Seite 261

Aronstabgewächse
Seite 277

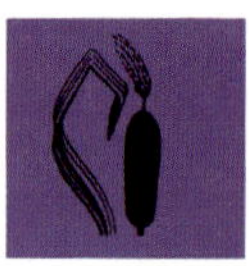

Rohrkolbengewächse
Seite 279

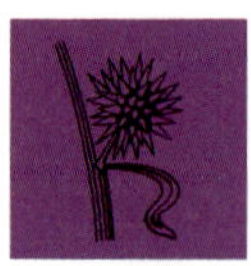

Igelkolbengewächse
Seite 279

Begriffe aus der Pflanzenkunde I

Blüten

vier Kronblätter
(Sandmohn)

acht Kronblätter
(Sommeradonisröschen)

getrenntblättrig

verwachsenblättrig

fünf Kronblätter
(Heckenrose)

Blütenstand mit
Röhrenblüten (innen)
und Zungenblüten (außen)

verwachsenblättrig

getrenntblättrig

sechs Kronblätter
(Buschwindröschen)

Körbchen mit
Zungenblüten

zweiseitig-
symmetrisch

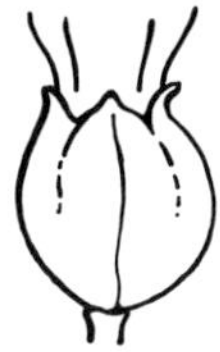

bauchig
oder aufgeblasen

sieben Kronblätter
(Siebenstern)

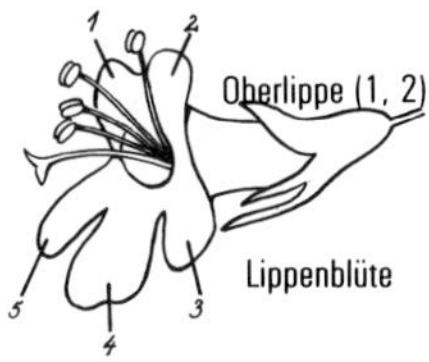

Lippenblüte

Unterlippe (3, 4, 5)

Kolben

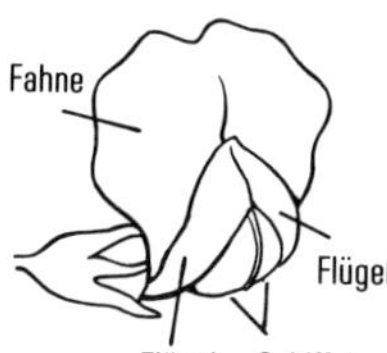

Schmetterlingsblüte
(Saaterbse)

Körbchen

Köpfchen

Lage des Fruchtknotens

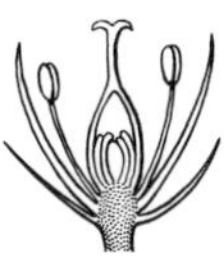

oberständig

mittelständig

unterständig

Begriffe aus der Pflanzenkunde II

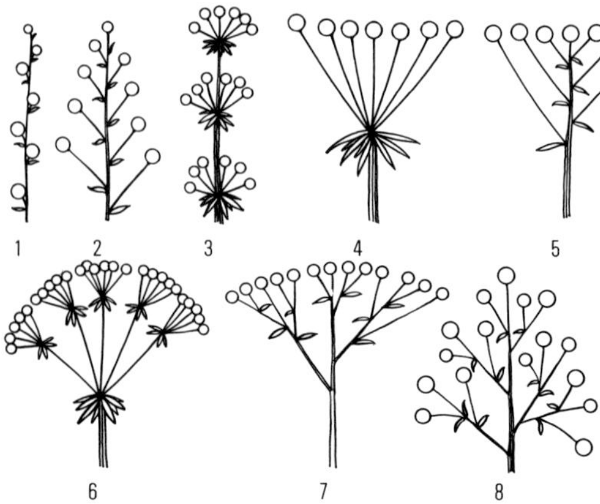

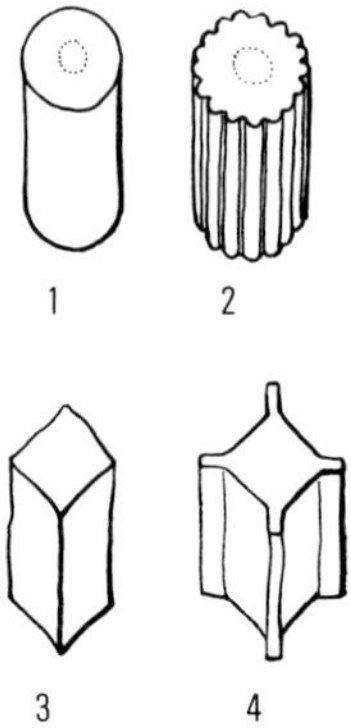

Blütenstände (schematisiert)

1 Ähre 2 Traube 3 Quirl 4 Dolde mit Hülle 5 Doldentraube
6 zusammengesetzte Dolde mit Hüllchen und Hülle 7 Doldenrispe 8 Rispe

Stengel

1 rund 2 gefurcht
3 kantig 4 geflügelt

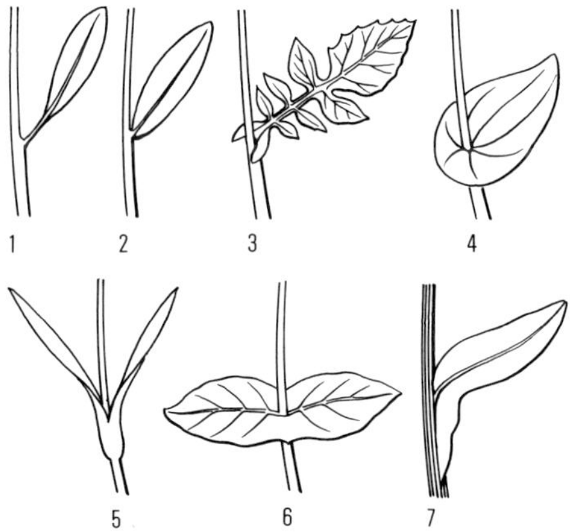

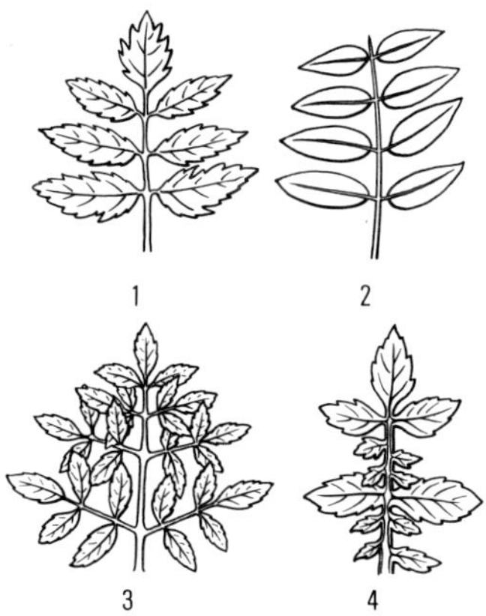

Blattstiele

1 gestielt 2 sitzend 3 geöhrt 4 durchwachsen
5 u. 6 verwachsen 7 herablaufend

Zusammengesetzte Blätter

1 unpaarig gefiedert 2 paarig gef.
3 doppelt gef. 4 unterbrochen gef.

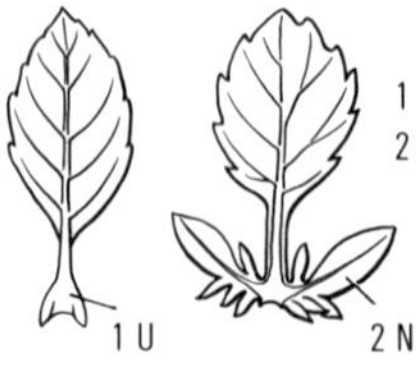

1 Unterblatt
2 Nebenblätter

Blattgrund

Blattumwandlung

1 Dornblätter
2 Rankenblätter

Begriffe aus der Pflanzenkunde III

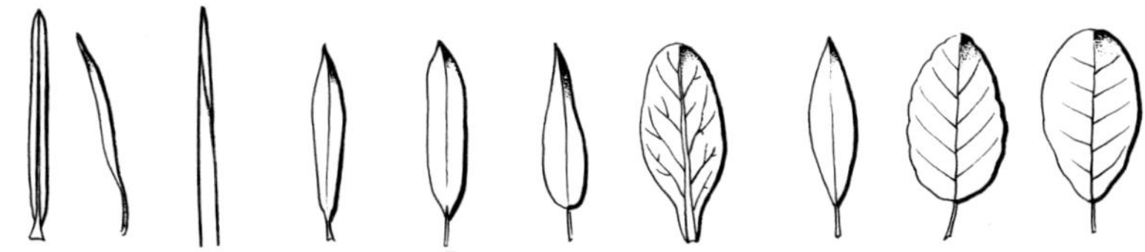

1 1a 2 3 4 5 6 7 8 9

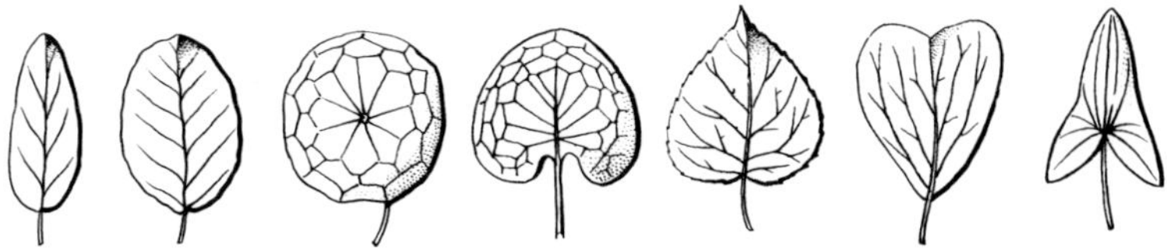

10 11 12 13 14 15 16

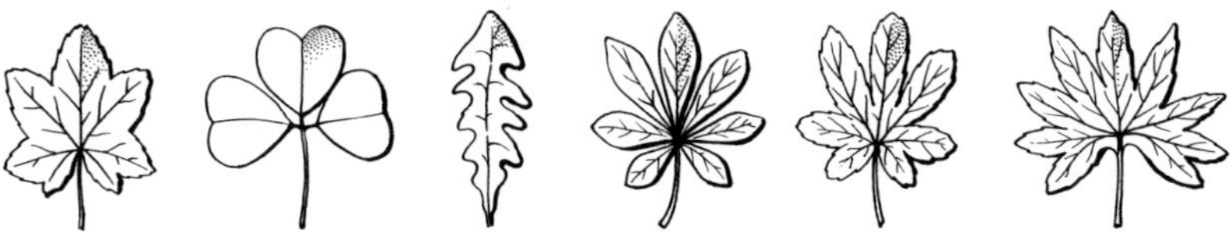

17 18 19 20 21 22

Blattspreiten 1 u. 1a nadelförmig 2 binsenförmig 3 pfriemenförmig 4 linealisch 5 lanzettlich 6 spatelig 7 länglich 8 eiförmig 9 verkehrt-eiförmig 10 länglich-eiförmig 11 rundlich 12 schildförmig 13 nierenförmig 14 herzförmig 15 verkehrt-herzförmig 16 pfeilförmig 17 handförmig gelappt 18 dreizählig 19 fiederschnittig 20 handförmig zusammengesetzt 21 handförmig geteilt 22 fußförmig gefiedert

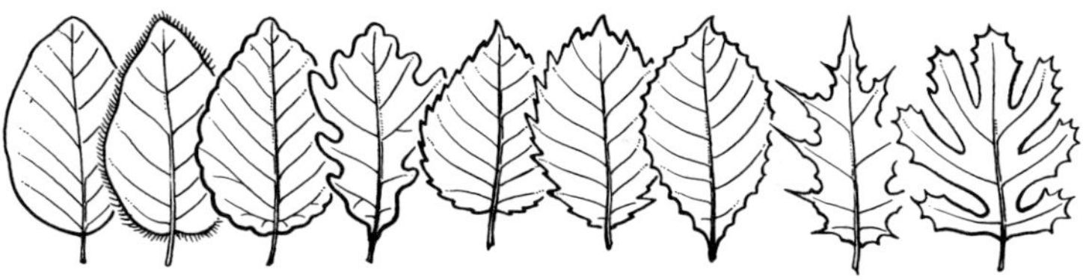

1 2 3 4 5 6 7 8 9

Blattränder 1 ganzrandig 2 gewimpert 3 gekerbt 4 gebuchtet 5 gesägt 6 doppelt gesägt 7 gezähnt 8 dornig gezähnt 9 gezähnt gebuchtet

1 2 3 4 5

Nervatur
1 parallelnervig
2 bogennervig
3 u. 4 fiedernervig
5 netznervig

Weiße Seerose *(Nymphaea alba)*

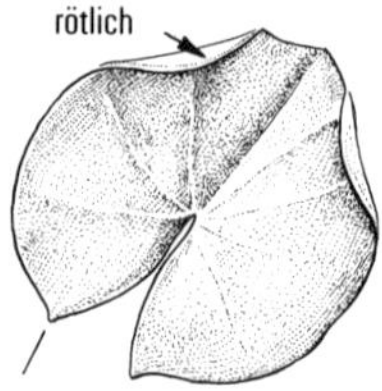

Merkmale: Wasserpflanze mit schwimmenden, rundlichen Blättern, 10–30 cm lang mit einer tiefen Einkerbung am Stielansatz, obere Seite dunkelgrün, untere Seite rötlich. Die Blattstiele können bis zu 3 Meter lang werden. Blüten wie die Blätter auf der Wasseroberfläche liegend, 9–12 cm im Durchmesser, mit 4 grünen Kelch- und bis zu 25 Kronblättern sowie 11–22 Narbenstrahlen, die immer gelb sind. Am Morgen öffnet sich die Blüte, am späten Nachmittag schließt sie sich wieder.
Standort: Meist stehende, aber auch langsam fließende Gewässer, in Flußkrümmungen.
Verbreitung: Fast ganz Europa, außer dem größten Teil Spaniens. Erreicht im Norden Südschweden. In ganz Deutschland verbreitet.
Blütezeit: Juni bis September.
Vermehrung: Durch Samen und vegetativ.

Gelbe Teichrose *(Nuphar lutea)*

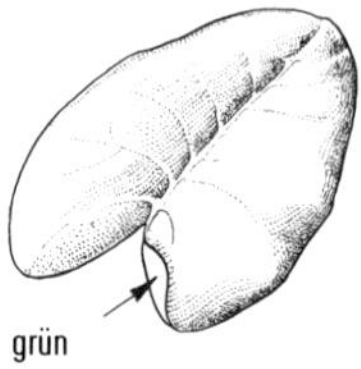

Merkmale: Kann außerhalb der Blütezeit mit der *Weißen Teichrose* verwechselt werden, da sich die Blätter beider Arten sehr ähnlich sind, an den Blattnerven allerdings auseinanderzuhalten. Bei der *Weißen Seerose* verzweigen sie sich am Rand rechtwinklig und verbinden sich, nachdem sie bis dahin ungeteilt verliefen. Bei der *Gelben Teichrose* verzweigen sie sich dreifach gabelig und laufen strahlenartig zum Blattrand, wo sie nicht miteinander verbunden sind. Von der seltenen *Kleinen Teichrose* durch die größere, bis 5 cm messende Blüte zu unterscheiden.
Standort: Ähnlich denen der *Weißen Seerose,* aber eher in nährstoffärmeren Gewässern.
Verbreitung: Fast ganz Europa, außer weiten Teilen Spaniens und Norwegens. In Deutschland noch verbreitet, aber seltener werdend.
Blütezeit: Juni bis September. □

Europäische Trollblume
(Trollius europaeus)

Merkmale: Bis 50 cm hohe Staude. Blätter handförmig geteilt, meist nochmals untergliedert. Stengel aufrecht und leicht gebogen, unverzweigt, mit einer Blüte. 10–15, zuweilen auch nur 5 Blütenhüllblätter neigen sich zu einer 3–5 cm breiten Kugel zusammen.
Standort: Sumpf- oder Bergwiesen, Flachmoore, Bachränder, sumpfige Wälder.
Verbreitung: Schwerpunkt ihres Vorkommens liegt in Nordosteuropa, gelangt im Westen bis zum Rhein und in die Schweiz. Wächst auch in Nordengland. In den deutschen Mittelgebirgen, im Alpenvorland und den Alpen verbreitet oder zerstreut, jedoch seltener werdend.
Blütezeit: Mai bis Juni, im Gebirge auch bis August.
Allgemeines: *Schwach giftig.*

Sumpf-Dotterblume *(Caltha palustris)*

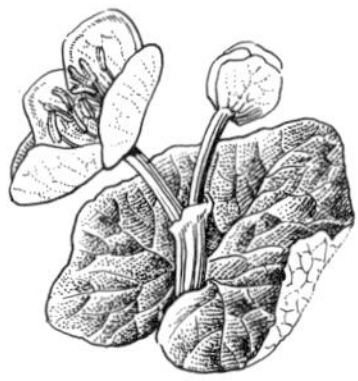

Merkmale: Buschig wachsende Pflanze, bis 40 cm hoch. Hohler, aufrechter oder niederliegender Stengel. Breitflächige, herz- oder nierenförmige Blätter, schwach gekerbt. Blüten zu mehreren am Stengel sitzend, erscheinen oft schon zusammen mit den ersten Blättern. Die 5 dottergelben (Name) Hüllblätter an der Unterseite manchmal grünlich gefärbt.
Standort: Sumpfwiesen, Bachränder, Gräben, Quellfluren, Auenwälder, bis 2400 m.
Verbreitung: Außer Spanien und Süditalien in ganz Europa, im Norden sogar bis Island.
Blütezeit: März bis Mai oder Juni.
Vermehrung: Samen. Um von Kerbtieren bestäubt zu werden, lockt die *Sumpf-Dotterblume* mit bestimmten Saftmalen, Flecken und Zeichnungen, die nur das auf ultraviolettes Licht reagierende Kerbtierauge wahrnehmen kann.

Seerosen-
gewächse

Hahnenfuß-
gewächse

Grüne Nieswurz *(Helleborus viridis)*

Merkmale: Wird durchschnittlich 20–40 cm hoch. Einfacher oder verzweigter Stengel. Blätter entspringen meist dem Wurzelstock. 7–13 lanzettliche und über den ganzen Rand hin gezähnte Abschnitte bilden ein Blatt. Die Blätter überwintern nicht. Blütenstand aus meist 2 oder 3 Blüten bestehend, verzweigt und beblättert. Blüten selbst becherförmig, offen und recht groß, sie messen 4–5 cm. Fruchtblätter am Grund miteinander verwachsen.
Standort: Lichte Wälder, Bergwälder, Gebüsche, auf feuchtem Boden, kalkliebend.
Verbreitung: Südwest- und Westeuropa, im Norden bis England, im Osten bis zur Schweiz und bis Österreich.
Blütezeit: Februar bis Mai.
Allgemeines: *Giftig,* bewirkt nach Genuß Erbrechen, starkes Abführmittel.

Stinkende Nieswurz *(Helleborus foetidus)*

Merkmale: 20–80 cm hohe mehrjährige Pflanze, trotz der Größe eher unauffällige Staude, die sich mit ihren verschiedenen Grüntönen kaum von ihrer Umgebung abhebt. Stengel und Blätter überwintern, Blätter mit bis zu 11 gezähnten Abschnitten, lanzettlich und dunkelgrün, allmählich in die eiförmigen Hochblätter und die glockenartige Blütenhülle übergehend. Blüten am Rand rötlich, unangenehm riechend (Name), 2 cm breit, nikkend in verzweigten und einseitswendigen Blütenständen. Früchtchen ca. 2 cm lang.
Standort: Laubwälder, Bergwälder, steinige, buschige Hänge, Waldränder, auf Kalk.
Verbreitung: Südwest- und Westeuropa.
Blütezeit: Manchmal schon im Februar oder früher, normalerweise aber von März bis April.
Allgemeines: Die *Stinkende Nieswurz* enthält in allen Pflanzenteilen Gifte.

Kleiner Winterling *(Eranthis hyemalis)*

Merkmale: Mehrjährige Pflanze mit knolligem Wurzelstock. Langgestielte, meist erst nach der Blüte erscheinende Grundblätter rundlich-herzförmig und 5–7teilig; die Abschnitte weisen nochmals 2 oder 3 Lappen auf. Stengel 5–15 cm hoch, zuweilen rötlich, am Grund mit Niederblättern und oben, direkt unter der Blüte, mit einem Quirl von 3 handförmig geteilten Hochblättern. Schalenförmige Einzelblüte im Durchmesser 2–3 cm, nicht in Krone und Kelch unterteilt, zwischen den Hüll- und den Staubblättern mit gestielten Honigblättern.
Standort: Obstgärten, Gebüsche, Wälder.
Verbreitung: Heimat ist Südosteuropa und Italien, inzwischen in ganz Mitteleuropa eingebürgert oder aus Gärten verwildert. In Deutschland zerstreut oder selten.
Blütezeit: Februar bis März.

Acker-Schwarzkümmel *(Nigella arvensis)*

Merkmale: Einjährige, aufrechte, mehr oder weniger verzweigte Pflanze, 20–40 cm hoch. 2–3fach fiederteilige Blätter mit linealischen, fadenförmigen Abschnitten. Langgestielte Blüte in der Regel ohne Hochblatthülle, mit hellblauen, grünlich geaderten Hüllblättern und stachelspitzen Staubbeuteln. Die Blüten des sehr ähnlichen *Damaszener Schwarzkümmels* weisen im Gegensatz zum *Acker-Schwarzkümmel* eine haarförmig zerschlitzte Hochblatthülle auf, außerdem völlig verwachsene Fruchtknoten.
Standort: Vor allem Äcker mit lehmigem und kalkhaltigem Boden, selten auf Schutt.
Verbreitung: Süd- und Mitteleuropa, eingebürgert in Großbritannien. In Deutschland zerstreut, sehr selten; vom Aussterben bedroht.
Blütezeit: Juli bis September.

Ähriges Christophskraut *(Actaea spicata)*

Merkmale: Mehrjährig, 30–60 cm hohe Pflanze mit unangenehmem Geruch, den vor allem die großen, bis 30 cm langen, gestielten und doppelt dreizählig gefiederten Blätter verströmen, wenn man sie zerreibt. Die ovalen oder ei-lanzettlichen Abschnitte sind unregelmäßig und grob gezähnt. Kleine, weiße, 4teilige Blüten in dichten endständigen oder seitenständigen Trauben. Ganze Pflanze schwach verzweigt.
Standort: Schattige Berg- und Schluchtwälder, auf feuchtem und kalkhaltigem Untergrund. Bis in 1900 Meter Höhe.
Verbreitung: Fast ganz Europa, hauptsächlich, im Süden ausschließlich im Bergland. In Deutschland zerstreut, nur in den südlichen Gebirgen und den Alpen verbreitet.
Blütezeit: Mai bis Juli.
Allgemeines: Alte Heilpflanze, *giftig.*

Feld-Rittersporn *(Consolida regalis)*

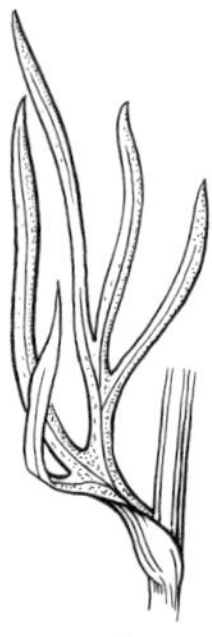

Merkmale: Einjährige Pflanze, bis 40 cm hoch. Blätter geteilt in handförmige, lineare 1 mm breite Zipfel. Die in lockerer Traube zu findenden Blüten zeigen einen nach hinten leicht aufwärts gebogenen, etwa 2 cm langen Sporn. Tragblätter viel kürzer als die Blütenstiele. Bis zu 50 cm tief im Boden steckende Wurzeln, mit denen lange Trockenzeiten überstanden werden können.
Standort: Früher vertrautes »Unkraut«, auf Äckern und am Rande von Getreidefeldern. Inzwischen dort durch Herbizideinsatz stark zurückgedrängt, statt dessen heute mehr an Wegrändern, auf Schuttplätzen und anderen trockenen Plätzen anzutreffen.
Verbreitung: Mitteleuropa, in Deutschland immer seltener, nur stellenweise häufig.
Blütezeit: Mai bis August.
Allgemeines: *Schwach giftig.*

Gemeine Akelei *(Aquilegia vulgaris)*

Merkmale: Große Staude, bis 80 cm hoch, gelegentlich höher. Blätter zum Boden hin langgestielt, doppelt dreiteilig mit runden Abschnitten. Blauviolette Blüten bis 5 cm lang, mit einer auffälligen Besonderheit: Die 5 farbigen Kelchblätter, die wie Kronblätter erscheinen, laufen rückwärts in lange Sporne mit gebogenem Ende aus. Die Staubblätter schauen etwas aus der hängenden Blüte hervor, die manchmal zusätzlich zur inneren mit dem hakenförmigen Sporn noch eine äußere, breiteiförmige Blütenhülle hat.
Standort: Lichte Laubwälder und Waldränder, Gebüsche, Trocken- und Gebirgswiesen.
Verbreitung: Fast in ganz Mitteleuropa, Südeuropa außer Griechenland, Albanien und großen Teilen von Portugal und Spanien. Eingebürgert in Skandinavien und Großbritannien.
Blütezeit: Ende Mai, Anfang Juni bis Juli.

Leberblümchen *(Hepatica nobilis)*

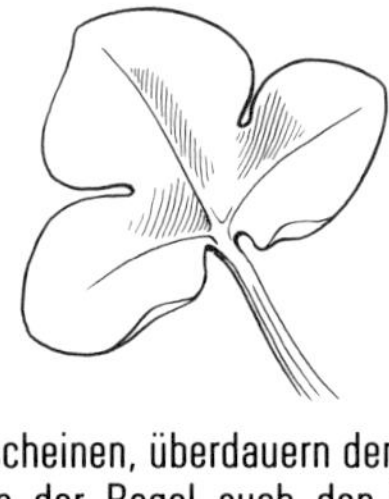

Merkmale: Kleine, mehrjährige Pflanze, die kaum 15 cm Höhe erreicht. Die dreilappigen Blätter, die erst nach der Blüte oder gegen Ende der Blütezeit erscheinen, überdauern den Sommer, Herbst und in der Regel auch den Winter. Namen nach den Blättern, die mit dem lappigen Bau der Leber Ähnlichkeit haben. Die Blüte thront auf einem behaarten Stengel, sitzt fast den 3 kelchartigen Hochblättern auf. Die 6–10 Blütenblätter sind meist blau, können jedoch auch rosa oder weiß sein.
Standort: Laubwälder, Gebüsche, auf Kalk.
Verbreitung: Mitteleuropa. Im Norden Deutschlands zerstreut, sonst weit verbreitet. An seinen Wuchsorten zwar oft in größeren Beständen, insgesamt aber eine eher seltene Pflanze, gebietsweise fehlend.
Blütezeit: März bis April.

Gewöhnliche Kuhschelle
(Pulsatilla vulgaris)

Merkmale: Staude von normalerweise 10–25 cm Höhe, mitunter auch bis 40 cm. Blätter in mehr oder weniger großer, stets bodennaher Rosette, je nach Unterart vor, mit oder nach der Blüte erscheinend. Zwei- bis dreifach gefiedert, nur selten auch 4fach, seidig behaart, später verkahlend. Stengel ebenfalls behaart, mit büschelartiger, schmalzipfeliger Hochblatthülle. Trägt eine sehr auffällige, endständige, violette Blüte. Blütenhüllblätter außen zottig behaart, bis 5 cm lang, etwa doppelt so lang wie die gelben Staubblätter. Blüte insgesamt glockig am Anfang der Blütezeit, später ausgebreitet.
Standort: Trockenwiesen, trockene Wälder, vor allem Kiefernwälder, sonnige Hänge.
Verbreitung: Mitteleuropa selten, gefährdet.
Blütezeit: März bis April oder Anfang Mai.

Busch-Windröschen *(Anemone nemorosa)*

Merkmale: An seinen Standorten in der Regel massenweise, etwa 20 cm hoch. Ausdauernde Pflanze mit gelbem oder braunem, waagerecht kriechendem Rhizom. Gestielte Blätter handförmig geteilt mit grob gesägten Abschnitten, fast quirlständig. Blüten einzeln, meist weiß und mit 6 Blütenblättern. Es kommen aber auch rosa Blüten vor und solche, die 7 oder 8 Kronblätter zeigen. Blüten zunächst nickend, auch bei anhaltendem Regen, später aufrecht, im Durchschnitt 2–4 cm breit.
Standort: Laub-, Misch- und Nadelwälder, Gebüsch, Bergwiesen. Auf humusreichen Böden in Wäldern und Auen besonders häufig.
Verbreitung: Fast ganz Europa. Im Norden bis nahe an den Polarkreis. Fehlt an der Mittelmeerküste. In Deutschland weit verbreitet.
Blütezeit: März bis April.

Gelbes Windröschen
(Anemone ranunculoides)

Merkmale: Mehrjährig, 10–20, selten auch bis 30 cm hoch. Grundblätter zur Blütezeit noch nicht ausgebildet, bleiben manchmal auch ganz aus. Stengelblätter, in der Regel 3, quirlständig, bis zum Grund dreiteilig mit grob gezähnten Abschnitten. Aus dem Hochblattquirl entspringen meistens 2 Blüten, manchmal nur eine. Gelbe Hüllblätter, unterseits schwach behaart.
Standort: Auwälder, feuchte Laub- und Mischwälder, feuchte Gebüsche, Lehmboden.
Verbreitung: Hauptsächlich Mitteleuropa, im Norden bis Südskandinavien, im Süden bis Nordspanien, Mittelitalien und Südjugoslawien. In Deutschland eher selten.
Blütezeit: März bis Mai.
Vermehrung: Durch Samen und mit Hilfe des weitkriechenden Wurzelstocks. *Giftig.*

Wald-Windröschen *(Anemone sylvestris)*

Merkmale: Mehrjährige Pflanze, die dem *Busch-Windröschen* ähnelt, sich aber durch ihre Größe unterscheidet. Höhe 40 cm und darüber, daher auch *Großes Windröschen* genannt. Blüten ebenfalls groß, zwischen 4 und 7 cm. Sie entspringen einzeln, selten zu zweit dem Hochblattquirl. Blätter rundlich, meist 5teilig mit zwei- bis dreispaltigen Abschnitten, bis zu 10 cm breit. Grundständige Blätter erst nach der Blütezeit vollständig entfaltet.
Standort: Lichte, trockene Wälder, Waldränder, Halbtrockenrasen; wärmeliebend, auf lockerem, nährstoffreichem und kalkhaltigem Boden. Bis in 1200 Meter Höhe.
Verbreitung: Hauptsächlich Mitteleuropa, im Norden bis Südschweden. Fehlt auf den Britischen Inseln und im Mittelmeerraum. In Deutschland zerstreut im Süden (außer Alpen und -vorland), im Norden nur an wenigen Stellen; gefährdet.
Blütezeit: April bis Juni.
Allgemeines: *Giftig.*

Hahnenfuß-
gewächse

Scharbockskraut *(Ficaria verna)*

Merkmale: Bis 20 cm hoch, meist niederliegend. Blätter glänzend, gekerbt, herz- oder nierenförmig. Die im Durchmesser 3–5 cm großen Blüten bestehen aus 3 kelchartigen äußeren Hüllblättern und 8–12 blumenblattartigen Nektarblättern. Das ausdauernde *Scharbockskraut* mit seinen spindelförmigen Wurzelknöllchen wächst oft in kleineren Beständen. **St:** Feuchtwiesen, Ufer, Gebüsche. **Vb:** Ganz Europa. **Bl:** März bis Mai.

Flutender Hahnenfuß *(Ranunculus fluitans)*

M: Mehrjährige, Krautbetten bildende Pflanze mit flutenden Stengeln, 1–6 m lang. Doppelt-dreiteilige Wasserblätter, 5–20 cm lang, mit mehrfach geteilten, fadenförmigen Zipfeln. Neben den Wasserblättern findet man nur sehr selten quer-ovale Schwimmblätter. 1–2 cm große weiße Blüten mit 5–12 weißen, am Grunde gelben Honigblättern. **St:** Fließgewässer. **Vb:** Mitteleuropa. **Bl:** Juni bis August.

Zungen-Hahnenfuß *(Ranunculus lingua)*

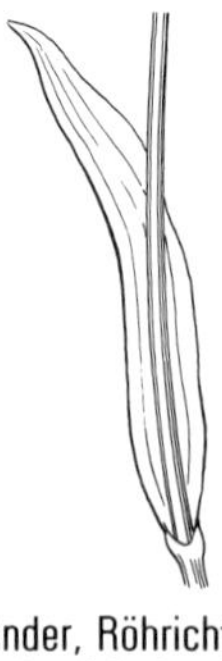

M: Aufrechte, 50–150 cm hohe, mehrjährige Pflanze. Stengel am Grund mit hohlen, unterirdischen Ausläufern. Schmal-lanzettliche, spitze Blätter, ungeteilt, in der Regel ganzrandig, selten schwach gezähnt. Der oben reich verzweigte Stengel trägt viele goldgelbe, 2,5–4 cm große Blüten. **St:** Sümpfe, Sumpfwiesen, Ufer, Gräben, Teichränder, Röhricht. **Vb:** Fast ganz Europa. Selten und gefährdet. **Bl:** Juni bis Juli oder August.

Eisenhutblättriger Hahnenfuß *(Ranunculus aconitifolius)*

M: Mehrjährige Pflanze mit 60–120 cm hohem, reich verzweigtem Stengel. Blätter handförmig gelappt mit gezähnten, lanzettlichen bis verkehrt-eiförmigen Abschnitten, Mittelabschnitt bis zum Grund frei, obere Blätter sitzend. Weiße Blüten 1–2 cm breit. **St:** Bergwälder, Bäche, Quellen. **Vb:** Süd- und südliches Mitteleuropa, fast nur in den Gebirgen. **Bl:** Mai bis Juli.

Wasser-Hahnenfuß *(Ranunculus aquatilis)*

M: Sehr formenreiche, mehrjährige Pflanze. Gestielte Schwimmblätter rundlich bis nierenförmig, wenig geteilt, 3–5lappig. Bis 5 cm lange Wasserblätter, zunächst mehrfach, zum Schluß fast immer gabelig geteilt. 2–2,5 cm breite Blüten mit 25–30 Staubblättern. **St:** Stehende und langsam fließende Gewässer. **Vb:** Ganz Europa mit Ausnahme des größten Teils von Norwegen. **Bl:** Juni bis September.

Brennender Hahnenfuß *(Ranunculus flammula)*

M: Mehrjährige Pflanze mit aufsteigenden oder niederliegenden, 20–30 cm hohen Stengeln. Gestielte Grundblätter herz- bis eiförmig, sitzende Stengelblätter lanzettlich und ganzrandig, bis 10 cm lang, grasgrün. Blüten im Durchmesser höchstens 2 cm groß, meist zwischen 6 und 15 mm, mit zurückgeschlagenen Kelchblättern. **St:** Nasse Böden. **Vb:** Europa. **Bl:** Juni bis Oktober. **Allg:** *Giftig.*

Gold-Hahnenfuß *(Ranunculus auricomus)*

Stengelb.

Grundb.

M: Mehrjährige Pflanze, sehr formenreich, bis 50 cm hoch, fast kahl. Langgestielte Grundblätter ungeteilt, rundlich-nierenförmig mit gekerbtem bis gesägtem Rand, häufig auch mit tiefen Einschnitten. Sitzende Stengelblätter bis zum Grund in linealische Zipfel geteilt. Goldgelbe, 1–2 cm große Blüten. **St**: Feuchte Laub- und Mischwälder. **Vb**: Fast ganz Europa. Gefährdet.
Bl: April bis Juni. **Allg**: *Schwach giftig.*

Acker-Hahnenfuß *(Ranunculus arvensis)*

M: Einjährige, 20–60 cm hohe Pflanze mit aufrechten oder aufsteigenden Stengeln. Grundblätter ungeteilt, keil- oder spatelförmig, an der Spitze grob gezähnt; obere Stengelblätter dreiteilig mit linealischen oder lanzettlichen Abschnitten. Blaßgelbe, bis 12 mm breite Blüten. Früchte mit langen Stacheln. **St**: Getreideäcker, auf Lehmboden. **Vb**: Kommt in ganz Europa vor. Gefährdet. **Bl**: Mai bis Juli. **Allg**: *Giftig.*

Wolliger Hahnenfuß
(Ranunculus lanuginosus)

M: Mehrjährige, 30–50 cm oder auch 70 cm hohe Pflanze mit kräftigem, hohlem Stengel, wie die Blätter abstehend rauh behaart. Grundständige Blätter handförmig geteilt mit breit-eiförmigen, unregelmäßig gesägten Abschnitten. Dottergelbe Blüten 2,5–4 cm im Durchmesser. **St**: Auwälder und feuchte Laub- und Mischwälder. **Vb**: Mitteleuropa. **Bl**: Mai bis Juli. **Allg**: *Giftig.*

Scharfer Hahnenfuß *(Ranunculus acris)*

M: Mehrjährige, 30–100 cm hohe, kahle oder dicht anliegend behaarte Pflanze. Grundblätter handförmig 5–7teilig mit schmalen, dreispaltigen Abschnitten, langgestielt, obere Blätter sitzend. Goldgelbe Blüten in lockerer Rispe angeordnet, Blütenstiele rund. **St**: Wiesen und Gebüsch, Weiden und Wegränder. **Vb**: Fast ganz Europa. **Bl**: Mai bis Juli, z. T. bis Oktober.
Allg: *Giftig.* Wird vom Weidevieh gemieden.

Kriechender Hahnenfuß
(Ranunculus repens)

M: Mehrjährige Pflanze, bis 40 cm hoch. Stengel mit oberirdischen, oft an den Blattansätzen wurzelnden Ausläufern. Dreizählige Grundblätter mit gestielten, dreispaltigen Fiedern, die meist gezähnt sind. Goldgelbe, glänzende Blüten auf langen, gefurchten Blütenstielen. **St**: Wiesen, Ufer, Äcker. **Vb**: Europa. **Bl**: Mai bis August. **Allg**: *Schwach giftig.*

Knolliger Hahnenfuß *(Ranunculus bulbosus)*

Merkmale: Mehrjährige Pflanze, bis 30, zuweilen bis 50 cm hoch. Stengel am Grunde, unmittelbar unter der Erdoberfläche knollig verdickt (Name). Einzelne, endständige Blüten 2 bis 3 cm breit, auf gefurchten Stielen. Zurückgeschlagene Kelchblätter, die mit den Außenseiten an den Blütenstiel angepreßt sind. Laubblätter veränderlich. **St**: Trockene Wiesen, Halbtrockenrasen. **Vb**: Ganz Europa. **Bl**: Mai bis August. **Allg**: *Giftig.*

Zwerg-Mäuseschwänzchen
(Myosurus minimus)

M: Einjährige, unauffällige Pflanze mit schmallinealischen, grasartigen Blättern, angeordnet in einer grundständigen Rosette. Grünlichgelbe blattlose Blütenstengel, zwischen 5 und 12 cm hoch, mit endständiger Einzelblüte. Sie weist 5 grünliche, äußere Blütenhüllblätter auf und blumenblattartige, spatelförmige Honigblätter, meistens 5–7. **St**: Feuchte Äcker, Sand und Lehm. **Vb**: Fast ganz Europa, in den Alpen fehlend. **Bl**: April bis Juni. **Allg**: *Giftig.*

Akeleiblättrige Wiesenraute
(Thalictrum aquilegifolium)

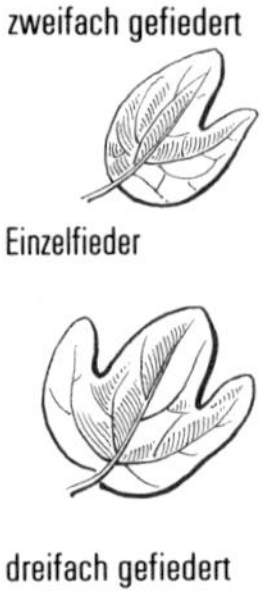

M: Große, bis 120 und sogar 150 cm messende Pflanze. Blätter zwei- oder dreifach gefiedert, ähnlich denen der *Akelei* (Name). Stengel reich verzweigt mit dichter Blütenrispe. Blüten mit einem bemerkenswerten Aufbau. Hüllblätter blaßgrün und unscheinbar, Staubfäden intensiv violett. **St**: Moor-, Waldwiesen, Hochstaudenfluren, Bachufer. **Vb**: Mitteleuropa. **Bl**: Mai bis Juli.

Kleine Wiesenraute *(Thalictrum minus)*

M: Mehrjährige, 30–150 cm hohe, kahle, stark verzweigte Pflanze mit drahtigen Stengeln. Dreieckige Blätter 3–5fach gefiedert, mit rundlichen, ganzrandigen oder dreizähnigen Fiedern. Gelbliche oder grüngelbliche Blüten bilden einen rispigen Blütenstand. **St**: Steinige Abhänge, sonnige Hügel, lichte Wälder, Felsen, Magerwiesen, Gebüsch. **Vb**: Süd- und Mitteleuropa. In Deutschland selten; gefährdet. **Bl**: Mai bis Juni.

Gelbe Wiesenraute *(Thalictrum flavum)*

M: Mehrjährige, 50–120 cm hohe Pflanze, 2- oder 3fach gefiederte Blätter mit verkehrt-eiförmigen Fiedern, die an der Spitze 3–4spaltig sind; auf der Oberseite dunkelgrün, auf der Unterseite hellgrün. Untere Blätter gestielt, obere sitzend. Wohlriechende Blüten in kopfigen Büscheln, insgesamt einen rispenartigen Blütenstand bildend. **St**: Flachmoore, feuchte Wiesen, Ufer. **Vb**: Fast ganz Europa. In Deutschland verhältnismäßig selten. **Bl**: Juni bis August. **Allg**: Frühere Heilpflanze.

Frühlings-Teufelsauge *(Adonis vernalis)*

M: Bis zu 40 cm hoch, Blätter mehrfach gefiedert, in feine Abschnitte zerteilt, bis zur Blüte hinaufwachsend. Stengel unten mit bräunlichen Schuppen, oben mit endständiger, zwischen 4 und 7 cm breiter Blüte. Kelchblätter weichhaarig und eiförmig, Farbe goldgelb, wie auch der dichte Kranz mit den zahlreichen Staubfäden und den Stempeln. **St**: Trockenrasen, Heiden, Kiefernwälder. **Vb**: Südosteuropa. **Bl**: April bis Mai.

Brennendes Teufelsauge *(Adonis flammea)*

M.: Einjährige, 20 bis 50 cm hohe Pflanze mit mehrfach fiederschnittigen Blättern, deren Zipfel nur 1 mm breit. Einzelne, endständige Blüten mit 5–8 scharlach-blutroten, schmal-eiförmigen Kronblättern und mehr oder weniger weichhaarigen Kelchblättern, die beim ähnlichen *Sommer-Teufelsauge* kahl sind. **St**: Getreideäcker, auf Kalk. **Vb**: Süd- und Mitteleuropa. In Deutschland selten, stark gefährdet. **Bl**: Mai bis August. **Allg**: *Giftig.* □

Klatsch-Mohn *(Papaver rhoeas)*

Merkmale: Sehr auffällige und bekannte Pflanze mit einer Höhe von 30–80 cm. Blätter gefiedert mit gezähnten Abschnitten, wie Blütenstiel und Stengel mit anliegenden oder abstehenden Borsten behaart. Endständige Blüten mit 5–8 cm Durchmesser, von feuerroter Farbe mit meist schwarzen Flecken am Grund. Knospen zunächst nickend, richten sich erst mit dem Öffnen der Blüte auf. Dabei fallen die 2 Kelchblätter in der Regel ab.
Standort: Früher vor allem in Getreidefeldern. Dort jedoch durch Unkrautvertilgungsmittel vertrieben. Heute an Wegrändern, auf Schuttplätzen und Ödland. Bis 1800 Meter.
Verbreitung: Ganz Süd- und Mitteleuropa, im Norden bis Süd- und teilweise Mittelschweden. Im Süden häufiger als im Norden. In Deutschland verbreitet, jedoch abnehmend.
Blütezeit: Mai bis Juli.

Saat-Mohn *(Papaver dubium)*

Merkmale: Einjährige, 30–60 cm hohe Pflanze. Stengel und Blätter abstehend, Blütenstiel angedrückt behaart. Blätter doppelt fiederteilig. Wichtiges Unterscheidungsmerkmal zum ähnlichen *Klatsch-Mohn* ist die keulen- bis walzenförmige Kapsel mit 4–9, sich meist nicht deckenden Narbenstrahlen. Verschmälert sich allmählich in den Stiel und mißt 15–20 mm. Scharlachrote Blüten von 3–7 cm Durchmesser, Staubbeutel und -fäden violett. Blüte wirkt zuweilen blasser als die des *Klatsch-Mohns.*
Standort: Früher vor allem auf Äckern mit sandigem Untergrund, dort vielfach verschwunden. Statt dessen mehr auf Schuttplätzen, Ödland oder an Wegrändern.
Verbreitung: In fast ganz Europa. In Deutschland verbreitet, nimmt aber ebenso wie der *Klatsch-Mohn* durch Bekämpfungsmaßnahmen ab, nur stellenweise noch häufig.
Blütezeit: Mai bis Juni.
Allgemeines: Frühere Heilpflanze.

Schlaf-Mohn *(Papaver somniferum)*

Merkmale: Einjährige, 30–150 cm hohe, meist kahle Pflanze. Bis 12 cm lange Blätter tief eingeschnitten oder ungleich-buchtig gezähnt. Blüten sehr groß, können violett, weiß oder rosa sein, rundliche Kronblätter bis 5 cm lang, oft am Grund mit schwarzen Flecken. Kapsel ebenfalls sehr groß, kugelig bis eiförmig, kahl und glatt, kann 9 cm lang werden.
Standort: In Mitteleuropa hauptsächlich als Ölpflanze angebaut; stellenweise verwildert. Siedelt sich auf Ödland, an Weg- und Ackerrändern an, auch auf Schuttplätzen.
Verbreitung: Herkunft nicht ganz geklärt, vermutlich Vorderasien, Mittelmeerraum oder sogar Mitteleuropa. Inzwischen in fast ganz Europa eingebürgert, jedoch nicht sehr häufig.
Blütezeit: Juni bis August.
Allgemeines: Heilpflanze; *giftig.*

Sand-Mohn *(Papaver argemone)*

Merkmale: 10–30, selten bis 50 cm hohe, einjährige Pflanze. Stengel und Blätter anliegend borstig behaart. Blätter unten gestielt, oben sitzend, tief fiederspaltig, gezähnt. Wenig verzweigter Stengel mit einzelnen, langgestielten, dunkelroten Blüten; 15–25 mm lange Kronblätter, meist mit schwarzem Fleck am Grund, berühren sich meist gegenseitig nicht. Kennzeichnend auch die länglich-keulenförmige, deutlich gerippte Kapsel, mit spärlichen aufrechten Borsten.
Standort: Getreideäcker, häufiger jedoch auf sandigen Wegrändern und Brachflächen. Bis in Höhen von 1700 Meter.
Verbreitung: Fast ganz Europa außer Teilen Südosteuropas. In Deutschland verbreitet oder zerstreut, ziemlich selten.
Blütezeit: Mai bis Juli.

Hohler Lerchensporn *(Corydalis bulbosa)*

Merkmale: 10–30 cm hoch, meist in größeren Beständen auftretend. Knolle im Gegensatz zum *Gefingerten Lerchensporn* mit Hohlräumen (Name). Stengel ohne schuppige Niederblätter. Blätter doppelt dreizählig. Hochblätter unter den Blüten eiförmig und ungeteilt, dadurch ebenfalls vom *Gefingerten Lerchensporn* zu unterscheiden. Blütenstand dicht, eine Traube aus 10–20 Blüten bildend. Blüten 2–3 cm groß, in der Regel rötlich, nicht selten jedoch auch weiß oder cremefarben, rosa oder gelb.
Standort: Laub-, vor allem Buchenwälder, Auen, Gärten, Gebüsch. Hauptsächlich auf nährstoffreichen, lockeren etwas feuchten Böden. Gern an warmen Stellen.
Verbreitung: Mitteleuropa. Im Süden bis zu den Pyrenäen, Süditalien und Griechenland. Eingebürgert in England, Dänemark und Südschweden. Im Süden Deutschlands verbreitet, im Nordosten zerstreut, im Nordwesten selten.
Blütezeit: März bis Mai.
Allgemeines: *Schwach giftig.*

Gefingerter Lerchensporn
(Corydalis solida)

Merkmale: Mehrjährige, 15–30 cm hohe Pflanze. Stengel mit meist einem, seltener 2 oder 3 bleichen Niederblättern (schuppenförmig) und 2 doppelt dreizähligen Blättern. Hochblätter fingerförmig eingeschnitten (Name). Der ebenfalls gebräuchliche Name *Fester Lerchensporn* bezieht sich auf die kugelige, nicht hohle Knolle. Trübrote, seltener weiße oder violette Blüten bis 2,5 cm lang, mit langem, fast geradem Sporn, manchmal leicht nach oben zeigend, bilden eine endständige, etwas lockere Traube.
Standort: Lichte Laubwälder, Gebüsch, Hekken, auf lehmigem, aber kalkarmem Boden.
Verbreitung: Mitteleuropa, Südeuropa außer Spanien und Portugal, eingebürgert in England, Dänemark, Schweden und Südnorwegen.
Blütezeit: März bis April oder auch Mai.

Großes Schöllkraut *(Chelidonium majus)*

Merkmale: Mehrjährige, 30–70 cm, sogar bis 90 cm hohe Pflanze. Stengel behaart, verzweigt und leicht abbrechend. Blätter unterseits blaugrün mit 5–7 Fiedern. Botanische Bezeichnung ihrer Form: ungleich doppelt gekerbt oder gelappt. Auf der endständigen Dolde stehen 2–6 etwa 2 cm große Blüten. Auffallend zeigen sich die 4 goldgelben, verkehrt-eiförmigen Kron-, die gelblichen behaarten Kelch- und die zahlreichen Staubblätter sowie die zweilappige Narbe. **Standort:** Wald- und Wegränder, Schutt- und Kiesplätze, Mauerritzen, Gebüsch, Hecken, bis 900 m. **Verbreitung:** Nahezu über ganz Europa. Ebenfalls in Deutschland überall anzutreffen. **Blütezeit:** Mai bis September. **Vermehrung:** Wird von Kerbtieren bestäubt. Die langgestreckte Frucht wird bis zu 5 cm lang.

Gemeiner Erdrauch *(Fumaria officinalis)*

Merkmale: Aufrechte Pflanze, Höhe bis 70 cm, in der Regel selten über 30 cm hoch. Stengel verzweigt mit blaugrünen, zweifach gefiederten Blättern. Blattzipfel 2–3 mm breit. Traubenartiger Blütenstand aus 20–30, manchmal auch 40 Einzelblüten. Die purpurroten Blüten mit dunkelroter Spitze und grünem Kiel messen zusammen mit ihrem Sporn nur 8 mm.
Standort: Schuttplätze, Äcker, Weinberge, Gärten. Überall auf kultiviertem Land, besonders auf lehmigen Böden und trockenen Stellen. Ebenso auf lockerer Erde.
Verbreitung: Fast ganz Europa mit Ausnahme des hohen Nordens, in Osteuropa häufiger als im Westen. Weit verbreitet in Deutschland.
Blütezeit: Sehr lang, von April bis Oktober.
Allgemeines: *Schwach giftig.* Heilpflanze (bei Gallebeschwerden). ☐

Weg-Rauke *(Sisymbrium officinale)*

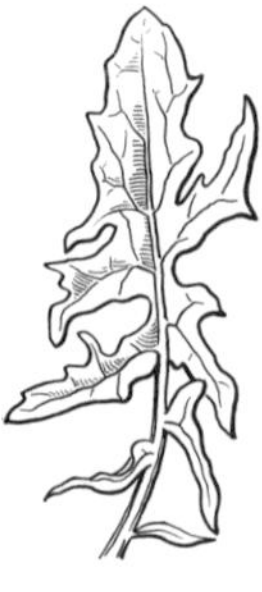

Merkmale: Einjährige, 30–60 cm hohe, verzweigte Pflanze, steif und meist behaart. Untere Blätter schrotsägeförmig, sonst fiederspaltig, wobei die untersten Fiederpaare manchmal ohrenartig sind, dem Stengel genähert. Die blaßgelben, winzigen Blüten sind in einem kurzen, traubigen Blütenstand angeordnet, der sich später streckt.
Standort: Wegränder, Schutt, Bahndämme, Mauern, Brachland und Kulturland, gilt als Zeiger für Stickstoff.
Verbreitung: Ganz Europa; in Deutschland häufig, mit Ausnahme der höheren Lagen.
Blütezeit: Mai bis Oktober.
Allgemeines: Früher galt die *Weg-Rauke* als Heilpflanze. Sie soll Magen und Herz stärken. Obwohl kaum Wirkstoffe in ihr gefunden wurden, wird sie noch ab und zu verwendet. Wird auch Rankensenf genannt.

Gemeine Knoblauchsrauke *(Alliaria petiolata)*

Merkmale: Aufrechte, kahle, unverzweigte Pflanze mit kantigen, am Grund abstehend behaarten Stengeln, 20 bis über 100 cm hoch. Zwei- oder mehrjährig, bildet zuweilen kleinere Bestände. Zerdrückt man die Pflanze oder zerreibt die Blätter mit den Fingern, verströmt sie einen intensiven Knoblauchgeruch (Name). Grundblätter nierenförmig, buchtig gekerbt, langgestielt. Weiße Blüten etwa 6 mm groß, in endständiger Blütentraube, die sich später verlängert. **Standort:** Lichte Laubwälder, Waldränder und -wege, Hecken, Schuttplätze, Zäune.
Verbreitung: Fast ganz Europa, außer im Süden der Mittelmeerländer. In Deutschland teilweise häufig. **Blütezeit:** April bis Juni.
Allgemeines: Heil- und Salatpflanze. Auch Knoblauchhederich o. Lauchkraut genannt.

Gemeine Besenrauke *(Descurainia sophia)*

Merkmale: Zwei- oder auch mehrjährige, 20–100 cm hohe Pflanze. Graugrüne Blätter zwei- bis dreifach gefiedert mit linealisch-lanzettlichen Zipfeln, die nicht breiter als 1 mm werden. Blaßgelbe Blütenkronblätter, die mit 2 mm, etwa so lang wie der Kelch sind. Blüten in einer tragblattlosen Traube. Von der *Ungarischen Rauke* durch die aufrechten, sichelförmig gebogenen, 1–2 cm langen Schoten zu unterscheiden.
Standort: Äcker, Wege, Schuttplätze, Bahndämme, sandige Plätze; Stickstoffzeiger.
Verbreitung: Fast ganz Europa, zum Osten hin häufiger. In Deutschland verbreitet bis zerstreut, jedoch meist selten.
Blütezeit: Mai bis Juli, z.T. bis September.
Allgemeines: Die auch *Gemeines Sophienkraut* oder *Sophienrauke* genannte Pflanze galt im Mittelalter als wundheilend.

Acker-Schmalwand *(Arabidopsis thaliana)*

Merkmale: Einjährige, unten rauhhaarige, oben kahle, bis 30, selten auch bis 50 cm hohe Pflanze, graugrün, schlank, nach oben zu verzweigt. Dicht behaarte, spatelige oder eiförmige Grundblätter ganzrandig oder gezähnt, 2–3 cm lang, in einer Rosette angeordnet; wenige Stengelblätter sitzend, lanzettlich. Kleine, weiße Blüten mit 2–4 mm messenden Kronblättern. Bestimmungsmerkmal sind auch die aufrechten, seltener waagerecht abstehenden, linealischen und etwas abgeflachten Schoten, die bis 2 cm lang und 1 mm dick werden. **Standort:** Brachland, Schuttplätze, Mauern, Böschungen, Grashügel, Magerrasen; auf mehr oder weniger trockenen und möglichst kalkfreien Böden. **Verbreitung:** Ursprünglich Mittelmeerraum, heute fast ganz Europa. In Deutschland verbreitet.
Blütezeit: April bis Mai.

Sperriger Schöterich *(Erysimum repandum)*

Merkmale: Einjährige, 15–30 cm hohe Pflanze. Lineal-lanzettliche Grundblätter, geschweift bis buchtig gezähnt, obere Blätter schmaler als die unteren. Blüten mit ockergelben, 0,6–1 cm langen Kronblättern, unterseits schwach behaart. 4–10 cm lange Schoten, waagerecht oder fast waagerecht abstehend an gleichdicken Stielen.
Standort: Schuttplätze, Äcker, Wegränder, Brachland, Bahndämme.
Verbreitung: Stammt ursprünglich aus Südosteuropa, inzwischen in Mitteleuropa vereinzelt eingebürgert. In Deutschland zuweilen eingeschleppt (oft nur vorübergehend), selten eingebürgert; stark gefährdet.
Blütezeit: April bis Juli.
Allgemeines: Auch unter den Namen *Geschweifter Schöterich, Spreizender Schöterich* und *Brach-Schöterich* bekannt, wobei der Gattungsname *Schöterich* nicht selten auch durch die Bezeichnung *Schotendotter* abgelöst wird (beispielsweise *Sperriger Schotendotter*).

Färber-Waid *(Isatis tinctoria)*

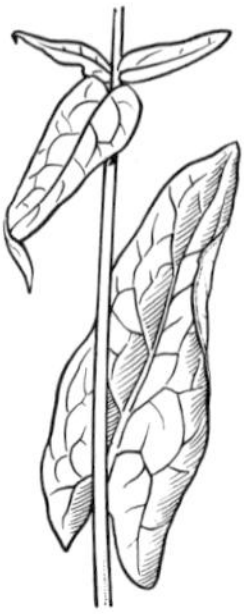

Merkmale: Zweijährige, 50–140 cm hohe, aufrechte und kräftige Pflanze, unten weichhaarig, nach oben zu kahl und bläulich bereift. Untere Stengelblätter gestielt und lanzettlich, obere Stengelblätter sitzend, pfeilförmig und stengelumfassend. Zahlreiche gelbe Blüten in doldiger Rispe; Kronblätter etwa doppelt so lang wie der Kelch. Hängende, einsamige Früchte, 2,5 cm lang, zur Reife dunkel bis schwarzviolett.
Standort: Wegränder, Steinbrüche, Dämme, Weinberge, Halbtrockenrasen und Magerrasen; auf kalkhaltigen, stickstoffreichen Böden.
Verbreitung: Fast ganz Europa, zumeist aus Kulturen schon in früherer Zeit verwildert und inzwischen auch in Deutschland zerstreut eingebürgert, im Rheingebiet sogar häufig.
Blütezeit: Mai bis Juli.

Acker-Schöterich
(Erysimum cheiranthoides)

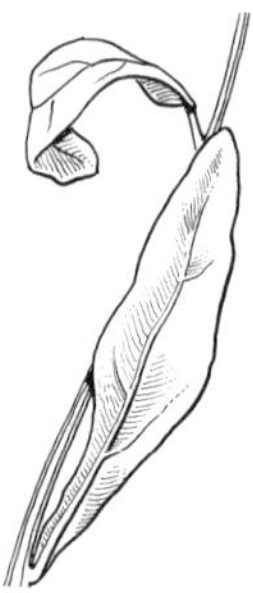

Merkmale: Einjährige, 30–60 cm hohe Pflanze. Lanzettliche Blätter ganzrandig oder unregelmäßig gezähnt, obere Blätter schmaler als untere, alle mit winzigen dreizakkigen Haaren. Gelbe Blüten im Durchmesser 4–8 mm, Blütenstiele 2- oder 3mal länger als der 2 mm lange Kelch.
Standort: Äcker, Schuttplätze, Ödland, Wege, gern auf etwas feuchten, lockeren, ein wenig kalkhaltigen Böden.
Verbreitung: Fast ganz Europa, fehlt in Teilen des Mittelmeerraums, vor allem im Südosten. In Deutschland verbreitet bis zerstreut, stellenweise häufig. **Blütezeit:** Mai bis September.
Allgemeines: Auch unter den heute weniger gebräuchlichen Namen *Lack-Schöterich, Akker-Schotendotter* oder *Goldlack-Schotendotter* bekannt.

Echtes Barbenkraut *(Barbarea vulgaris)*

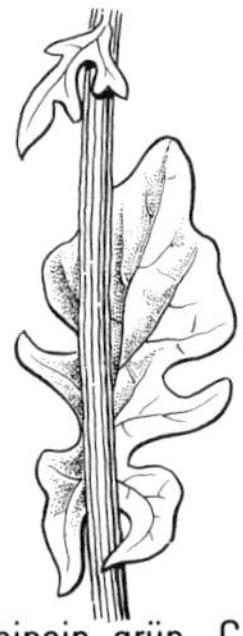

Merkmale: Zweijährige, 30–60, auch knapp 100 cm hohe Pflanze. Obere Blätter sitzend, tief gezähnt oder eingeschnitten, eiförmig, untere Blätter gestielt, mit 5–9 Paaren länglicher, ausgeschweift gezähnter Seitenfiedern und einer kleinen, rundlich-eiförmigen Endfieder, die am Grund oft herzförmig ist. Blätter bleiben bis in den Winter hinein grün. Goldgelbe Blüten mit 5–7 mm langen Kronblättern, die doppelt so lang wie der Kelch sind; in dichter, tragblattloser Traube. **Standort:** Wegränder, Dämme, Schuttplätze, Äcker, Böschungen, Hecken, gern auf Sandbänken und an kiesigen Ufern.
Verbreitung: Ganz Europa, sogar auf Island eingebürgert. In Deutschland verbreitet und meist häufig vorkommend.
Blütezeit: April bis Juli.
Allgemeines: Blätter als Wildsalat eßbar.

Sumpfkresse *(Rorippa islandica)*

Merkmale: Ein- oder auch zweijährige, nur spärlich behaarte oder kahle Pflanze mit kantigen, röhrigen Stengeln, die meist aufrecht stehen, aber auch aufsteigend oder niederliegend sein können und bis zu 60 cm lang werden. Leierförmig gefiederte Blätter mit kerbig gesägten Fiedern; untere Blätter gestielt, obere nur kurz gestielt oder sitzend. 2–3 mm große Blüten mit hellgelben Kronblättern, die in etwa so lang wie der Kelch sind, bilden eine lockere Doldentraube.
Standort: Nasse oder nur feuchte und sogar lediglich zeitweise überschwemmte Orte; Ufer, Gräben, Äcker, Wege.
Verbreitung: Ganz Europa außer im äußersten Südosten. In Deutschland verbreitet bis zerstreut, in höheren Lagen meist fehlend.
Blütezeit: Juni bis September.
Allgemeines: Die *Gemeine Sumpfkresse,* die früher zur Gattung *Brunnenkresse* gestellt wurde, ist auch als *Kleinblütige Sumpfkresse* bekannt.

Echte Brunnenkresse
(Nasturtium officinale)

Merkmale: Mehrjährige Pflanze mit zuweilen untergetauchten, an den Knoten wurzelnden Stengeln, kriechend oder aufsteigend, zwischen 30–50, selten bis 80 cm hoch. Glänzende, ein wenig fleischige, gefiederte Blätter, mit bis zu 4 rundlichen oder eiförmigen Fiederpaaren und einer stets größeren Endfieder, die auch im Winter grün bleiben. Weiße Blüten mit 5 mm langen Kronblättern und gelben Staubbeuteln.
Standort: Quellen, Bäche, Gräben und langsam fließende, kleinere Flüsse mit klarem, kühlem Wasser, aber nie stehende Gewässer.
Verbreitung: Ganz Europa mit Ausnahme des Nordens, wo sie nur bis Südschweden vorkommt. In Deutschland verbreitet oder zerstreut. **Blütezeit:** Mai bis August.
Allgemeines: Bekannte Wildsalatpflanze.

Wald-Sumpfkresse *(Rorippa sylvestris)*

Merkmale: Mehrjährige Pflanze mit 15–50 cm hohem, kantigem und hohlem Stengel, meist aufsteigend. Gefiederte Blätter mit gezähnten bis gekerbten oder nochmals fiederteiligen Abschnitten. Blüten etwa 5 mm breit, mit goldgelben Kronblättern. Aufrechte, lineale Früchte ungefähr so lang wie deren Stiel. Blüten in trugdoldiger Traube angeordnet.
Standort: Wege und Wegränder, Äcker, Schuttplätze, Ufer, auf feuchten, bevorzugt schlammigen und stickstoffreichen Böden.
Verbreitung: Ganz Europa, sogar in Island eingebürgert. In Deutschland verbreitet und stellenweise häufig, in höheren Lagen seltener.
Blütezeit: Juni bis September.
Vermehrung: Geschlechtlich durch Samen, ungeschlechtlich durch Ausläufer.
Allgemeines: Wird abgekürzt *Waldkresse* oder auch *Wilde Sumpfkresse* genannt. Bildet zusammen mit der *Wasser-Sumpfkresse* einen Bastard, der *Zweischneidige Sumpfkresse* genannt wird und der vor allem in Niederungen großer Flüsse verbreitet zu finden ist.

Sand-Schaumkresse
(Cardaminopsis arenosa)

Merkmale: Ein- oder zweijährige, rauhaarige Pflanze. Stengel im Gegensatz zur *Wiesen-Schaumkresse* ohne Ausläufer. In grundständiger Rosette angeordnete Blätter fiederspaltig oder grob gezähnt, obere Stengelblätter lanzettlich, buchtig gezähnt oder ganzrandig. Blüten meist weiß, seltener blaßlila oder rötlich, an bis zu 5 mm langen Stielen (beim *Wiesen-Schaumkraut* sind die Blüten 6–12 mm lang gestielt).
Standort: Bahndämme, Trockenrasen, Steinschutt und andere trockene und sandige Orte.
Verbreitung: Hauptsächlich Osteuropa, inzwischen aber auch im übrigen Europa weit verbreitet, fehlt auf den Britischen Inseln, der Iberischen Halbinsel sowie in Südosteuropa. In Deutschland verbreitet bis zerstreut.
Blütezeit: April bis Juni.

Wiesen-Schaumkraut *(Cardam. pratensis)*

M: Mehrjährige, 15–40 cm hohe Pflanze mit rundem, hohlem Stengel. Blätter unpaarig gefiedert, Grundblätter rosettenartig, 3–11zählig, jedoch mit rundlichen Fiedern und größerer, ausgeschweift dreilappiger Endfieder, die Stengelblätter mit linealischen Fiedern. Weiße oder rosa, auch blaßlila Blüten bilden eine tragblattlose Traube. Kronblätter über 1 cm lang. **St**: Feuchte Böden. **Vb**: Fast ganz Europa. **Bl**: April bis Juni.

Wald-Schaumkraut *(Cardamine flexuosa)*

M: Ein-, zwei- oder mehrjährige, behaarte, bis 50 cm hohe Pflanze mit verzweigten, gebogenen, reich beblätterten Stengeln. Gefiederte Blätter mit ganzrandigen oder gezähnten Fiedern, am Rande und an der Oberseite spärlich behaart. Blätter am Grund in lockerer Rosette. Weiße Blüten mit etwa 3 mm langen Kronblättern und ebenso langen Kelchblättern sowie gewöhnlich 6 Staubblättern. **St**: Ufer, Gräben, Quellfluren, in feuchten, schattigen Wäldern. **Vb**: Fast ganz Europa. **Bl**: April bis Juni.

Kahles Turmkraut *(Turritis glabra)*

M: Zweijährige, 50–150 cm hohe, aufrechte Pflanze mit astlosem Stengel, der am Grund kurzhaarig, nach oben zu aber kahl und bereift ist. Rauhhaarige Grundblätter in einer Rosette, ganzrandig oder buchtig gezähnt, schmaleiförmig, zur Blütezeit oft verwelkt; kahle Stengelblätter blaugrün bereift, länglich, stengelumfassend. Blüten gelblichweiß. **St**: Gebüsch, Wegränder, Hügel, lichte Wälder. **Vb**: Ganz Europa. **Bl**: Mai bis Juli.

Bitteres Schaumkraut *(Cardamine amara)*

M: Mehrjährige, 15–45, zuweilen auch bis 60 cm hohe Pflanze mit kantigem, markigem Stengel, Grundachse kriechend mit wurzelnden Ausläufern. Grundblätter fiederteilig mit meist 4 oder 5 Fiederpaaren. Sie sind ein Unterscheidungsmerkmal zur *Echten Brunnenkresse,* die nur 3 Fiederpaare vorweisen kann. **St**: Quellfluren, Bach- und Grabenufer, Erlenbruchwälder. **Vb**: Fast ganz Europa. **Bl**: April bis Juli.

Zwiebel-Zahnwurz *(Dentaria bulbifera)*

Merkmale: Mehrjährige, 30–70 cm hohe Pflanze. Grundblätter und untere Stengelblätter zwei- bis dreipaarig gefiedert mit ei-lanzettlichen, gesägten Fiedern; nur die oberen Stengelblätter sind einfach, lanzettlich, gekerbt-gesägt; in den Achseln mit kleinen, braunvioletten Brutknöllchen, durch die sich die Pflanze vermehrt, weil die Früchte nur selten zur Reife gelangen. Blüten hellviolett bis weiß.

Standort: Laubwälder (Buche, Ahorn), auf Kalk. Bis in 1600 Meter Höhe.

Verbreitung: Hauptsächlich Mitteleuropa, im Norden bis Südskandinavien.

Blütezeit: April bis Juni.

Turm-Gänsekresse *(Arabis turrita)*

M: Zwei- bis mehrjährige Pflanze, 10–70 cm hoch. Schmal-eiförmige Grundblätter, unregelmäßig gezähnt, verschmälern sich in den Stiel; längliche Stengelblätter geschweift gezähnt, Unterseite oft violett. Unten beblätterter Blütenstand mit gelblich-weißen Blüten. **St**: Trockene Gebüsche, lichte Wälder, Trockenrasen, Mauern, gern auf Kalk. **Vb**: Süd- und Mitteleuropa. **Bl**: April bis Mai.

Kreuzblütler

Wildes Silberblatt *(Lunaria rediviva)*

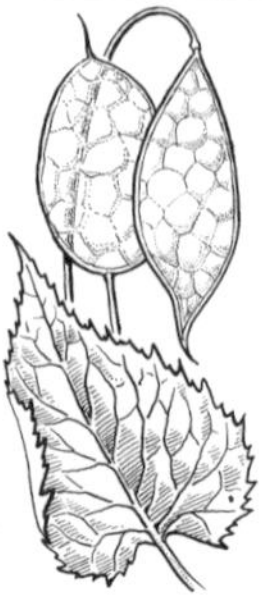

M: Mehrjährig, 30–150 cm hoch mit aufrechten Stengeln. Gestielte Blätter herzförmig und gezähnt. Wohlriechende Blüten mit bis 2 cm langen, violetten, selten auch weißen Kronblättern, in zusammengesetzter Traube. Elliptisch-lanzettliche, an beiden Enden kurz zugespitzte Schoten mit silberglänzender Scheidewand. **St**: Feuchte, schattige Laubwälder. **Vb**: In weiten Teilen Europas, in Deutschland zerstreut. **Bl**: Mai bis Juli.

Berg-Steinkraut *(Alyssum montanum)*

M: Mehrjährige Pflanze mit niederliegenden bis aufrechten, um unteren Teil verholzenden Stengeln, zwischen 5 und 20 cm hoch. Graufilzige Blätter länglich-spatelförmig oder linealisch. Goldgelbe Blüten mit Kelchblättern, die im Gegensatz zum *Kelch-Steinkraut* zur Fruchtzeit abfallen. **St**: Trockene, sandige Felder, Mauern, Felsen, Trockenrasen, Kiefernwälder. **Vb**: Hauptsächlich Mittel- und Südeuropa. **Bl**: April bis Mai.

Frühlings-Hungerblümchen *(Erophila verna)*

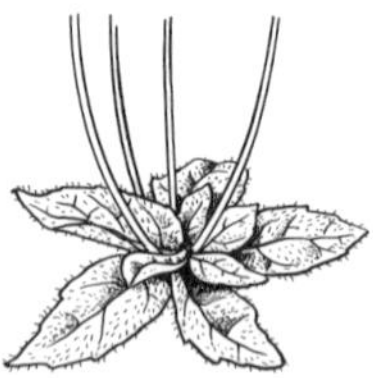

M: Einjährige, unscheinbare, kleine, nur 5–15 cm hohe Pflanze mit lanzettlichen bis spatelförmigen Blättern, angeordnet in flacher, dem Boden dicht anliegender Rosette. Kleine, weiße Blüten mit tief zweispaltigen Kronblättern, in traubenförmigem Blütenstand, auf blattlosem Stengel. **St**: Wege, trockene Rasen, Felsen. **Vb**: Ganz Europa. **Bl**: Februar, März bis Mai.

Kelch-Steinkraut *(Alyssum alyssoides)*

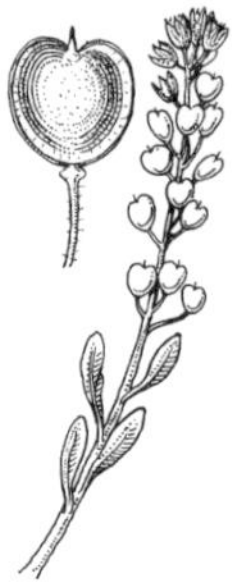

M: Ein- bis mehrjährige, 7–30 cm hohe Pflanze. Länglich-eiförmige Blätter verschmälern sich in den kurzen Stiel, durch Sternhaare graufilzig. Hellgelbe, zuletzt weiße Blüten mit bleibenden Kelchblättern; sie hüllen das rundliche, ringsum berandete Schötchen ein. Blüten in dichter Traube. **St**: Trocken- und Halbtrockenrasen, Schuttplätze, Dämme, Mauern. **Vb**: Mittel- und Südeuropa. **Bl**: April bis September.

Gemeine Pfeilkresse *(Cardaria draba)*

M: Mehrjährige, 20–60 cm hohe Pflanze. Länglich-eiförmige Blätter unregelmäßig gezähnt, die unteren meist buchtig, obere Blätter mit herz-pfeilförmigem Grund stengelumfassend. Weiße Blüten 5 mm breit, duftend, in dichten Scheindolden. **St**: Wegränder, Schuttplätze, Bahndämme, Äkker, an steinigen, trockenen Stellen. **Vb**: Süd- und Mitteleuropa, eingebürgert in West- und Nordeuropa. **Bl**: Mai bis Juli.

Gemeine Graukresse *(Berteroa incana)*

Merkmale: Einjährige, wenig verzweigte, durch Sternhaare graugrüne Pflanze mit dünner Pfahlwurzel, 20–50, selten bis 70 cm hoch. Lanzettliche, meist ganzrandige Blätter in den kurzen Stielen verschmälert, bis 5 cm lang. Blüten mit tief zweispaltigen, weißen Kronblättern, in ährenförmigen Trauben. Elliptische Schötchen 0,7–1 cm lang.
Standort: Schuttplätze, Wege, Kiesgruben, an sandigen, trockenen und sonnigen Stellen.
Verbreitung: Mittel- und Südeuropa, eingebürgert in West- und Nordeuropa. In Deutschland zerstreut, breitet sich aus.
Blütezeit: Juni bis Oktober.

Saat-Leindotter *(Camelina sativa)*

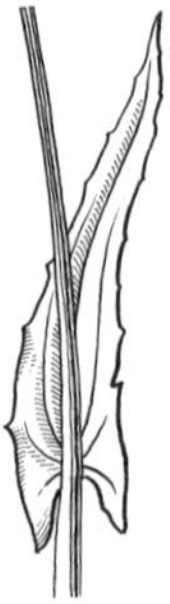

Merkmale: 30–100 cm hohe, einjährige, kahle, oben verzweigte Pflanze. Lanzettliche Blätter bis 9 cm lang, ganzrandig oder fein gezähnt, pfeilförmig und stengelumfassend. Gelbe Blüten mit 4–5 mm langen Kronblättern, in verlängerter Traube stehend. Die hartschalige, birnenförmige Frucht mißt zusammen mit dem Griffel zwischen 5 und 10 mm und steht aufrecht ab.
Standort: Getreidefelder, Schuttplätze, Ödland, gern auf lockeren und trockenen Böden, an warmen Stellen, seltener an Wegrändern.
Verbreitung: Fast ganz Europa, außer im Südosten. In Deutschland kultiviert und nur verwildert vorkommend, früher noch zerstreut, heute zunehmend seltener. **Blütezeit:** Mai bis August. **Allgemeines:** Die Art bzw. Unterart **Kleinfrüchtiger Leindotter** *(C. microcarpa* ist nur schwer von C. sativa zu unterscheiden.

Gemeines Hirtentäschelkraut
(Capsella bursa-pastoris)

Merkmale: Sehr variable, ein- oder zweijährige, 20 bis über 40 cm hohe unscheinbare Pflanze. Rosettenartige Grundblätter buchtig gelappt bis fiederspaltig oder ungeteilt, was selten ist; oberste Stengelblätter ganzrandig mit pfeilförmigem Grund und stengelumfassend, lanzettlich. Weiße, bis zu 5 mm breite Blüten mit Kronblättern, die doppelt so lang wie der Kelch sind, in endständiger Blütentraube.
Standort: Schuttplätze, Äcker, Gärten, Wegränder, Brachland, bis über 2000 m.
Verbreitung: Häufig in ganz Europa und Deutschland. Gilt als Kulturbegleiter.
Blütezeit: Außergewöhnlich lang, von Februar bis Oktober, in warmen Wintern sogar das ganze Jahr über.
Allgemeines: Blutstillende Heilpflanze.

Rispen-Finkensame *(Neslia paniculata)*

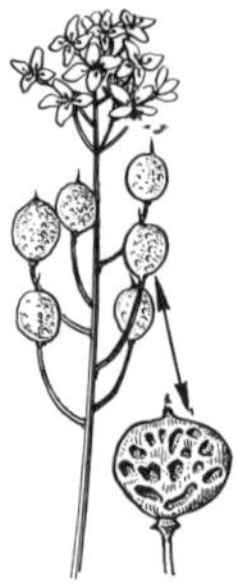

Merkmale: Einjährige, graue, feinbehaarte Pflanze mit 15–80 cm hohem Stengel, der einfach oder in der Mitte verzweigt ist. Blätter ganzrandig, die länglichen unteren in den Stiel verschmälert, die lanzettlichen oberen Stengelblätter sitzend, stengelumfassend mit pfeilförmigem Grund. Goldgelbe Blüten zwischen 4 und 6 mm im Durchmesser, in einer trugdoldigen, reichblütigen Rispe.
Standort: Getreidefelder, seltener auf Schuttplätzen oder an Wegrändern; gern an warmen Stellen, liebt Lehm und Kalk.
Verbreitung: Fast ganz Europa, eingebürgert in Schweden und auf den Britischen Inseln. Im Nordwesten Deutschlands fehlend, sonst zerstreut; selten.
Blütezeit: Mai bis Juli.
Allgemeines: Wird auch *Rispiges Ackernüßchen* oder einfach *Ackernüßchen* genannt.

Sand-Bauernsenf *(Teesdalia nudicaulis)*

Merkmale: 8–20 cm hohe, einjährige, unscheinbare Pflanze mit meist unverzweigten Stengeln. Alle Blätter in grundständiger Rosette, meist leierförmig gefiedert und oft mit dreilappiger Endfieder. Am Stengel manchmal 1–3 kleine Stengelblätter. Weiße Blüten mit ungleich großen Kronblättern, die äußeren meist fast doppelt so groß wie die inneren. Die Blüten bilden eine kleine, endständige Traube. Schötchen löffelförmig gebogen.
Standort: Getreidefelder, Schuttplätze, Wegränder, Hügel, Heiden, Dünen; meidet Kalk, zeigt sandige und nährstoffarme Böden an.
Verbreitung: Fast ganz Europa, außer im größten Teil Südosteuropas. Fehlt in den Alpen. Im Norden Deutschlands verbreitet, sonst zerstreut vorkommend, jedoch selten.
Blütezeit: April bis Mai.
Allgemeines: auch *Rahle* genannt.

C. microcarpa

Acker-Hellerkraut *(Thlaspi arvense)*

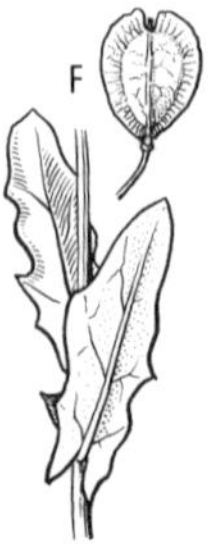

Merkmale: Einjährige, 10–40 cm hohe, kahle Pflanze mit kantigem Stengel. Blätter am Grund verkehrt-eiförmig oder breit-lanzettlich gestielt, Stengelblätter sitzend, mit pfeilförmigem Grund. Schötchen nicht wie beim *Hirtentäschelkraut* dreieckig, sondern rund mit durchscheinendem, breitem Flügel, bis 1,5 cm lang. Wenn man die Pflanze zerreibt, verbreitet sie einen lauchartigen Geruch.

Standort: Äcker, Schuttplätze, Brachland.

Verbreitung: Fast ganz Europa, fehlt nur im Südosten. In Deutschland überall häufig.

Blütezeit: Mai bis September.

Vermehrung: Wie bei anderen Vertretern der Familie entwickeln sich die Früchte derart schnell, daß man in der Regel reife Früchte und neue Blüten an derselben Traube findet.

Allgemeines: Stengel und Blätter ölhaltig.

Glattes Brillenschötchen *(Biscutelle laevigata)*

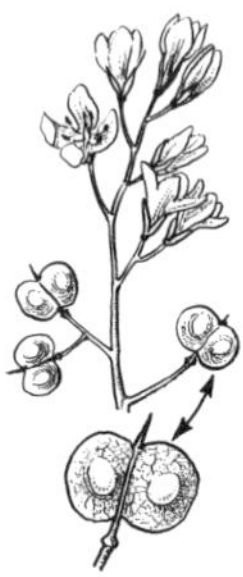

Merkmale: Formenreiche, mehrjährige Pflanze, 15–30 cm hoch. Grundständige Rosettenblätter keilförmig-länglich, buchtig gezähnt oder ganzrandig, wenige Stengelblätter linealisch. Die in verzweigter Traube stehenden Blüten tragen hellgelbe Kronblätter und gelblichgrüne Kelchblätter. Die Schoten haben in etwa die Form einer Brille (Name). Etwa 12 Unterarten.

Standort: Trocken- und Halbtrockenrasen, Weiden, teilweise auch Kiefernwälder, Felsen, Steinschutt, Flußkies der Alpenflüsse, auf steinigen und nur kalkreichen Böden.

Verbreitung: Mitteleuropa, Südeuropa außer im Südosten. Kommt in den Alpen, im südlichen und mittleren Deutschland zerstreut vor, fehlt im Norden und Nordwesten.

Blütezeit: Mai bis Juli.

Bittere Schleifenblume *(Iberis amara)*

Merkmale: Einjährige, aufrechte und wenig verzweigte Pflanze, 10–40 cm hoch. Länglich-keilförmige Blätter entfernt fiederspaltig. Weiße, seltener rötliche Blüten mit ungleich großen Kronblättern, in gedrängtem, sich später verlängerndem, traubigem Blütenstand.

Standort: Äcker, Weinberge, gern auf steinigen und kalkreichen Böden. Auch in Gärten gepflanzt.

Verbreitung: Mittel- und Westeuropa. In Deutschland nur selten im Rhein-Main-Gebiet, sowie in den Tälern von Saar, Mosel, Tauber und Nahe; vom Aussterben bedroht.

Blütezeit: Mai bis August.

Allgemeines: Wenig verwendete Heilpflanze. Die auch unter dem Volksnamen *Bitterer Bauernsenf* bekannte Pflanze diente früher als Mittel gegen Appetitlosigkeit. Daneben verabreichte man sie auch bei Gallenstörungen.

Hederich *(Raphanus raphanistrum)*

Merkmale: Rauhhaarige, einjährige Pflanze von 30–60 cm Höhe, verzweigt. Untere Blätter mit bis zu 4 Fiederpaaren und größerer, rundlicher oder eiförmiger Endfieder, obere Blätter ungeteilt. Unterscheidet sich vom ähnlichen *Akker-Senf* durch die aufrechtstehenden Kelchblätter. Sie sind halb so lang wie die bis zu 2 cm langen, hellgelben oder weißviolett geaderten Kronblätter.

Standort: Äcker, Schuttplätze, Kulturland; im Gegensatz zum *Acker-Senf* nicht auf kalkhaltigem, sondern eher schwach saurem Boden.

Verbreitung: Überall in Europa wie auch in Deutschland verbreitet.

Blütezeit: Ende Mai, Anfang Juni bis September.

Allgemeines: Die auch *Acker-Rettich* genannte Pflanze ist *schwach giftig.*

Niederliegender Krähenfuß
(Coronopus squamatus)

Merkmale: Einjährige Pflanze mit meist niederliegenden, aber auch aufsteigenden, bis 30 cm langen Stengeln. Blätter tief fiederspaltig mit lanzettlichen, gezähnten Abschnitten. Winzige Blüten mit weißen Kronblättern, die länger als der Kelch sind, kurzgestielt, in blattgegenständigen Trauben.
Standort: Wegränder, Weiden, Schuttplätze, an Dorfstraßen, auf feuchten, sandigen Böden.
Verbreitung: Ganz Europa. In Deutschland zwar häufiger als der *Zweiknotige Krähenfuß*, aber insgesamt nur sehr zerstreut. **Blütezeit:** Mai bis August.

Schmalblättriger Doppelsame
(Diplotaxis tenuifolia)

M: Mehrjährige, kahle, 30–80 cm hohe Pflanze mit am Grunde etwas verholzendem Stengel, der hoch hinauf beblättert ist. Bläulichgrüne Blätter tief fiederteilig mit 3–5 linearen, schräg nach vorn gerichteten Fiederpaaren. Blüten mit gelben, 8–14 mm langen Kronblättern. **St:** Wegränder, Schuttplätze. **Vb:** Süd- und Mitteleuropa. **Bl:** Mai bis September.

Mauer-Doppelsame *(Diplotaxis muralis)*

Merkmale: Ein- oder zweijährige, 20–60 cm hohe Pflanze mit kaum beblättertem Stengel. Grundständige Blätter fiederspaltig bis buchtig gezähnt, meist in einer Rosette. Zitronengelbe Blüten mit rundlichen bis verkehrt-eiförmigen Kronblättern.
Standort: Mauern, Bahndämme, Schuttplätze, Weinberge, Wegränder, Felsen.
Verbreitung: Mittel- und Südueropa.
Blütezeit: Juni bis September.

Rübsen *(Brassica rapa)*

Merkmale: Ein- oder zweijährige, bis 100 cm hohe Pflanze. Blätter am Stengelgrund leierförmig-fiederspaltig, grasgrün und borstig-rauh, obere Blätter stengelumfassend und blaugrün bereift. Goldgelbe Blüten mit 7–11 mm langen Kronblättern, geöffnete Blüten die Blütenknospen überragend.
Standort: Auf Feldern angebaut und kultiviert als Gemüse-, Öl- und Futterpflanze (*Weiße, Wasser-, Saat-, Herbst-* oder *Stoppelrübe*), verwildert auf anderen Äckern und an Ufern.
Verbreitung: In weiten Teilen Europas kultiviert und eingebürgert, auch in Deutschland.
Blütezeit: April bis September.

Acker-Senf *(Sinapis arvensis)*

M: 30–60 cm hohe, einjährige Pflanze mit rauhhaarigem Stengel. Blätter bis 20 cm lang, rauh behaart, unten gestielt, tieffiederspaltig oder gefiedert mit grob gezähntem Endlappen, obere Blätter sitzend, eiförmig bis lanzettlich, gezähnt bis ganzrandig. Schwefelgelbe Kronblätter bis 1,5 cm lang. Abstehende Kelchblätter. **St:** Hauptsächlich Äcker. **Vb:** Fast ganz Europa. **Bl:** Mai bis September. **Allg:** *Schwach giftig.*

Französische Hundsrauke
(Erucastrum gallicum)

M: Ein- oder zweijährige, 20–60 cm hohe Pflanze. Blätter leierförmig bis fiederspaltig. Weißlichgelbe, seltener goldgelbe Blüten mit grünlich geaderten Kronblättern und aufrechten Kelchblättern; 2–4 cm lange Schoten sichelförmig gebogen. **St:** Äcker, Brachland. **Vb:** Hauptsächlich Mitteleuropa. In Deutschland verbreitet in den Alpen, im Donau- und Rheintal. **Bl:** Mai bis September. □

Färber-Wau *(Reseda luteola)*

Merkmale: Zweijährige, 50–150 cm hohe Pflanze mit überwinternder Blattrosette und aufrechtem, steifem Stengel. Ganzrandige, aber gewellte Blätter alle ungeteilt, schmal-lanzettlich bis linealisch. Blaßgelbe Blüten mit 4 Kron- und 4 Kelchblättern, neben den Blättern ein gutes Unterscheidungsmerkmal zum *Gelben Wau.* Blüten in länglicher, dünner, ährenförmiger Traube.
Standort: Schuttplätze, Wegränder, häufig in der Nähe bewohnter Orte, gerne auf kalkreichem Untergrund.
Verbreitung: Bis auf das nördliche Skandinavien in fast ganz Europa, hauptsächlich in Südeuropa; in Mitteleuropa zum großen Teil nur eingebürgert oder aus früheren Kulturen verwildert, auch in Deutschland.
Blütezeit: Juni bis September.
Allgemeines: Diente früher zum Stoffefärben.

Gelber Wau *(Reseda lutea)*

Merkmale: 20–50 cm hoch, kann auch 80 cm Höhe erreichen. Einjährig, zweijährig oder ausdauernd. Stengel aufrecht, einfach oder ästig, reich beblättert. Blätter mit schmal geflügelten Stielen, ein- oder zweifach gefiedert mit schmalen, am Rand gewellten Abschnitten. Grundblätter rosettenartig, früh verwelkend. Die geruchlosen, hellgelben Blüten mit jeweils 6 Kelch- und 6 Kronblättern bilden eine dichtblütige Traube.
Standort: Sonnige, trockene Rasen, Bahndämme, Schuttplätze, Wegränder.
Verbreitung: Schon vor langer Zeit aus dem Mittelmeerraum (Südosten) nach Mitteleuropa eingewandert. Hier wie in Westeuropa bis zu den Britischen Inseln und nördlich bis Südschweden eingebürgert und inzwischen durchaus verbreitet, auch im Süden Deutschlands.
Blütezeit: Juni bis September. ☐

Rundblättriger Sonnentau
(Drosera rotundifolia)

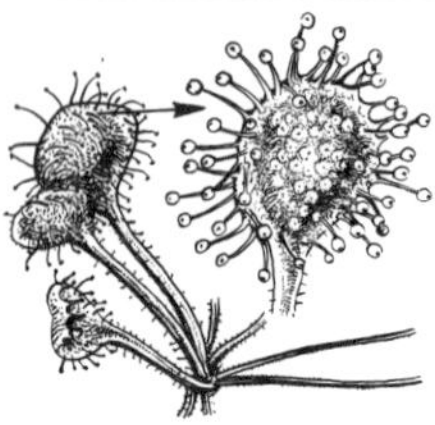

Merkmale: Winzige Pflanze mit kaum fingernagelgroßen, kreisrunden Blättern. Langgestielt sind sie in einer Rosette angeordnet und liegen dem Untergrund mehr oder weniger dicht an. Auf den Oberseiten langgestielte Drüsenhaare. Ihre Köpfchen glitzern in der Sonne wie Tautröpfchen (Name), weil sie von einer klebrigen Flüssigkeit umhüllt sind. Blütenstand mit nur wenigen unscheinbaren, weißen Blüten, die 10 oder 15 cm über dem Erdboden stehen, meist 4- oder 5zählig. Kronblätter etwa 0,5 cm lang.
Standort: Auf Torfmoospolstern von Hoch- und Zwischenmooren, auch in Flachmooren.
Verbreitung: Fast ganz Europa; gefährdet.
Blütezeit: Juni bis August.
Allg: »Fleischfressende« Pflanze, die Kerbtiere einfängt und mit Hilfe von Drüsen verdaut.

Langblättriger Sonnentau *(Drosera anglica)*

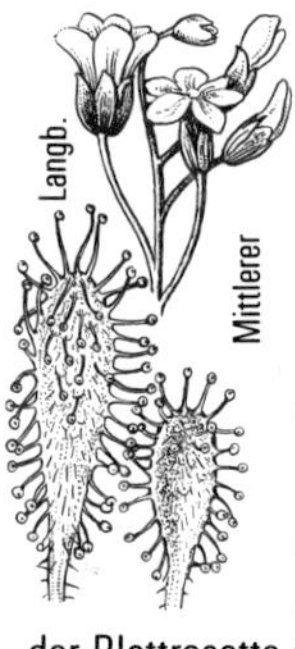

Merkmale: Mehrjährige Pflanze mit gestielten, 1–4 cm langen Blättern in grundständiger Rosette. Blätter länglich-keilförmig, dadurch leicht vom *Rundblättrigen Sonnentau* zu unterscheiden. Auch nicht mit dem ähnlichen *Mittleren Sonnentau,* dessen Blätter höchstens 1 cm lang werden, und dessen Blütenstengel unten oder seitlich an der Blattrosette entspringt und bogig aufsteigt, zu verwechseln. Blütenstengel in der Mitte der Blattrosette entspringend, aufrecht, mindestens doppelt so lang wie die Blätter.
Standort: Flach- und Hochmoore, besonders auf offenen, zeitweise überschwemmten Böden. Bis in 1900 Meter Höhe.
Verbreitung: Mittel- und Nordeuropa. In Deutschland selten; stark gefährdet.
Blütezeit: Juni bis August. ☐

Reseda-
gewächse

Sonnentau-
gewächse

Große Fetthenne *(Sedum telephium)*

Merkmale: Formenreiche, mehrjährige, 20–50 cm hohe Pflanze mit dicken, rübenartigen Wurzeln und sehr kräftigen, aufrechten Stengeln. Dickfleischige, eiförmig-längliche Blätter ungleich gezähnt, zwischen 2 und 7 cm lang, fettig glänzend. Grünliche oder gelbe bis purpurne Blüten in endständigen oder auch seitenständigen, dichtgedrängten Trugdolden.
Standort: Geröllhalden, Felsen, Hecken, Gestrüpp, Mauern, Wälder, Feldraine, magere Rasen, gern auf steinigen oder sandigen, aber nährstoffreichen Böden.
Verbreitung: Fast ganz Europa. In Deutschland verbreitet, teilweise häufig, mancherorts aber selten oder fehlend; sich ausbreitend.
Blütezeit: Juni bis September.
Allgemeines: Heute nur noch gelegentlich in der Volksmedizin gebraucht; früher Heilpflanze.

Weiße Fetthenne *(Sedum album)*

1/1

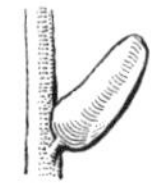

1/1

Merkmale: Mehrjährige, grasgrüne, lockerrasige Pflanze, 5–20 cm hoch, zuweilen auch höher. Stengel aufsteigend, seltener aufrecht, mit reichblütiger, kahler Doldenrispe; kriechende Stengel mit zahlreichen, nichtblühenden Sprossen. Kenntlich ist die Pflanze leicht an ihren stielrunden, walzlichen und eiförmig bis länglich-linealen Blättern; sie werden 6–12 mm lang und sind dunkelgrün bis rötlichbraun. Blüten mit meist weißen, seltener rosa Kronblättern.
Standort: Mauern, Bahndämme, Felsen, Wälder, Trocken- und Halbtrockenrasen, auf steinigen und kalkhaltigen Böden.
Verbreitung: Süd- und Mitteleuropa, im Norden bis Südskandinavien, dort aber wohl nur eingebürgert. In Deutschland verbreitet, im Norden selten, in Weinbaugebieten häufiger.
Blütezeit: Juni bis September.

Felsen-Fetthenne *(Sedum reflexum)*

Merkmale: Mehrjährige, 15–35 cm hohe Pflanze mit aufrechten Blütenstengeln und niederliegenden bis aufrechten, nichtblühenden Trieben. Sie sind gleichmäßig und dicht beblättert, während die Triebe eine lockere und etwas unregelmäßige, nach oben abnehmende Beblätterung aufweisen. Stielrunde oder halbstielrunde, bis 2 cm lange Blätter am Grund mit kurzem Sporn, vorne stachelspitz. In doldenartigem Blütenstand stehende Blüten mit zitronengelben, bis 7 mm messenden Kronblättern, spitzen, kahlen Kelchblättern und am Grunde gewimperten Staubfäden. Blütenknospen nickend.
Standort: Trockenrasen, Felsen, Mauern, sandige und steinige Böden. Bis 2000 m.
Verbreitung: Fast ganz Europa. In Deutschland zerstreut in den Mittelgebirgen und Alpen.
Blütezeit: Juni bis August.

Scharfe Fetthenne *(Sedum acre)*

Merkmale: Mehrjährige Pflanze mit kriechenden bis aufsteigenden, 5–15 cm langen Stengeln. Dicke, eiförmige auf der Oberseite flache Blätter bis 4 mm lang, kaum oder gar nicht gespornt; scharf schmeckend, daher der ebenfalls gebräuchliche Name *Mauerpfeffer.* Blüten mit goldgelben, fast waagerecht abstehenden Kronblättern, 6–9 mm lang, in wenigblütiger Dolde.
Standort: Mauern, Bahndämme, Felsen, Sanddünen, Trockenrasen, Kiefernwälder, Kieswege, steinige, trockene Böden, gern auf Kalk. Bis in Höhen von 2300 Meter.
Verbreitung: Fast ganz Europa, bis auf den hohen Norden. In Deutschland verbreitet, in manchen Gebieten häufig, in anderen selten.
Blütezeit: Juni bis August.
Allgemeines: Auch *Vogelbrot* oder *Warzenkraut* genannte alte Heilpflanze. *Giftig.* □

Dreifinger-Steinbrech
(Saxifraga tridactylites)

Merkmale: Zierliche, bis höchstens 18 cm große Pflanze. Ausnahmsweise einjährig, eine Seltenheit unter den *Steinbrech*gewächsen. Dünner, einfacher oder wenig verzweigter Stengel, meist rötlich und mit dichten kurzen Drüsenhaaren. Grundblätter mit 3 schwach ausgeprägten Lappen, nur vor der Blütezeit zu sehen, zur Blüte selbst bereits vertrocknet. Kronblätter weiß, 3–4 mm lang.
Standort: Trockene Felsritzen, Mauern, Dünen, gern auf tonigen oder sandigen Stellen.
Verbreitung: Fast ganz Europa, im Süden häufiger. In Deutschland zerstreut mit Ausnahme des Nordens, wo er selten ist.
Blütezeit: April bis Mai, selten noch Juni. Nutzt wie andere zur frühen mediterranen Mikroflora zählenden Pflanzen die kurze Zeit der Frühjahrsniederschläge, um in trockenen Gebieten schnell wachsen und blühen zu können.

Wechselblättriges Milzkraut
(Chrysosplenium alternifolium)

Merkmale: Unscheinbare, mehrjährige Pflanze, kaum über 15 cm hoch, meist zwischen 5 und 10 cm. Im Gegensatz zum *Gegenblättrigen Milzkraut* Blätter wechselständig und Stengel drei- statt vierkantig. Grund- und Stengelblätter nierenförmig und grob gekerbt. Grundblätter jedoch zusätzlich tief-herzförmig und länger gestielt, in der Breite 2–4 cm messend. Kleine Blüten bilden einen von gelben krugartigen Hochblättern umgebenen Blütenstand (Trugdolde). 4 Kelch-, 8–10 Staubblätter, keine Kronblätter.
Standort: Quellen, Bachufer und Sümpfe, Laub- und Auenwälder.
Verbreitung: Fast ganz Europa. Fehlt in Irland und Portugal sowie in Südosteuropa. Im Norden Deutschlands selten, sonst aber verbreitet.
Blütezeit: April bis Juni.

Knöllchen-Steinbrech *(Saxifraga granulata)*

Merkmale: 20–50 cm hohe Pflanze. Stengel und Blätter behaart. Wenige Stengelblätter, dafür mehr Grundblätter, rundlich-nierenförmig, tief gekerbt, in einer Rosette angeordnet. Wurzelstock mit zahlreichen Brutzwiebelchen (Knöllchen), 5 mm im Durchmesser, die in Art, Größe und Gestalt je nach Standort recht unterschiedlich sind. Blüten weiß, 5zählig, sternförmig ausgebreitet.
Standort: Im Gegensatz zu den meisten *Steinbrech*gewächsen nicht im Gebirge, allerdings noch in den Mittelgebirgen zu Hause. Wächst auf trockenen, mageren Wiesen, teilweise auf saurem, teilweise auf kalkigem Boden. Auch in Wäldern und an Wald- und Wegrändern.
Verbreitung: Außer im Südosten in fast ganz Europa. In ganz Deutschland vorkommend, nur stellenweise häufig. Fehlt in den Alpen.
Blütezeit: Mai bis Juni.
Vermehrung: Neben dem Samen dienen die vielen Brutzwiebeln einer sicheren Vermehrung wie auch der Überwinterung.
Allgemeines: Heißt auch *Körner-Steinbrech.*

Sumpf-Herzblatt *(Parnassia palustris)*

Merkmale: Stengel bis 40 cm hoch, mit zahlreichen, in einer Rosette stehenden Grundblättern, aber nur jeweils einem Stengelblatt, das zumeist im unteren Drittel den Stengel umschließt. An der Basis herzförmig (Name). Blüte einzeln, mit 5 weißen, mehrnervigen Kron-, 5 Staub- und 5 sterilen Staubblättern, die lange, gelbe Drüsenköpfchen tragen, aber keinen Nektar abgeben.
Standort: Neben Sumpfwiesen und Flachmooren auch Trockenrasen. Bis 2500 m.
Verbreitung: Ganz Nord- und Mitteleuropa. In Deutschland zerstreut oder selten; gefährdet.
Blütezeit: Juli bis September.
Vermehrung: Hauptsächlich durch Kerbtiere (Käfer), die durch den vorgetäuschten Nektarvorrat angelockt werden. Auch Fliegen tragen beim Blütenbesuch zur Bestäubung bei.
Allg: Heißt auch *Studentenröschen.* □

Aufrechtes Fingerkraut *(Potentilla erecta)*

Merkmale: Mehrjährige, 10–30, selten bis 50 cm hohe Pflanze mit unregelmäßig knolligem Wurzelstock und niederliegenden bis aufsteigenden Stengeln, die aber keine Wurzeln schlagen. Blätter am Grund in einer Rosette, langgestielt und dreizählig; keilförmige Fieder grob gezähnt mit einem vorstehenden Endzahn; Stengelblätter sitzend, deren Nebenblätter fingerförmig eingeschnitten. Gelbe Blüten mit 4 Kronblättern, die ebenso lang oder länger als der Kelch sind.
Standort: Nasse bis trockene Wiesen, Moore, Heiden, Wälder, auf kalkfreien Böden.
Verbreitung: Fast ganz Europa. In Deutschland verbreitet und stellenweise häufig.
Blütezeit: Mai bis August.
Allgemeines: Die auch unter dem Namen *Blutwurz* und *Ruhrwurz* bekannte Pflanze wird noch heute als Heilpflanze verwendet.

Kriechendes Fingerkraut *(Potentilla reptans)*

Merkmale: Mehrjährige Pflanze mit ausläuferartigen Stengeln, die niederliegen, bis zu 100 cm lang werden können und an den Knoten Wurzeln schlagen. Langgestielte Blätter meist 5-, mitunter auch bis 7zählig, grob gesägt. Gelbe Blüten 1,5–2,5 cm groß, 5zählig, einzeln in den Blattachseln stehend auf langen, dünnen Stielen.
Standort: Wiesen, Wegränder, Gräben, Ufer, Böschungen, Hecken, Schuttplätze.
Verbreitung: Ganz Europa.
Blütezeit: Juni bis August.
Vermehrung: Nach der Bestäubung durch Kerbtiere verbreiten Ameisen, aber auch Säugetiere die Früchte. Durch sehr lange Ausläufer kann die Pflanze schnell neue Stellen besiedeln. **Allgemeines:** Früher wenig, heute kaum noch als Heilpflanze verwendet.

Gänse-Fingerkraut *(Potentilla anserina)*

Merkmale: Mehrjährige, kriechende Pflanze mit dünnen, niederliegenden und wurzelnden Stengeln, bis 50 cm lang. Unterbrochen vielpaarig gefiederte Blätter – dadurch sicher von allen anderen Fingerkraut-Arten zu unterscheiden – können bis 20 cm und sogar noch etwas länger werden, auf der Unterseite silbrig-seidig behaart; obere Stengelblätter meist dreizählig gefingert. Einzelne, gelbe Blüten 2–3 cm im Durchmesser, mit 5 rundlichen Kronblättern, die doppelt so lang werden wie der Kelch.
Standort: Wege und Wegränder, Uferrasen, Schuttplätze, Gänseanger, Sanddünen, gern auf nährstoffreichen und feuchten Böden.
Verbreitung: Fast ganz Europa außer im äußersten Nordwesten und Südosten. In Deutschland verbreitet.
Blütezeit: Mai bis August.

Wald-Erdbeere *(Fragaria vesca)*

Merkmale: 5–25 cm hohe, mehrjährige Pflanze mit oberirdischen langen Ausläufern. Blätter dreizählig mit 3 gezähnten Fiederblättern, von denen das mittlere kurzgestielt ist und die beiden seitlichen sitzen. Endzahn jeder Fieder kleiner als die übrigen. Blüten mit 5 weißen Kronblättern und einem Büschel orangegelber Staubbeutel. 1–1,5 cm breit, auf anliegend behaarten Stielchen. Stengel in etwa so lang wie die Blätter.
Standort: Unterholz von Wäldern, Waldrändern und Gebüsch, Hecken, Waldlichtungen, Kahlschläge, Wegränder, bis über 2000 m.
Verbreitung: Kommt mehr oder weniger häufig in ganz Europa vor.
Blütezeit: Mai bis Juni.
Vermehrung: Ungeschlechtlich durch die an den Knoten wurzelnden Ausläufer, geschlechtlich durch Samen.

Gemeiner Frauenmantel
(Alchemilla vulgaris)

Merkmale: Mehrjährige, unscheinbare Pflanze mit verhältnismäßig großen Blättern und kleinen Blüten. Stengel ausgebreitet, aufsteigend oder aufrecht, meist nur 10 oder 20 cm hoch, zwischen hohem Gras aber auch bis zu 50 cm. Grundblätter mit über 5 cm langen Blattstielen, Blattspreite gefaltet, bis zur Hälfte geteilt, mit 9–13 am Rand gezähnten Abschnitten. Die von 2–12 cm breiten Blätter können kahl oder behaart sein. Der endständige, rispenartige Blütenstand ist locker oder dicht mit kleinen, bis 4 mm großen, grünlichgelben Blüten ohne Kronblätter besetzt. Blütensprosse oben kahl.
Standort: Wiesen und Weiden, Wälder, Waldränder und Gebüsch, Quellfluren, Felsschutt.
Verbreitung: Fast ganz Europa.
Blütezeit: Mai bis September.

Echte Nelkenwurz *(Geum urbanum)*

Merkmale: 20–60 cm hoch. Pflanze mehrjährig, aufrecht, wenig verzweigt. Grundblätter langgestielt, gefiedert, wobei das Endsegment der Blätter größer ist als die übrigen Fiedern. Die Fiederblätter selbst sind grob gezähnt und eingeschnitten. Obere Stengelblätter dreizählig oder zum Schluß einfach, mit großen Nebenblättern. Gelbe Blüten fünfzählig, 1–2 cm im Durchmesser, ausgebreitet, an mehr oder weniger langen Stielen, in einem lockeren Blütenstand.
Standort: Feuchte und schattige Stellen in Laubmisch- und Auwäldern, Gebüsche, auch in der Nähe menschlicher Siedlungen, wo der Boden genügend stickstoffhaltig ist.
Verbreitung: In fast ganz Europa.
Blütezeit: Mai bis September, Anfang Oktober. **Vermehrung:** Bestäubung durch Kerbtiere. Teilfrüchte bleiben an Tieren hängen.

Bach-Nelkenwurz *(Geum rivale)*

Merkmale: 20–60 cm hohe, mehrjährige Pflanze. Stengel aufrecht und wenig verzweigt, besonders nach oben zu drüsenhaarig. Langgestielte Grundblätter unterbrochen gefiedert mit sehr großer Endfieder, obere Stengelblätter gelappt oder einfach. Blüten nickend, einzeln oder in armblütiger Doldentraube. Kelchblätter rotbraun, Kronblätter außen rötlich, innen gelb.
Standort: Feuchte Wiesen, Bruch- und Auwälder, Flachmoore, Bachufer und Gräben, Hochstaudenfluren, bis 2000 m.
Verbreitung: Ganz Nord- und Mitteleuropa, im Westen bis zu den Britischen Inseln, im Süden bis Südfrankreich und Südjugoslawien.
Blütezeit: April bis Mai, anderen Angaben zufolge auch bis Juli.
Vermehrung: Bestäubung durch Kerbtiere, hakige Früchte bleiben an Tieren hängen.

Gewöhnlicher Odermennig
(Agrimonia eupatoria)

Merkmale: Mehrjährige, bis 60 cm hohe Pflanze, gegen Ende der Blütezeit auch um 100 cm. Stengelblätter am Grund dichter als nach oben hin. Blätter gefiedert, abwechselnd mit großen und kleinen Fiedern, gesägt, unterseits weißfilzig. Stengel einfach oder wenig verzweigt, rauhhaarig, oben mit Drüsenhaaren, wie die Blätter aromatisch duftend. Kleine gelbe Blüten bilden eine sehr lange Ähre. Blüten mit 5 kaum ausgerandeten Kronblättern, eiförmig, Kelchbecher gefurcht, dicht behaart, nach der Blüte nickend.
Standort: Wegränder, Hecken, Gebüsch, Heiden, Magerrasen, Waldränder, gern auf Kalk und Lehm. Bis in 1800 Meter Höhe.
Verbreitung: Mit Ausnahme von Teilen der Mittelmeerländer in fast ganz Europa.
Blütezeit: Juni bis August/September.

Sumpf-Blutauge *(Comarum palustre)*

Merkmale: Mehrjährige Pflanze mit kriechender Grundachse und liegendem oder bogig aufsteigendem Stengel, bis 60 cm lang, trägt grobgesägte, fast gefingerte Fiederblätter. Oberseite der Blätter dunkelgrün und glänzend, Unterseite silbrig behaart und grau- bis blaugrün. Dunkelpurpurne Blüten 2–3 cm groß, in lockeren Blütenständen, Kelchblätter eiförmig zugespitzt, sternförmig ausgebreitet, kronblattähnlich. Kronblätter selbst viel kleiner.
Standort: Sümpfe, Moore, Grabenränder, auf saurem Boden, meidet Kalk. Bis 2100 m.
Verbreitung: Fast ganz Europa, außer Portugal und dem Südosten. In Deutschland zunehmend seltener, nur gebietsweise noch häufig.
Blütezeit: Juni bis Juli.
Vermehrung: Ungeschlechtlich durch den schwach verholzten Wurzelstock, geschlechtlich durch Samen. Kerbtiere werden von den goldgrünen Nektartröpfchen am Grund der Kronblätter angelockt.

Großer Wiesenknopf *(Sanguisorba officinalis)*

Merkmale: Mehrjährige, 30–90, manchmal auch über 100 cm hohe, schlanke Pflanze. Braunrote, eiförmig-längliche, 1–2 cm lange Blütenköpfchen. Zwittrige Blüten dicht zusammenstehend, 4 Staubblätter mit gelben Staubbeuteln, 4 Hüllblätter und einen Griffel zeigend. Unterseits blaugrüne Blätter sind gefiedert, Einzelfiedern oval-länglich und langgestielt, 2–5 cm messend, auf jeder Seite mit mindestens 13 Zähnchen.
Standort: Feuchte oder nasse Wiesen, Sümpfe, Moore, Bergwiesen, bis 1200 m.
Verbreitung: Fast ganz Europa, im Süden bis Mittelspanien, fehlt jedoch im hohen Norden; in Finnland eingebürgert.
Blütezeit: Juni bis September.
Allgemeines: Alte Heilpflanze.

Echtes Mädesüß *(Filipendula ulmaria)*

Merkmale: Große, mehrjährige, reich beblätterte Pflanze. Stengel 100–150 cm lang, kantig, aufrecht. Blätter unterbrochen gefiedert. Eiförmige Fiedern zu 2–5 Paaren, doppelt gesägt. Das etwas ähnliche *Kleine Mädesüß* unterscheidet sich durch seine 8–30 länglichen und kleineren Fiederblatt-Paare. Gelblichweiße, kleine, starke, süße, nicht unbedingt angenehmen Geruch ausströmende Blüten, die in einer vielstrahligen Trugdolde zusammenstehen. Die 10–20 Staubblätter ragen weit über die Kronblätter hinaus. Kronblätter bis 0,5 cm lang.
Standort: Feuchte Stellen in Wiesen, Sümpfen, Wäldern und an Flußufern.
Verbreitung: In ganz Nord- und Mitteleuropa. Fehlt im Süden der Mittelmeerländer. Bis auf den Alpenraum in Deutschland häufig.
Blütezeit: Juni bis August.

Kleiner Wiesenknopf *(Sanguisorba minor)*

Merkmale: 30–60 cm hohe, mehrjährige Pflanze mit grundständiger Blattrosette und verzweigtem Blütenstengel. Blätter unterseits grün, gefiedert, mit bis zu 20, gelegentlich sogar 30 eiförmigen Fiederblättern. Winzige Blüten in 1 cm großen Köpfchen, meist grünlich. Die obersten Blüten sind immer weiblich mit 2 Narben, die unteren männlich mit 10–30 langgestielten, hängenden Staubgefäßen, die mittleren oft zwittrig.
Standort: Magerrasen, Trockenwiesen, trokkene Hänge und Böschungen, Heiden, Wegränder, auch auf felsigem Untergrund, besonders auf Kalk.
Verbreitung: Fast ganz Europa, im Norden bis Südschweden, in Südwesteuropa selten. Kommt in Deutschland verbreitet bis zerstreut vor. **Blütezeit:** Mai bis Juli. **Vermehrung:** Durch Samen. Windbestäubung. □

Weißer Steinklee *(Melilotus albus)*

Merkmale: 30–120 cm hohe, zweijährige Pflanze mit aufrechten, verzweigten Stengeln. Blätter gefiedert, Fiederblätter mit 6–12 Paaren von Seitennerven und gleich vielen Zähnen. Weiße, bis 7 mm große Blüten in einer zwischen 4 und 6 cm langen Blütentraube, die bis zu 80 Einzelblüten enthalten kann, meistens aber erheblich weniger.
Standort: Bahndämme, Wegränder, Ackerraine, Schuttplätze, Kiesgruben, gern auf kalkhaltigen und etwas nährstoffreichen Böden.
Verbreitung: Fast ganz Europa, in ganz Deutschland weit verbreitet.
Blütezeit: Mai bis August.
Allgemeines: Beim Trocknen verbreitet der *Weiße* wie auch der *Echte Steinklee* einen Duft, der an *Waldmeister* erinnert. Er entsteht aus dem Inhaltsstoff Cumarin, den die frische Pflanze gebunden enthält.

Echter Steinklee *(Melilotus officinalis)*

Merkmale: 30–100 cm hohe, zweijährige Pflanze. Stengel aufrecht und mehr oder weniger verzweigt. Gefiederte Blätter mit 6–13 Paaren von Seitennerven auf den Einzelfiedern. In lockeren, 5–10 cm langen Trauben ordnen sich die gelben Blüten an, die kaum größer als 7 mm werden. Die bis 5 mm große, mit Querrunzeln bedeckte Frucht ist zur Reifezeit braun, im Gegensatz zum *Weißen Steinklee,* bei dem sie schwarz erscheint.
Standort: Wegränder, Ackerraine, Schuttplätze, Bahndämme, Steinbrüche, gern an sonnigen Orten, fehlt in höheren Lagen.
Verbreitung: Ganz Europa, in Deutschland überall verbreitet, vielerorts zunehmend.
Blütezeit: Mai bis September.
Allgemeines: Auch *Honigklee* genannt. Als Heilpflanze ebenso bekannt und beliebt wie als aromatisches Gewürz sowie als Bienenweide.

Gelbe Lupine *(Lupinus luteus)*

Merkmale: Einjährige, behaarte Pflanze, 20–80 cm hoch. Beiderseits angedrückt behaarte Blätter meist 5- bis 9-, selten bis 12zählig gefingert. Gelbe, angenehm nach *Veilchen* duftende Blüten in zahlreichen, genäherten Quirlen angeordnet.
Standort: Auf Feldern angebaut als Süßlupine, Futter- oder Gründüngungspflanze; verwildert vor allem auf sandigen Wiesen anzutreffen.
Verbreitung: Ursprünglich auf der Iberischen Halbinsel heimisch, inzwischen auch in anderen Teilen Süd- und Mitteleuropas eingebürgert. In Deutschland nur angepflanzt oder verwildert, jedoch unbeständig.
Blütezeit: Juni bis September.
Allgemeines: Die grünen Samen sind *giftig.* Andere bei uns vorkommende Arten (alle nicht einheimisch) sind die *Vielblättrige, Schmalblättrige* und *Weiße Lupine.*

Gemeiner Wundklee *(Anthyllis vulneraria)*

Merkmale: Mehrjährige, sehr variable Pflanze mit verzweigten, aufrechten oder aufsteigenden, 15–30, manchmal auch bis 60 cm langen Stengeln. Blätter gefiedert mit 1–6 Paaren elliptischen Seitenfiedern und sehr großer Endfieder, die bei den Grundblättern größer sein kann als das gesamte übrige Blatt. Häufig sind Grundblätter, die nur die Endfieder aufweisen. Blüten gelb, zuweilen aber auch orange oder rot, heller Kelch zottig-filzig, nach der Blüte bauchig aufgeblasen. Blütenstand ist ein dichtes, kugeliges Köpfchen aus mehreren Blüten.
Standort: Trockenhänge und -wiesen, Magerrasen, sonnige Hügel, Gebirgsweiden.
Verbreitung: Ganz Europa bis auf den äußersten Norden. In Nordwestdeutschland selten, sonst zerstreut; auf Kalk durchaus verbreitet.
Blütezeit: Mai bis September.

Hasen-Klee *(Trifolium arvense)*

Merkmale: Einjährige, 5–30 cm hohe, aufrechte Pflanze. Graugrüne Blätter mit lineallänglichen Fiedern. Blüten erst weiß, später rötlich überlaufend in walzlichen, 1–2 cm langen Köpfchen, diese am Grund ohne Hochblätter. Kelch dicht und lang behaart. **Standort:** Trockenwiesen und -rasen, Heiden, Brachland, auf sandigen und kalkfreien Böden. **Verbreitung:** Fast ganz Europa. **Blütezeit:** Mai bis Juli.

Mittlerer Klee *(Trifolium medium)*

Merkmale: Mehrjährige, 30–50 cm hohe Pflanze mit zickzackförmig gebogenem Stengel, deshalb auch *Zickzack-Klee* genannt. Länglich-elliptische Fiedern bis 5 cm lang, fein gezähnelt; borstige, bewimperte Nebenblätter lanzettlich. Karminrote Blüten mit 10nervigem Kelch in kugelig bis eiförmigen 2–3 cm langen Köpfen.
St: Lichte Wälder, trockene Wiesen. **Vb:** Fast ganz Europa. **Bl:** Juni bis August.

Berg-Klee *(Trifolium montanum)*

M: Mehrjährige Pflanze mit aufsteigenden oder aufrechten, 15–60 cm hohen Stengeln, seidig-wollig behaart. Dreizählige Blätter mit ringsum stachelspitzig gesägten, unterseits dicht anliegenden behaarten Fiedern. Weiße bis weißlichgelbe Blüten, beim Verblühen rötlich-graubraun, bis 1 cm lang. **St:** Trocken- und Halbtrockenrasen, Gebüsch, lichte Wälder. **Vb:** Hauptsächlich Mitteleuropa. **Bl:** Mai bis August.

Streifen-Klee *(Trifolium striatum)*

M: Ein- oder zweijährige Pflanze mit 5–30 cm langen, aufsteigenden oder aufrechten Stengeln, auch niederliegend. Verkehrt-eiförmige Fieder der 3zähligen Blätter beiderseits behaart, mit geraden, deutlichen Nerven, am Blattrand dünn. Rosafarbene, dunkel geaderte Blüten in fast sitzenden, eiförmigen Köpfchen. **St:** Trockenrasen und Weiden. **Vb:** Mittel- und Südeuropa. Stark gefährdet. **Bl:** Mai bis August.

Wiesen-Klee *(Trifolium pratense)*

Merkmale: Formenreiche, mehrjährige Pflanze mit aufsteigenden oder aufrechten Stengeln. 3zählige Blätter mit eiförmigen, ganzrandigen Fiedern, meist gefleckt. Blüten hellpurpurn, duftend, in kugeligen bis eiförmigen Köpfchen, die meist zu zweit am Stengel stehen. **St:** Fettwiesen, Wegränder, Felder, lichte Wälder, auf nährstoffreichen Böden. **Vb:** Ganz Europa. **Bl:** Mai bis September. **Allg:** Wichtige Futterpflanze.

Weiß-Klee *(Trifolium repens)*

M: Mehrjährige, kahle Pflanze mit weitkriechenden, an den Knoten wurzelnden Stengeln, die aufsteigend oder niederliegend bis 50 cm lang werden können. Weiße, duftende Blüten in eiförmigen Köpfchen, in verblühtem Zustand hellbraun und hängend. Dreizählige Blätter mit eiförmigen, fein gezähnten Fiedern. **St:** Weiden und Wiesen, Wegränder, auf stickstoffhaltigen Böden. **Vb:** Ganz Europa. **Bl:** Mai bis September.

Hopfenklee *(Medicago lupulina)*

Merkmale: Einjährige bis mehrjährige Pflanze mit 10–30 cm langen, niederliegenden oder aufsteigenden Stengeln. Dreizählige, bis 2 cm lange Blätter mit verkehrt-eiförmigen Fiedern, die an der Spitze zumeist ausgerandet sind. Unterscheidet sich hierdurch von dem sonst sehr ähnlichen *Zwerg-Klee,* dem diese Spitzchen fehlen. Mindestens 10, höchstens 50 nur 2–3 mm kleine Blüten bilden eine fast kugelige Traube.
Standort: Wiesen, Magerrasen, Wegränder, auch Äcker, bis auf 1500 m.
Verbreitung: In fast ganz Europa heimisch. Auch in Deutschland überall verbreitet.
Blütezeit: Mai bis September oder Oktober.
Vermehrung: Durch Samen; neben Bestäubung durch Kerbtiere (Bienen), auch Selbstbestäubung. **Allgemeines:** Gute Futterpflanze. Blütenstände ähneln denen des *Hopfens* (Name).

Zwerg-Klee *(Trifolium dubium)*

Merkmale: Ein- oder zweijährige Pflanze mit schlaffen, niederliegenden, bis 35 cm langen Stengeln. Bläulichgrüne Blätter, dreizählig, verkehrt-eiförmige Fiedern von bis zu 1 cm Länge, mittlere Fieder länger gestielt als die seitlichen Teilblättchen. Die im Durchmesser nur 5–8 mm großen Blütenköpfchen bestehen aus 10–20 winzigen, gelben Blüten. Kronblätter zunächst gelb, später dunkelbraun.
Standort: Magerrasen, Wiesen, Weiden, Triften, auch an Wegrändern, kommt hauptsächlich in Rasengesellschaften vor und bevorzugt nährstoffreiche Böden.
Verbreitung: Fast ganz Europa, fehlt in Teilen des Südostens. In Deutschland meistens recht häufig, nur in höheren Lagen selten bis fehlend. Geht kaum über 500 Meter Höhe.
Blütezeit: Mai bis Oktober.
Allgemeines: Auch unter den Namen *Kleiner Klee* und *Fadenklee* bekannt.

Zwerg-Schneckenklee *(Medicago minima)*

Merkmale: Einjährige Pflanze mit aufsteigenden oder aufrechten, oft auch niederliegenden, 5–25 cm langen Stengeln. Beiderseits seidig behaarte, dreizählige Blätter mit verkehrt-eiförmigen, nur an der Spitze gezähnten Fiedern. Eiförmige Nebenblätter meist ganzrandig, selten mit kurzen Zähnen. Gelbe, bis 5 mm lange Blüten in 3- bis 8zähligen Köpfchen. Hülse schneckenartig gewunden (Name) mit doppelter Reihe schwach hakiger Dornen.
Standort: Schafweiden, trockene Hänge, Wegränder, Böschungen, Kalkmagerrasen, Dünen. In höheren Lagen fehlend.
Verbreitung: Fast ganz Europa, fehlt in Teilen Nordeuropas. In Deutschland im mittleren und südlichen Gebiet zerstreut, im Norden nur stellenweise; überall ziemlich selten, im Nordwesten sowie in den Alpen ganz fehlend.
Blütezeit: April bis Juni.
Allgemeines: Aus dem Mittelmeergebiet eingeschleppt findet man bei uns verstreut bis selten noch zwei weitere Arten: den *Arabischen-* und den *Rauhen Schneckenklee.*

Gelber Acker-Klee *(Trifolium campestre)*

Merkmale: Ein- oder zweijährige Pflanze mit meist niederliegenden, aber auch aufsteigenden und aufrechten, 5–30 cm langen Stengeln. Bei den dreizähligen Blättern ist die Endfieder deutlich länger gestielt als die beiden seitlichen. Am Grund verbreiterte Nebenblätter eiförmig. Hell- bis goldgelbe Blüten zahlreich in dichten, 1–1,5 cm breiten Blütenköpfen angeordnet, in verblühtem Zustand hellbraun.
Standort: Wiesen, Wegränder, Waldwege, Äkker, Brachland, kalkarme Lockerböden.
Verbreitung: Ganz Europa. In Deutschland verbreitet, vielerorts häufig, in höheren Lagen jedoch seltener oder fehlend.
Blütezeit: Juni bis September.
Allgemeines: Vom sehr ähnlichen *Gold-Klee* durch die alle gleich langen und kurz gestielten Fiedern zu unterscheiden.

Schmetterlingsblütler

Süßer Tragant *(Astragalus glycyphyllos)*

Merkmale: Mehrjährige, kahle, reichbeblätterte Pflanze mit niederliegenden, an den Enden meist aufsteigenden Stengeln, 50–150 cm lang. Bis 20 cm lange Blätter mit 8–14 eiförmigen Fiedern, jedes einzelne zwischen 2 und 4 cm messend. Blüten in dichten, eiförmigen Trauben, die in den Blattachseln stehen. Gelbe oder gelbgrüne Krone bis 1,5 cm lang. Hülse geschnäbelt.
Standort: Lichte Wälder, Waldränder, Kahlschläge, Gebüsch, Hecken, meist auf kalkhaltigen Lehmböden, an warmen Stellen.
Verbreitung: Mitteleuropa, im Westen bis England, im Norden bis Mittelskandinavien, fehlt in weiten Teilen Spaniens und Griechenlands. In Deutschland außer im Nordwesten verbreitet. **Blütezeit:** Mai bis Juni.
Allgemeines: Auch *Bären-* oder *Wolfsschote* genannt.

Kicher-Tragant *(Astragalus cicer)*

Merkmale: Mehrjährige, ausgebreitet wachsende Pflanze mit 20–60, nicht selten auch bis 80 cm langen Stengeln, die wie die Blätter weich und anliegend behaart sind. Blätter gefiedert mit 8–12 Paaren von elliptischen bis länglich-lanzettlichen Fiedern. Blüten mit hellgelber, 12–16 mm langer Krone; in langgestielten, reichblütigen, kopfigen Blütenständen. Kelch angedrückt, dunkel behaart. Kugelig-eiförmige Hülsen aufgeblasen, zottigbehaart und langgeschnäbelt.
Standort: Gebüsche, Wälder, Wald- und Wegränder, grasige Plätze, gern auf trockenen, kalkhaltigen Böden sowie an warmen Stellen.
Verbreitung: Mitteleuropa. Fehlt auf den Britischen Inseln. Im Süden bis Spanien, Italien und Jugoslawien. Fehlt im nördlichen Deutschland, sonst sehr zerstreut und selten.
Blütezeit: Juni bis August.

Zottiger Spitzkiel *(Oxytropis pilosa)*

Merkmale: Mehrjährige, abstehend weiß behaarte Pflanze mit aufrechten, verzweigten, 10–30 cm hohen Stengeln. Gefiederte Blätter mit 19–31 lanzettlichen Fiederblättern. Blaßgelbe Blüten in dichten, reichblütigen, fast kugeligen Köpfchen. Schiffchen mit aufgesetzter, schmaler, langer Spitze. Linealische, etwa 1,5 cm lange Hülsen, schwach aufgeblasen und ebenfalls zottig behaart. Kelchzähne und Kelchröhre ungefähr gleichlang.
Standort: Steppenrasen, felsige Hänge, auf trockenen, kalkreichen Böden und an sonnigen Stellen, seltener in Kiefernwäldern.
Verbreitung: Hauptsächlich Mittel- und Osteuropa, im Süden bis Mittelitalien. Kommt in Deutschland nur im Süden sehr selten vor und ist vom Aussterben bedroht.
Blütezeit: Juni bis August.

Gemeiner Hornklee *(Lotus corniculatus)*

Merkmale: Mehrjährige, sehr variable Pflanze mit niederliegenden oder aufsteigenden, bis 30 cm langen Stengeln. Blätter gefiedert mit 5 Fiedern, von denen die oberen 3 verkehrt-eiförmig sind, das untere, dicht am Stengel befindliche Paar mehr dreieckig oder oval ist. Blüten zu 3–6, selten auch 8, in einer kopfigen Dolde, am Grund mit 3 kleinen Hochblättern. Bei den gelben, oft rötlich überlaufenen Blüten ist das Schiffchen zur Spitze hin in einem rechten Winkel nach oben gebogen. Blüten bis 1,5 cm lang.
Standort: Wiesen, Halbtrocken- und Magerrasen, Wegränder, Steinbrüche, Felsen, bis über 2000 m. Gern auf kalkhaltigen Böden.
Verbreitung: Ganz Europa, fehlt in Nordskandinavien. In Deutschland verbreitet und meist häufig. Beliebt als gute Futterpflanze.
Blütezeit: Mai bis August oder September.

Gelbe Spargelbohne
(Tetragonolobus maritimus)

Merkmale: Mehrjährige, ausgebreitet wachsende Pflanze mit niederliegenden, 10–25, selten bis 40 cm langen Stengeln. Stengel und Blätter bläulichgrün oder graugrün, Blätter bestehen aus 5 ein wenig fleischigen, kahlen oder behaarten, verkehrt-eiförmigen Fiedern, das untere Paar von den anderen deutlich entfernt und nahe am Stengel. Hellgelbe Blüten meist einzeln, seltener zu zweit, an langen Stielen in den Blattachseln. Blütenstiel stets länger als ein Blatt, Blüte zwischen 2 und 3 cm.
Standort: Feuchte Äcker und Wiesen, Flachmoore, Ufer, Gräben. **Verbreitung:** Mitteleuropa, Südeuropa außer Portugal und östliche Gebiete. In Deutschland zerstreut, in den Alpen wie im Norden fehlend; gefährdet.
Blütezeit: Mai bis Juni oder Juli.

Schopf-Hufeisenklee
(Hippocrepis comosa)

Merkmale: Mehrjährige, 10–30 cm hohe Pflanze mit niederliegenden oder aufsteigenden, reich geästelten Stengeln, am Grund verholzend. Lang gestielte Blätter mit 10–15 ovalen oder schmal-lanzettlichen Fiederblättern. Gelbe Blüten nikkend, in 4- bis 8- oder sogar 12blütiger Dolde. Krone im Durchschnitt 1 cm lang. Von sehr ähnlicher Scheiden-Kronwicke durch die hufeisenförmigen Hülsenglieder unterschieden.
Standort: Sonnige Hügel, Trockenhänge, Magerrasen, Böschungen, lichte Kiefernwälder, Steinbrüche und Felsen, gern auf kalkhaltigem Boden. **Verbreitung:** Mitteleuropa, Westeuropa außer Irland, Südeuropa außer Portugal. Zerstreut in Süd- und Mitteldeutschland, auch in den Alpen. **Blütezeit:** Mai bis Juni.

Bunte Kronwicke *(Coronilla varia)*

15–25 B

Merkmale: Mehrjährige Pflanze mit zahlreichen niederliegenden, 30–80 oder sogar bis 150 cm langen Stengeln, die krautig sind, am Grund auch verholzt sein können. Die hohlen und kantigen Stengel tragen kurz gestielte, bis 10 cm lange Blätter, die aus 10–25 ovalen oder eiförmigen Fiederblättern bestehen. Die in langgestielten, 10- bis 20blütigen Dolden stehenden Blüten sind entgegen den anderen heimischen Arten der Gattung nicht gelb, sondern etwas bunt (Name). Die Schmetterlingsblüte zeigt ein weißes Schiffchen mit violetter Spitze, weiße Flügel sowie eine rosarote Fahne.
Standort: Trockene Wiesen und Rasen, Wegränder, lichtes Gebüsch, liebt Kalkböden.
Verbreitung: Ganz Mitteleuropa.
Blütezeit: Mai bis September.
Allgemeines: *Schwach giftig.*

Futter-Esparsette *(Onobrychis viciifolia)*

Merkmale: Mehrjährige Pflanze mit 30–60, zuweilen auch bis 80 cm langen, aufsteigenden oder aufrechten Stengeln. Blätter gefiedert mit 5–12 Paaren ei-länglicher Seitenfiedern. Blüten hellrot, purpurn geadert, in vor dem Aufblühen ei-länglicher, später sich verlängernder Traube, in der sich bis zu 50 Blüten befinden können. Schiffchen fast so lang wie die Fahne, Flügel kürzer als der wollig behaarte Kelch.
Standort: Wiesen, Böschungen, Äcker, Wegränder, Halbtrocken- und Kalkmagerrasen.
Verbreitung: Ursprünglich aus Südosteuropa stammend, mittlerweile fast im ganzen übrigen Europa eingebürgert. In Deutschland nur aus Kulturen verwildert, kommt zerstreut vor.
Blütezeit: Mai bis Juli.
Allgemeines: Als Futterpflanze angebaut.

Zaun-Wicke *(Vicia sepium)*

Merkmale: Mehrjährige, 30–60 cm lange, gelegentlich auch bis 100 cm messende Pflanze, niederliegend, aufsteigend oder an anderen Pflanzen emporkletternd mit Hilfe der geteilten Ranken, welche die Enden der gefiederten Blätter bilden. Sie bestehen aus 4–9 Paaren eiförmig-elliptischer Fiederblätter; wie der Stengel kurz weichhaarig. 2–5 der schmutzig-violetten, bis 1,5 cm langen Blüten bilden einen kurzgestielten, traubenförmigen Blütenstand.
Standort: Lichte Wälder und Waldränder, Gebüsch, Fettwiesen, Wegränder, Hecken.
Verbreitung: Fast ganz Europa, überall ziemlich verbreitet, auch in Deutschland.
Blütezeit: Mai bis Juni, manchmal bis August.
Allgemeines: Scheidet auf der Unterseite der Nebenblätter in einem braunen Grübchen einen süßen Saft aus, den Ameisen gerne verzehren.

Vogel-Wicke *(Vicia cracca)*

Merkmale: Mehrjährige Pflanze mit bis 150 cm und noch längeren Stengeln. Grundachse bildet weitkriechende Bodenausläufer. Stengel kantig, wie die Blätter kurz anliegend behaart oder kahl. Blätter vorn mit verzweigter Ranke. Die 12–20 Fiederblätter sind lanzettlich und können bis 6 mm breit werden. 10–40 blauviolette Blüten bilden eine langgestielte, in den Blattachseln stehende Traube. Sie ist einseitswendig und wird bis zu 10 cm lang.
Standort: Weiden, Gebüsch, Getreidefelder, Hecken, gern auf nährstoffreichen Lehmböden.
Verbreitung: Ganz Europa. Auch in Deutschland weit verbreitet, sehr häufig.
Blütezeit: Juni bis Juli oder August.
Allgemeines: Die als Unkraut unter der Saat häufige *Vogel-Wicke* gilt als *schwach giftig.*

Ranken-Platterbse *(Lathyrus aphaca)*

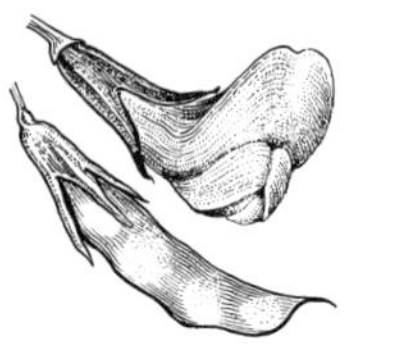

Merkmale: Einjährige, blaugraugrüne, kahle Pflanze mit aufsteigendem oder kletterndem, bis 50 cm langem Stengel. Blattspindel als 3–6 cm lange Ranke ausgebildet. Gegenständige, am Grund spießförmige Nebenblätter blaugrün, eiförmig bis herzeiförmig, bis 4 cm lang. Hellgelbe Blüten einzeln, selten zwei, 1–1,5 cm lang. Blütenstiele etwa doppelt so lang wie Nebenblätter. Kahle Frucht 2–3,5 cm lang.
Standort: Getreidefelder, wo die Pflanze als Unkraut angesehen wird; an warmen und trokkenen, sandigen Plätzen, gern auf Lehm.
Verbreitung: West-, Mittel- und Südeuropa, auch auf den Britischen Inseln. In Deutschland zerstreut oder selten, in manchen Gebieten nur eingeschleppt. In ihrem Bestand abnehmend; gefährdet.
Blütezeit: Mai bis Juli.

Wiesen-Platterbse *(Lathyrus pratensis)*

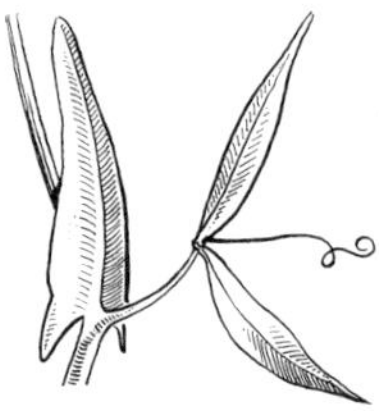

Merkmale: Mehrjährige Pflanze mit kantigem, kurz anliegend behaartem Stengel, am Grund mit unterirdischen Ausläufern. Gefiederte Blätter meist nur mit einem Paar laubiger, lanzettlicher Fiedern und einer Ranke; die am Grund des Blattstiels sitzenden Nebenblätter sind pfeil- bis spießförmig. Können fast die gleiche Länge wie die Fieder erreichen. Gelbe Blüten 1–1,5 cm lang, zu 3–12 in einer Traube angeordnet. Zusammengedrückte Frucht etwa 3 cm lang und 0,5 cm breit. Bei uns häufigste Platterbsenart. **Standort:** Feuchte, vor allem Fett- und Moorwiesen, Ufer, Weg- und Waldränder, gern auf humusreichen, lehmigen Böden.
Verbreitung: Fast ganz Europa. In Deutschland verbreitet und im allgemeinen häufig, stellenweise jedoch selten oder fehlend.
Blütezeit: Juni bis Juli.

Knollen-Platterbse *(Lathyrus tuberosus)*

Merkmale: Mehrjährige, niederliegende oder rankende Pflanze mit kantigem, 30–120 cm langem Stengel, am Grund mit unterirdischen Ausläufern, die Wurzelknollen tragen. Blätter mit laubigem Fiederpaar und Ranken, Nebenblätter spieß- bis pfeilförmig. Wohlriechende Blüten, karminrot, 2–5 in einer Traube. Kahle, braune Frucht fast zylindrisch, bis 4 cm lang.
Standort: Getreidefelder, seltener an Wegrändern oder auf Schuttplätzen; gern auf lehmigen, kalk- und nährstoffreichen Böden.
Verbreitung: Außer im Norden in fast ganz Europa, eingebürgert auf den Britischen Inseln. In Deutschland im Norden und den Mittelgebirgen selten, in den Alpen fehlend, sonst zerstreut bis verbreitet; im Bestand zunehmend.
Blütezeit: Juni bis Juli.
Allgemeines: Wurzelknollen eßbar.

Berg-Platterbse *(Lathyrus montanus)*

Merkmale: Mehrjährige Pflanze mit knollenartig verdickten Bodenausläufern. Schmal geflügelter Stengel nicht rankend, niederliegend oder aufsteigend, oft auch aufrecht, zwischen 15 und 30 cm hoch. Gefiederte Blätter meist mit 2 oder 3 Paaren länglich-elliptischer Fieder, unterseits bläulichgrün. Blüten zuerst rot, später beim Verblühen hell- bis schmutzigblau, 4–6 in lockerer Traube. Blütenstände meist langgestielt und in etwa doppelt so lang wie die Tragblätter.
Standort: Trockene, lichte Laubwälder, vor allem mit Eiche und Buche; Mischwälder, Gebüsche, Hecken; Magerrassen, Heiden; fast nur auf kalkarmen Böden.
Verbreitung: Fast ganz Europa außer Südosten. In Deutschland verbreitet, teils häufig, selten im Nordwesten, fehlt in den Alpen.
Blütezeit: April bis Juni.

Wald-Platterbse *(Lathyrus sylvestris)*

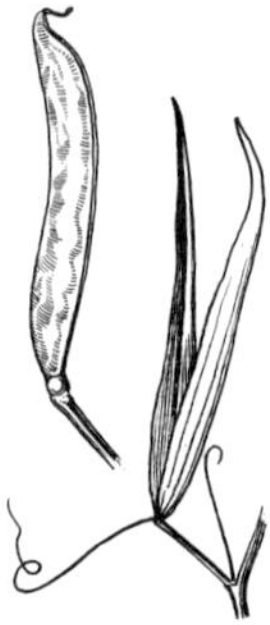

Merkmale: Mehrjährige, sehr kräftige Pflanze mit einem 100 bis über 200 cm langen Stengel, der breit geflügelt ist; er kann niederliegend, aufsteigend oder kletternd sein. Gefiederte Blätter mit 4–8 lanzettlichen bis linealen, 5–14 cm langen und 0,3 bis 4 cm breiten Fiedern. Blattstiele ebenfalls geflügelt, aber schmaler als der Stengel. Endständige Ranke verzweigt. Blüten blaßrot, mit purpurroten Flügeln, 3–10 in einer Traube, die das Tragblatt kaum oder nur wenig überragt. Blütenkrone 12–18 mm lang.
Standort: Laub- und Mischwälder, Waldränder und -wege, Hecken und Gebüsch, gern auf nährstoffreichen und kalkhaltigen Böden.
Verbreitung: Fast ganz Europa, im Norden bis Südskandinavien. In Deutschland zerstreut bis verbreitet, im Bestand langsam zunehmend.
Blütezeit: Juli bis August.

Schwarzwerdende Platterbse *(Lathyrus niger)*

Merkmale: Mehrjährige, 30–80 cm hohe, aufrechte und verzweigte, nicht rankende Pflanze; wird beim Trocknen schwarz (Name). Stengel meist nicht geflügelt, nur selten nach oben zu schmal geflügelt. Gefiederte Blätter mit 12–16 elliptischen bis eiförmigen Fiedern und einer grannenartigen Spitze am Ende. Blüte mit 1–1,5 cm langer Krone, zunächst blaßpurpurn, beim Verblühen violett werdend. Langgestielter Blütenstand eine 3- bis 10blütige Traube.
Standort: Lichte Wälder (Eichen, Kiefern), Gebüsch, an sonnigen und trockenen Stellen.
Verbreitung: Süd- und Mitteleuropa. Fehlt im Nordwesten und Norden Deutschlands weitgehend, im übrigen Deutschland verbreitet bis zerstreut; überall ziemlich selten.
Blütezeit: Juni bis Juli.

Frühlings-Platterbse *(Lathyrus vernus)*

Merkmale: Mehrjährige Pflanze mit aufrechtem, vierkantigem, nicht geflügeltem und meistens unverzweigtem Stengel, an der Basis mit Niederblättern. Gefiederte Blätter mit 2–4 Paaren eiförmiger oder breiteiförmiger, lang zugespitzter Fieder; sie sind grasgrün, unterseits glänzend, werden 3–7 cm lang und 1–3 cm breit. Breite Nebenblätter halbspießförmig. Blätter ohne Ranken, aber mit endständiger, grannenartiger Spitze. Blüten anfangs rot, dann violett, später blau oder fahlblau, nicht selten auch grünblau und sogar weiß; zu 3–8 in einer Traube; Tragblatt gleichlang. Blütenstand langgestielt.
Standort: Laubwälder, Mischwälder, Gebüsch. Bis in 1900 Meter Höhe.
Verbreitung: Fast ganz Europa. In Nord- und Nordwestdeutschland fehlend, sonst verbreitet. **Blütezeit**: April bis Mai.

Blut-Weiderich *(Lythrum salicaria)*

Merkmale: 50–150 cm hohe, aufrechte Pflanze mit gegenständigen oder in Dreiergruppe quirlständigen Blättern. Bis 10 cm lange Blätter lanzettlich, am Grund abgerundet oder herzförmig. Stengel meist einfach, selten verzweigt, vierkantig und besonders nach oben kurzbehaart. Blüten in dicht aufeinanderfolgenden Quirlen angeordnet, bilden eine lange Ähre, die aus über 100 Einzelblüten bestehen kann. Auffallend sind die verschiedenen Blütentypen, die sich durch die Länge der Staubblätter und Griffel voneinander unterscheiden.
Standort: Flachmoore, feuchte Wiesen, Ufer stehender und fließender Gewässer, Röhricht.
Verbreitung: Fast ganz Europa. Fehlt nur im größten Teil Norwegens sowie im Norden Schwedens und Finnlands.
Blütezeit: Juni bis September. □

Ysopblättriger Weiderich *(Lythrum hyssopifolia)*

Merkmale: Einjährige, kahle Pflanze mit 5–30 cm hohen, aufrechten Stengeln und bogig aufsteigenden Seitenästen. Wechselständige Blätter lineal-lanzettlich, zur Spitze allmählich größer werdend. (Seinen Namen bekam die Pflanze, weil ihre Blätter denen des *Echten Ysop* sehr ähnlich sind.) Unten sind die Blätter nicht selten gegenständig und eher länglich. Vom *Blutweiderich* am einfachsten durch die rötlichlila Blüten zu unterscheiden, die einzeln in den Blattachseln stehen und 4–6 Staubblätter aufweisen.
Standort: Ufer stehender und fließender Gewässer, feuchte Äcker, Wegränder, Gräben.
Verbreitung: Fast ganz Europa. In Deutschland zerstreut, im Nordosten und Osten fehlend, insgesamt sehr selten; stark gefährdet.
Blütezeit: Juni bis September.

Sumpf-Heusenkraut *(Ludwigia palustris)*

Merkmale: Einjährige bis mehrjährige Wasserpflanze mit kriechenden oder flutenden, oft rötlichen Stengeln, die an den Knoten wurzeln; sie können eine Länge von 60 cm erreichen. Blätter verkehrt-eiförmig bis eiförmig, spitz, plötzlich in den kurzen Stiel verschmälert, blaß rötlichgrün, zuweilen mit roten Nerven, 2–5 cm lang. Winzige, unscheinbare grünliche Blüten nur 3 mm groß, einzeln in den Blattachseln sitzend, ohne Kronblätter, aber mit 4 bleibenden Kelchblättern.
Standort: In oder an flachen, stehenden oder fließenden Gewässern; Gräben, Ufer.
Verbreitung: Süd- und Mitteleuropa, im Norden bis Dänemark, im übrigen Skandinavien fehlend, im Westen bis auf den Britischen Inseln. In Deutschland zerstreut und überall sehr selten. Im Bestand weiter abnehmend, stark gefährdet. (Botaniker haben in Westfalen festgestellt, daß die Art in jüngerer Zeit an einigen Stellen wieder aufgetaucht ist, an denen sie schon als ausgestorben galt.)
Blütezeit: Juni bis August.

Weiderich-
gewächse

Nacht-
kerzengew.

Schmalblättriges Feuerkraut
(Chamaenerion angustifolium)

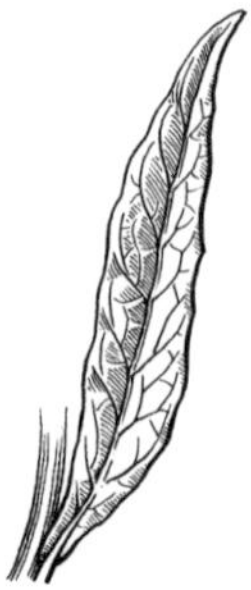

M: Mehrjährige, 50–150 cm hohe, unverzweigte Pflanze. Wechselständige Blätter schmal-lanzettlich, 1–2,5 cm breit und bis zu 12 cm lang, Unterseite blaugrün und mit deutlichen Seitennerven, am Rand zurückgerollt. Purpurrote Blüten im Durchmesser 2–3 cm groß. **St**: Kahlschläge, Lichtungen, Waldränder, Gebüsch, Wegränder, Heiden. **Vb**: Fast ganz Europa. **Bl**: Juni bis August.

Hügel-Weidenröschen
(Epilobium collinum)

M: Mehrjährige, aufrechte Pflanze mit vom Grund an ästigem, 10–40 cm langem Stengel. Gestielte Blätter 1–5 cm lang und 0,5 bis 1,5 cm breit,unregelmäßig geschweift gezähnt. 4–6 mm messende Blüten rosarot, Kelch und Frucht angedrückt behaart. **St**: Felsige, sonnige Orte, trokkenes Gebüsch, subalpin, kalkfliehend. **Vb**: Europa. **Bl**: Juni bis September.

Gemeine Nachtkerze *(Oenothera biennis)*

M: Zweijährige, meist unverzweigte, aufrechte Pflanze, 50–100 cm hoch. Schmal–lanzettliche Grundblätter langgestielt, in einer dem Boden angedrückten Rosette. Sitzende Stengelblätter eilanzettlich, fein gesägt oder ganzrandig. Auffallend große Blüten 2–3 cm im Durchmesser. **St**: Bahndämme, Wegränder, Schuttplätze, Böschungen. **Vb**: Ganz Europa, in Deutschland verbreitet. **Bl**: Juni bis September.

Zottiges Weidenröschen
(Epilobium hirsutum)

M: Mehrjährige, aufrechte Pflanze mit 50–150 cm hohem, behaartem Stengel. Länglich-lanzettliche Blätter 6–12 cm lang, stark gesägt bis gezähnt, halb stengelumfassend. Blüten mit tief purpurroten, 1–2 cm langen Kronblättern. Narbe mit 4 abstehenden Ästen. **St**: Feuchte Wiesen, Gräben, Sümpfe. **Vb**: Ganz Europa außer dem größten Teil Skandinaviens. **Bl**: Juli bis August.

Berg-Weidenröschen
(Epilobium montanum)

M: Mehrjährige, mit einfachem oder nach oben zu wenig verzweigtem, bis 80 cm hohem Stengel. Dicht ungleich gezähnte Blätter, fast sitzend, eiförmig, 4–7 cm lang, 1,5–3,5 cm breit. Blüten blaßrosa, 8–12 mm lang, als Knospen meist hängend. **St**: Laub- und Nadelwälder, Hekken, gern auf feuchten Böden. Bis subalpine Region. **Vb**: Fast ganz Europa. **Bl**: Juni bis September.

Gemeines Hexenkraut *(Circaea lutetiana)*

M: Mehrjährige, 20–60 cm hohe, aufrechte Pflanze mit nach oben zu flaumig behaartem Stengel. Eiförmige bis breitlanzettliche Blätter mit abgerundetem, kaum herzförmigem Grund, bis 10 cm lang, matt, gezähnt und auf den Nerven behaart. Weiße oder rosarote Blüten. **St**: Schattige Wälder, vor allem Laub-, Auen- und Nadelmischwälder. **Vb**: Fast ganz Europa. **Bl**: Juni bis August. □

Gemeines Sonnenröschen

(Helianthemum nummularium)

Merkmale: Stengel niederliegend oder aufsteigend, 10–30 cm hoch. Blätter bis 5 cm groß, schmal-elliptisch, die unteren stets gegenständig, grün oder graubehaart wie der Stengel, z.T. aber auch nur an der Unterseite behaart. Gelbe Blüten bis 2,5 cm groß mit 5 Kelchblättern, von denen 2 kleiner sind als die übrigen 3. Am Grund der Blütenblätter oft ein oranger Fleck. Wenn man die Staubblätter leicht berührt, spreizen sie sich zum Blütenrand hin.

Standort: Trockenrasen, Wegränder, Kiefernwälder u.a. trockene und sonnige Stellen.

Verbreitung: Fast ganz Mitteleuropa. Besiedelt Deutschland in mehreren Unterarten, selten oder ganz fehlend im Norden, verbreitet bis zerstreut im Süden und im mittleren Gebiet.

Blütezeit: Mai bis September. □

März-Veilchen *(Viola odorata)*

Merkmale: Mehrjährige, bis 10 cm hohe Pflanze mit oberirdischen, wurzelnden Ausläufern. Blätter grundständig, bis 6 cm lang, rundlich-nierenförmig mit herzförmigem Grund, fein behaart, an der Unterseite oft glänzend. Eiförmige, etwa 5 mm breite Nebenblätter zugespitzt, meist ganzrandig, seltener kurz gefranst. Aus der Blattrosette entspringen die Blütenstiele mit dunkelvioletten, duftenden Blüten; daher auch *Wohlriechendes Veilchen* genannt. Nur selten rosa oder weiße Blüten.

Standort: Lichte, trockene Wälder, Wald- und Wegränder, Gebüsche, Hecken.

Verbreitung: Ursprünglich in Südeuropa beheimatet, mittlerweile in fast ganz Europa. In Deutschland verbreitet, allerdings nur verwildert aus Gärten oder aber eingebürgert.

Blütezeit: März (Name) bis April.

Hunds-Veilchen *(Viola canina)*

Merkmale: Mehrjährige, formenreiche Pflanze mit aufsteigenden bis aufrechten, 5–15 cm langen Stengeln, die schwach behaart oder kahl sind. Langgestielte Blätter nicht in grundständiger Rosette wie beim *März-* oder beim *Sumpf-Veilchen*; Blattspreite schmal- bis breiteiförmig, derb; schmal-lanzettliche, 0,5–1 cm lange Nebenblätter entfernt gezähnt bis gefranst. Blüten einzeln an langen Stielen in den Blattachseln, Kronblätter blauviolett mit weißlichem Grund, weißlicher oder gelber Sporn 4–8 mm lang.

Standort: Wiesen, Magerrasen, Heiden, lichte Laub- und Mischwälder, Waldränder, Moore, gern auf sandigem Lehmboden, meidet Kalk.

Verbreitung: Fast ganz Europa bis auf den äußersten Südosten. In Deutschland weit verbreitet, mancherorts zurückgehend.

Blütezeit: April bis Juni.

Sumpf-Veilchen *(Viola palustris)*

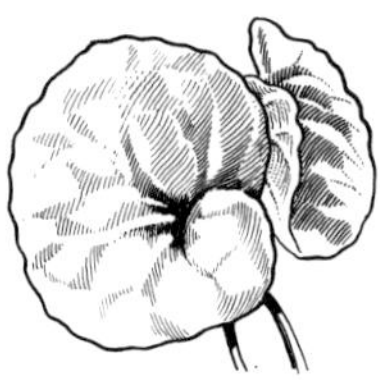

Merkmale: Mehrjährige, bis 15 cm hohe Pflanze mit weißlichen, unterirdischen Ausläufern. Grundständige Blattrosette aus 2–6, meist 4 glänzend-gelbgrünen, kahlen Blättern bestehend; Blätter rundlich, breitherzförmig oder nierenförmig, meist breiter als lang, 2–6 cm messend. Blütenstiele einzeln dem Wurzelstock entspringend, etwas oberhalb der Mitte tragen sie 2 Vorblätter. Bis 1,5 cm große Blüten rötlichlila, blaßviolett oder auch weiß; unteres Kronblatt violett geadert.

Standort: Sümpfe, Moorwiesen, Hoch- und Flachmoore, in Riedgrasbeständen und Bruchwäldern, an Ufern. Bis 2600 m.

Verbreitung: Fast ganz Europa, fehlt aber im Südosten. In Deutschland verbreitet.

Blütezeit: Juni bis Juli.

Vermehrung: Samen mit Schleuder.

Cistrosen-
gewächse

Veilchen-
gewächse

Wald-Veilchen *(Viola reichenbachiana)*

Merkmale: Mehrjährige, 5–20 cm hohe Pflanze. Stengel seltener liegend, meist aufsteigend bis aufrecht. Blätter sowohl grundständig als auch an den Stengeln, herzförmig bis länglich-eiförmig, an der Oberseite zerstreut behaart. Unterseite häufig violett; meist über 2 cm lang. Rötlichviolette Blüten kleiner als 2 cm, mit dunkelviolettem, 5–6 mm langem, schlankem Sporn, der kaum gefurcht und meist abwärts gebogen ist. Blüten in der Mitte dunkler.
Standort: Laub-, Misch- und Nadelwälder, auf humushaltigem und lockerem Boden, gern auf Kalk, bis 1600 m Höhe.
Verbreitung: Süd- und Mitteleuropa, im Norden bis Südschweden. In Deutschland überwiegend verbreitet, in manchen Gegenden nur zerstreut oder ganz fehlend.
Blütezeit: April bis Juni.

Hain-Veilchen *(Viola riviniana)*

Merkmale: Mehrjährige, 5–30 cm hohe, kahle oder nur schwach behaarte Pflanze. Langgestielte Blätter vor allem in grundständiger Rosette, breitherzförmig, meist größer als 2 cm, ähneln sehr denen des *Wald-Veilchens.* Von dieser Art am besten durch die hellvioletten, über 2 cm großen Blüten zu unterscheiden, deren dicker Sporn nur etwa 3 mm lang, außerdem weißlich oder gelblichweiß gefärbt und auf der Unterseite gefurcht ist. Im Gegensatz zu den kurzen Anhängseln der spitzen Kelchblätter beim *Wald-Veilchen* sind die des *Hain-Veilchens* etwas länger und in der Form quadratisch.
Standort: Hauptsächlich Laub- und Mischwälder, daneben auch Heiden, Hecken.
Verbreitung: Fast ganz Europa. In Deutschland verbreitet, mancherorts häufig.
Blütezeit: April bis Mai.

Gewöhnliches Stiefmütterchen *(Viola tricolor)*

Merkmale: Formenreiche, ein- bis mehrjährige, 10–30 cm hohe Pflanze. Herzförmige, eiförmige oder breit-lanzettliche Blätter gesägt, stets länger als breit; sehr unterschiedliche Nebenblätter meist gefiedert mit lanzettlichem Endlappen. 1,5–2,5 cm große Blüten weiß, gelb oder auch dreifarbig, obere Kronblätter häufig violett. Kelchblätter kürzer als Kronblätter.
Standort: Äcker, Wiesen, Brachland, Wegränder, Dünen, Bergwiesen bis in 1000 m Höhe.
Verbreitung: Fast ganz Europa. In Deutschland verbreitet und stellenweise häufig vorkommend, gebietsweise aber fehlend.
Blütezeit: Mai bis Oktober.
Vermehrung: Von verschiedenen Kerbtieren, in der Hauptsache von Bienen, bestäubt, daneben auch durch Selbstbestäubung.

Acker-Stiefmütterchen *(Viola arvensis)*

Merkmale: Einjährige, 5–20 cm hohe, sehr formenreiche Pflanze mit stark verzweigten, kahlen oder schwach behaarten Stengeln. Blätter eiförmig, spatelförmig bis länglich oder lanzettlich; Nebenblätter mit eiförmig-lanzettlicher bis linealischer Endfieder. Blüten etwa 1, höchstens 1,5 cm groß, ihre Krone den Kelch kaum oder nicht überragend, dadurch vom *Gewöhnlichen Stiefmütterchen* zu unterscheiden.
Standort: Äcker, Wegränder, Schuttplätze, Kultur- und Ödland.
Verbreitung: Fast ganz Europa. In Deutschland verbreitet und bis in die höchsten Lagen durchaus häufig vorkommend.
Blütezeit: Mai bis Oktober.
Allgemeines: Neigt mit dem *Gewöhnlichen Stiefmütterchen* zur Bastardbildung; wird häufig mit dieser Art verwechselt. □

Tüpfel-Johanniskraut
(Hypericum perforatum)

Merkmale: Mehrjährige, kahle Pflanze mit aufrechtem, markigem, zur Spitze hin drüsigem Stengel; kennzeichnend für ihn sind 2 erhabene Längskanten; er wird 30–60 cm hoch. Blätter breit-eiförmig oder oval-länglich bis schmal-linealisch, durchsichtig punktiert. Blüten mit goldgelben, 1–1,5 cm langen Kronblättern und lanzettlich spitzen Kelchblättern, diese zur Blütezeit doppelt so lang wie der Fruchtknoten; in reichblütigen Trugdolden. Formenreiche Art.
Standort: Wegränder, Böschungen, lichte Wälder und Waldränder, Mager- und Halbtrokkenrasen, Wiesen, Heiden, Trockenhänge.
Verbreitung: Fast ganz Europa, im Norden bis Mittelskandinavien. In ganz Deutschland überall häufig anzutreffen.
Blütezeit: Juni bis August.

Behaartes Johanniskraut
(Hypericum hirsutum)

Merkmale: Mehrjährige, 40 bis über 100 cm hohe Pflanze mit dicht kurzhaarigem Stengel und Blättern, daher auch als *Rauhes Johanniskraut* bekannt. Runder Stengel aufsteigend bis aufrecht. Kurzgestielte, eiförmige Blätter 2–5 cm lang, durchscheinend punktiert und am Rand schwarzdrüsig. Gelbe, 1,5–2 cm messende Blüten auf behaarten Stielen, in lockeren, pyramidenförmigen Rispen.
Standort: Lichte, feuchte Wälder und Waldränder, Kahlschläge und Gebüsche, gern auf lehmigen und ein wenig kalkhaltigen Böden.
Verbreitung: Fast ganz Süd- und Mitteleuropa, in Nordeuropa in weiten Gebieten fehlend. Im südlichen und mittleren Deutschland verbreitet, im Norden zerstreut oder selten.
Blütezeit: Juni bis August.

Niederliegendes Johanniskraut
(Hypericum humifusum)

Merkmale: Mehrjährige, zierliche Pflanze mit niederliegenden bis aufsteigenden, am Grund oft wurzelnden Stengeln, 5–15 cm lang, rundlich bis zweikantig, hohl, fast fadenförmig. Blaugrüne Blätter eiförmig oder elliptisch, Unterseite am Rand oft drüsig gepunktet, die oberen Blätter oft durchscheinend punktiert, 1–1,5 cm lang. Gelbe Blüten mit bis zu 8 mm langen Kronblättern und eiförmig-länglichen, ganzrandigen Kelchblättern; sind meist ungleich groß sowie am Rande drüsig gepunktet.
Standort: Äcker, Ödland, Wege, lichte Wälder, Heiden, Ufer; gern auf feuchten, auch nassen, lehmigen und sandigen Böden.
Verbreitung: Südeuropa, außer im Osten; sonst ganz Mitteleuropa.
Blütezeit: Juni bis September.

Schönes Johanniskraut
(Hypericum pulchrum)

Merkmale: Mehrjährige, 20–60 cm hohe, zierliche, schlanke Pflanze mit kahlem, rundem und aufrechtem Stengel. Unterseits blaugrüne, dreieckig-herzförmige Blätter, sitzend, halbstengelumfassend, am Rand ohne schwarze Drüsenpunkte. Goldgelbe, außen rötliche Blüten in lockerer, lang gestreckter Rispe.
Standort: Trockene Laub-, Misch- und Nadelwälder, meist an lichten Stellen wie Kahlschlägen, Waldwegen und -rändern, auch in Gebüschen und Heiden, gern auf sandigen, lehmigen und sauren Böden.
Verbreitung: Fast ganz Europa, in Südosteuropa fehlend. Schwerpunkt des Vorkommens in Westeuropa. In Deutschland verbreitet, nach Osten zu seltener, in den Alpen fehlend.
Blütezeit: Juli bis September. □

Moschus-Malve *(Malva moschata)*

Merkmale: Mehrjährige, verzweigte Pflanze mit abstehend behaartem, 20–80, mitunter auch bis 100 cm langem Stengel. Die im Umriß rundlichen Blätter sind fast bis zum Grund handförmig 5–7teilig mit fiederspaltigen Abschnitten; die Grundblätter, im Umriß eher nierenförmig, weisen breite, eingeschnittene Lappen auf. Rosa oder weiße Blüten im Durchmesser 4–6 cm groß, einzeln in den Blattachseln stehend, riechen nach Moschus.
Standort: Halbtrocken- und Magerrasen, sonnige und trockene Wiesen und Weiden, Gebüsch, Wegränder, gern auf kalkarmem Boden.
Verbreitung: In fast allen Teilen Europas, in Skandinavien eingebürgert. In Deutschland zerstreut, im Norden selten.
Blütezeit: Juni bis August oder September.
Allgemeines: Früher als Heilpflanze verwendet.

Wilde Malve *(Malva sylvestris)*

Merkmale: Zwei- bis mehrjährige Pflanze mit niederliegenden oder aufsteigenden Stengeln, die eine Länge von 120 cm erreichen können. Stengelblätter mit 5–7 tief gesägten Lappen, die oberen bis fast zum Grund handförmig eingeschnitten. 2,5–4 cm große Blüten rosaviolett mit dunklen Streifen, zu Büscheln in den Blattachseln oder einzeln stehend. Kronblätter 3- oder 4mal so lang wie der bis zur Mitte verwachsene Kelch.
Standort: Schuttplätze, Zäune, Wegränder, Ödland, Mauern; liebt trockene, stickstoff- und nährstoffreiche Böden. Bis 1800 m.
Verbreitung: Ganz Süd- und Mitteleuropa, im Norden bis Süd-, teilweise bis Mittelschweden und Südnorwegen. In Deutschland verbreitet.
Blütezeit: Mai bis September.
Allgemeines: Auch *Große Käsepappel* oder *Roßpappel* genannt. Heilpflanze. □

Weg-Malve *(Malva neglecta)*

Merkmale: Ein- bis mehrjährige Pflanze mit niederliegenden bis aufsteigenden, bis 50 cm langen Stengeln. Rundliche Blätter mit 3–5 gerundeten Lappen, die oberen Blätter sind höchstens bis zwei Drittel handförmig eingeschnitten. Blüten zu Büscheln in den Blattachseln sitzend, die rosa bis weißen Kronblätter sind doppelt so lang wie der Kelch, am Grund beiderseits dicht borstig.
Standort: Schuttplätze, Wege, Bahndämme, Kompostlagerstätten, Mauern, Ackerränder, Gärten, sogar zwischen Pflastersteinen wachsend. **Verbreitung:** Fast ganz Europa, in Deutschland verbreitet, hier und da häufig oder auch zerstreut. **Blütezeit:** Juni bis September, nicht selten jedoch auch bis in den Oktober und November. **Allgemeines:** Auch unter den Namen *Gänse-Malve* und *(Kleine) Käsepappel* bekannt.

Wald-Sauerklee *(Oxalis acetosella)*

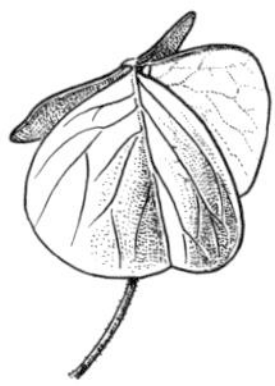

Merkmale: Zarte, niedrigwachsende Pflanze von kaum 15 cm Höhe. Blätter kleeartig und sauer schmeckend (Name), grundständig an langen Stielchen, verkehrt-herzförmig. Blüten weiß, selten rosa, mit roten Adern, bestehend aus 5 Kelch-, 5 Kron- und 10 Staubblättern sowie einem 5griffeligen Fruchtknoten. Mehrjährige Pflanze mit kriechendem Erdsproß.
Standort: Kraut- und humusreiche Nadel- und Laubmischwälder, an ausgesprochen schattigen und etwas feuchten Stellen.
Verbreitung: Fast ganz Europa.
Blütezeit: April bis Mai.
Vermehrung: Bestäubung durch Kerbtiere. Kann sich bei noch geschlossener Blüte auch selbst bestäuben. Die Samen werden durch einen Schleudermechanismus der aufplatzenden Früchte verbreitet. □

Malven-
gewächse

Sauerklee-
gewächse

Sumpf-Storchschnabel
(Geranium palustre)

Merkmale: Mehrjährige, 30–60, auch bis 100 cm hohe Pflanze mit aufsteigenden, rauhaarigen, gabelig verzweigten Stengeln. Blätter handförmig 7teilig mit bis zur Mitte grob und unregelmäßig gezähnten Lappen. 2,5–4 cm große Blüten im Unterschied zum *Blutroten Storchschnabel* nicht einzeln, sondern fast immer zu zweit, auf rauhhaarigen Blütenstielen.
Standort: Feuchte Wiesen, Gebüsch und Wälder, Ufer, Gräben; gern auf lehmigem Boden.
Verbreitung: Hauptsächlich Mittel- und Osteuropa, im Norden bis Südskandinavien, im Süden bis Norditalien; fehlt auf den Britischen Inseln. In Deutschland verbreitet, im Norden zerstreut, nirgendwo häufig.
Blütezeit: Juni bis September.
Vermehrung: Samen mit Schleuder.

Wiesen-Storchschnabel
(Geranium pratense)

Merkmale: Mehrjährige, 20–60 cm hohe, aufrechte Pflanze mit drüsig behaarten Stengeln und Blütenstielen. 7teilige Blätter mit doppelt fiederspaltigen Lappen, die lanzettliche Zähne aufweisen und kurzborstig behaart sind. 2,5–4 cm große Blüten meist zu zweit; Kronblätter blauviolett, dunkelgeadert. Blütenstiele nach der Blüte herabgeschlagen, richten sich zur Fruchtzeit jedoch wieder auf.
Standort: Feuchte Wiesen, Fettwiesen, Gräben; liebt kalkige und lehmige Böden.
Verbreitung: Hauptsächlich Ost- und Mitteleuropa, im Norden teilweise bis Mittelskandinavien, auch in Großbritannien; fehlt sonst im Westen wie im Süden fast ganz. In Deutschland verbreitet, im Norden selten.
Blütezeit: Juni bis August.

Blutroter Storchschnabel
(Geranium sanguineum)

Merkmale: Mehrjährige, 10–50 cm hohe, behaarte Pflanze mit dickem Wurzelstock und aufrechten oder aufsteigenden Stengeln. Die im Umriß runden, im Durchmesser bis 5 cm großen Blätter handförmig, 5–7teilig, in längliche bis linealische, häufig dreispaltige, zugespitzte Lappen geteilt. Einzelne, 2,5–4 cm große Blüten blutrot. Die ausgerandeten Kronblätter werden bis doppelt so lang wie der Kelch.
Standort: Steinige, trockene Hänge, Gebüsch, lichte Wälder, sonnige Waldränder, Steppenheiden, Halbtrockenrasen, gern auf Kalk.
Verbreitung: Hauptsächlich Mitteleuropa, außer in den Alpen. Fehlt in weiten Teilen des Mittelmeerraums. In Deutschland verbreitet bis zerstreut, im Norden selten.
Blütezeit: Mai bis September.

Wald-Storchschnabel
(Geranium sylvaticum)

Merkmale: Mehrjährige, aufrechte, behaarte Pflanze, 30–60 cm hoch. Große Blätter handförmig, 7teilig mit bis über die Mitte grob und unregelmäßig gezähnten Lappen, auf der Unterseite nur entlang der Nerven behaart. Blüten im Durchmesser bis 3,5 cm, lebhaft rotviolett, am Grund bärtig. Wichtiges Unterscheidungsmerkmal zum ähnlichen *Wiesen-Storchschnabel* sind die Blütenstiele, die auch nach dem Verblühen aufrecht bleiben. Staubfäden lanzettlich und im Gegensatz zum *Wiesen-Storchschnabel* am Grund nur wenig verbreitert.
Standort: Hochstaudenfluren, feuchte Bergwiesen, Laub-, Misch- und Auenwälder.
Verbreitung: Fast ganz Europa außer weiten Teilen im Süden. In Deutschland zerstreut.
Blütezeit: Juni bis Juli.

Stinkender Storchschnabel
(Geranium robertianum)

Merkmale: Einjährige, 20–50 cm hohe Pflanze mit oft karminroten, dicht drüsig behaarten Stengeln. Unangenehm riechend, besonders beim Zerreiben, wegen des Gehalts an ätherischem Öl. 3–5zählig gefiederte Blätter mit doppelt fiederspaltigen Abschnitten, abstehend behaart. 1,5–2 cm große, rosa Blüten meist zu zweit am kriechenden bis aufsteigenden Stengel. Kronblätter mit 3 weißlichen Streifen.
Standort: Laub-, Misch- und Nadelwälder, Geröllhalden, schattige Felsen, Mauern.
Verbreitung: Fast ganz Europa, in Deutschland überall anzutreffen und durchweg häufig.
Blütezeit: Mai bis Oktober.
Allgemeines: Enthält neben dem erwähnten ätherischen Öl auch Gerbstoffe und einen noch unbekannten Bitterstoff.

Schlitzblättriger Storchschnabel
(Geranium dissectum)

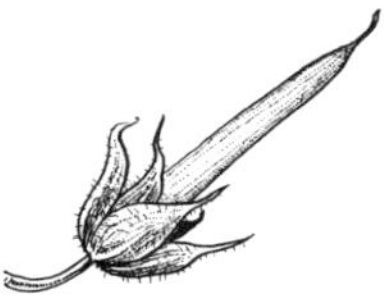

Merkmale: Einjährige, behaarte, 10–30, zuweilen auch bis 50 cm hohe Pflanze. Verzweigte Stengel aufsteigend bis aufrecht; abstehend behaart im Gegensatz zum ähnlichen *Stein-* oder *Tauben-Storchschnabel,* dessen Stengel angedrückt behaart sind. Blätter alle gestielt, bis fast zum Grunde 5–7teilig (Name), weniger zerteilt als beim *Stein-Storchschnabel.* Blüten meist zu zweit, bis 1 cm im Durchmesser; rosarote Kronblätter ausgerandet, so lang oder kürzer als die Kelchblätter. Blütenstände im Gegensatz zum *Stein-Storchschnabel* meist kürzer als die Tragblätter.
Standort: Wegränder, Schuttplätze, Äcker.
Verbreitung: Ganz Europa. In Deutschland verbreitet, im Norden und Nordwesten selten.
Blütezeit: Mai bis Oktober.

Weicher Storchschnabel
(Geranium molle)

Merkmale: Ein- oder zweijährige, 10–30 cm hohe Pflanze. Stengel zottig-weichhaarig (Name), nach oben zu weniger behaart, dafür mehr nach Moschus riechende Drüsenhaare, aufsteigend oder häufiger aufrecht, reich verzweigt. Rundliche Blätter bis etwa zur Mitte eingeschnitten, 7–9lappig, ober- und unterseits abstehend weich behaart; untere Blätter gestielt, obere sitzend. Hellrote Blüten etwa 1 cm im Durchmesser, meist zu zweit, Kronblätter fast bis zur Mitte ausgerandet, im Gegensatz zu den kaum ausgerandeten Kronblättern des *Kleinen Storchschnabels.*
Standort: Sonnige, trockene Heiden, Wegränder, Halbtrockenrasen, Schuttplätze.
Verbreitung: In weiten Teilen Europas.
Blütezeit: Mai bis September.

Schierlings-Reiherschnabel
(Erodium cicutarium)

Merkmale: Einjährige, 15–50 cm hohe Pflanze mit niederliegenden oder aufsteigenden, oft rötlich überlaufenen Stengeln. Sehr variable, unpaarig gefiederte Blätter mit nochmals tief fiederspaltigen, eiförmigen Fiedern. Blüte mit rotvioletten oder rosa, am Grunde oft schwarz gefleckten Kronblättern, die viel länger sind als der Kelch (2–4mal so lang). Frucht mit gedrehtem Schnabel.
Standort: Äcker, Wegränder, Brach- und Kulturland, trockene Wiesen und Rasen, Dünen.
Verbreitung: In ganz Europa. In Deutschland verbreitet, in manchen Gegenden häufig, in anderen selten. Breitet sich teilsweise aus.
Blütezeit: April bis Oktober.
Vermehrung: Die mit langhaarigen Grannen versehenen Samen werden aus der Frucht herausgeschleudert. □

Purgier-Lein *(Linum catharticum)*

Merkmale: Einjährige, unscheinbare Pflanze von 5–30 cm Höhe mit aufrechten, gabelästigen Stengeln. Gegenständige, ei-lanzettliche Blätter einnervig, etwa 1 cm lang. Kleine weiße Blüten langgestielt, in locker verzweigtem Blütenstand, als Knospen nikkend. Eiförmige Kelchblätter am Rand mit Drüsenhaaren besetzt.
Standort: Wiesen, daher auch *Wiesen-Lein* genannt, Triften, Heiden, Moore.
Verbreitung: In fast ganz Europa, im Süden jedoch nur in den Gebirgen. In Deutschland verbreitet, teilweise sehr häufig.
Blütezeit: Juni bis August.
Allgemeines: Früher wurde der *Purgier-Lein* häufig als Heilpflanze benutzt, vor allem, worauf sein Name schon hinweist, als Purgativum (Abführmittel), aber auch als Wurmmittel. Die Samen sind *leicht giftig.*

Ausdauernder Lein *(Linum perenne)*

Merkmale: 20–60, zuweilen auch über 80 cm hohe, mehrjährige, bläulichgrüne Pflanze. Wechselständige Blätter lanzettlich, mit 1–3 Nerven, 2 cm lang, am Rand rauh. Himmelblaue, etwa 2,5 cm große Blüten, in lockeren Blütenständen. Schon kurze Zeit nach dem Aufblühen fallen die 5 zarten Kronblätter ab. Blütenstiele auch nach der Blüte aufrecht stehend, im Gegensatz zum ähnlichen *Österreichischen Lein,* bei dem sie nach dem Verblühen abwärts gekrümmt sind.
Standort: Trockenhänge und -rasen, lichte Kiefernwälder, steinige Böden.
Verbreitung: Hauptsächlich Südost- und Mitteleuropa, im Westen bis auf den Britischen Inseln. In Deutschland selten im Südwesten, selten noch angepflanzt und verwildert; vom Aussterben bedroht.
Blütezeit: Juni bis Juli. ☐

Großes Springkraut
(Impatiens noli-tangere)

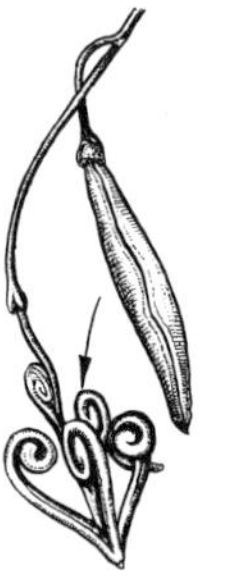

Merkmale: 30–80, auch bis 100 cm große, einjährige, vollkommen unbehaarte Pflanze. Stengel glasig durchscheinend, ästig, meist mit Verdickungen an den Knoten. Wechselständige Blätter eiförmig und stumpf gezähnt, bis 10 cm groß. Blüten in 2- bis 4blütigen Trauben, die die Tragblätter nicht überragen. Auffallender Blütenteil ist der abwärts gekrümmte Sporn, der von einem Kelchblatt gebildet wird. Die beiden übrigen Kelchblätter sind klein und unscheinbar. 5 Kronblätter, 4 paarweise verwachsen, eins frei. Blüten zitronen- bis goldgelb.
Standort: Humusreiche, feuchte Laub- und Nadelwälder, Auen- und Schluchtwälder.
Verbreitung: Fast ganz Europa.
Blütezeit: Juli bis September. Blüten oft von Hummeln bestäubt, auch Selbstbestäubung.

Kleinblütiges Springkraut
(Impatiens parviflora)

Merkmale: Einjährige, bis 60 cm hohe Pflanze. Blätter wechselständig, eiförmig und zugespitzt, verschmälern sich in den geflügelten Blattstiel. Blattrand gezähnt. Blüten etwa 1 cm groß, blaßgelb, 4 bis 10 in aufrechter Traube stehend, die die Tragblätter meist überragt. Kegelförmiger Sporn im Gegensatz zum *Großen Springkraut* gerade.
Standort: Laub- und Nadelwälder, Gärten, Parks und Hecken auf nährstoffreichen Böden.
Verbreitung: Ursprünglich in Nordost- und Zentralasien beheimatet. Schon im vorigen Jahrhundert aus botanischen Gärten verwildert und in fast ganz Mittel- und Nordeuropa eingebürgert. Im Süden nur in Italien. In Deutschland weit verbreitet und recht häufig.
Blütezeit: April bis Oktober. ☐

Lein-
gewächse

Balsaminen-
gewächse

Weißer Diptam *(Dictamnus albus)*

M: Mehrjährige, 50–100 cm hohe Pflanze. Beim Zerreiben stark nach Zitrone oder Zimt riechend. Einfache Blätter gefiedert mit 7–11 lanzettlichen, fein gezähnten Fiedern. Rosa Blüten mit dunkelroten Adern bis 5 cm groß. **St:** Trockenhänge, lichte Gebüsche, Steppenheiden, gern auf Kalk. **Vb:** Hauptsächlich Südeuropa. In Deutschland zerstreut bis selten; gefährdet. **Bl:** Mai bis Juni. Die Pflanze führt ätherisches Öl. □

Wald-Bingelkraut *(Mercurialis perennis)*

M: Mehrjährig, 15–35 cm hoch. Stengel rund. In dichten Beständen auftretend. Gegenständige, bis 10 cm lange Blätter deutlich gestielt, länglich-eiförmig, stumpf-gezähnt. Kleine, unscheinbare, grüne Blüten zweihäusig in reichblütigen Scheinähren. **St:** Schattige, kraut- und nährstoffreiche Laub- und Mischwälder, weniger im Gebüsch. **Vb:** Fast ganz Europa. Im Norden Deutschlands selten, sonst verbreitet. **Bl:** April bis Mai. **Allg:** *Giftig.*

Zypressen-Wolfsmilch
(Euphorbia cyparissias)

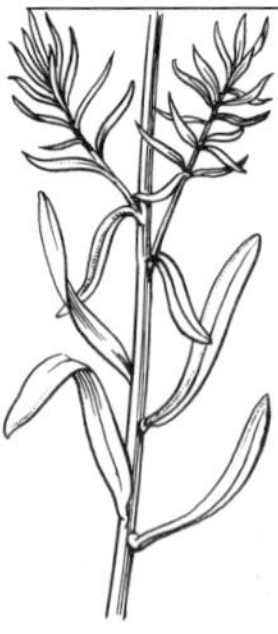

M: Mehrjährige, bis 40 cm hohe Pflanze mit hellgrünen, höchstens 0,3 cm breiten, wechselständigen Blättern. Hochblätter der Einzelblütenstände zunächst gelb, später rot. Scheindolde vielstrahlig. **St:** Magerrasen, trockene Böschungen und Hänge, Schafweiden, Wegränder, auf sandigem und steinigem Boden, gern auf Kalk. **Vb:** Mitteleuropa. **Bl:** April bis Juli. **Allg:** Giftig.

Gemeine Kreuzblume *(Polygala vulgaris)*

M: Mehrjährige, sehr variable, 10–30 cm hohe Pflanze. Stengel aufrecht oder aufsteigend, stark verzweigt und reich beblättert. Wechselständige Blätter oben lineal-lanzettlich, unten elliptisch oder verkehrt-eiförmig, spitz. Blüten meist blau, seltener rosa oder weiß, in endständiger, lockerer Traube. **St:** Wiesen, Gebüsch, Raine, sonnige Hügel. **Vb:** In den meisten Teilen Europas und in Deutschland verbreitet. **Bl:** Mai bis August. □

Sonnen-Wolfsmilch
(Euphorbia helioscopia)

M: Einjährige, 5–40 cm hohe Pflanze mit wechselständigen Stengelblättern, die von unten nach oben an Größe zunehmen, sie sind verkehrt-eiförmig bis keilförmig, kurzgestielt, bis 4 cm lang, im vorderen Drittel fein gesägt. Meist 5strahlige Trugdolden, becherartige Hüllkelche mit 4 oder 5 Honigdrüsen. **St:** Äcker, Gärten, Ödland. **Vb:** Europa. **Bl:** April bis November.

Sumpf-Wolfsmilch *(Euphorbia palustris)*

M: Mehrjährige Pflanze, die einer kleinen Weide ähnelt. Dicker, hohler Stengel am Grund rot, kahl, bis 130, nicht selten sogar 150 cm hoch. Wechselständige Blätter sitzend, lanzettlich und fast ganzrandig. Trugdolde vielstrahlig. **St:** Röhricht, an fließenden und stehenden Gewässern, Ufer und feuchte Wälder. **Vb:** Fast ganz Europa. In Deutschland zerstreut bis selten; stark gefährdet. **Bl:** Mai bis Juni. **Allg:** *Giftig.* □

Rauten-
gewächse

Kreuz-
blumengew.

Wolfsmilch-
gewächse

Gemeiner Wassernabel
(Hydrocotyle vulgaris)

Merkmale: Mehrjährige Pflanze mit dünnen, fast fadenförmigen Stengeln, 15–40, manchmal bis 60 cm lang. Kreisrunde, gekerbte Blätter schildförmig, d. h. nicht mit dem Rand, sondern mit der Blattspreite auf dem Stiel sitzend; am Grund kleine Nebenblätter. Unscheinbare, kurzgestielte Döldchen, aus winzigen, rötlichweißen Blüten bestehend, in den Blattachseln, wo sie stets weit unter den Blättern bleiben.
Standort: Flachmoore, feuchte Wiesen, Ufer, auf Sumpf- und Torfböden oder im Wasser.
Verbreitung: Fast ganz Europa, fehlt jedoch auf den Britischen Inseln und in Südosteuropa. In Deutschland nur im Norden verbreitet, im Süden nur zerstreut bis selten, in den Alpen ganz fehlend.
Blütezeit: Juli bis August.

Große Sterndolde *(Astrantia major)*

Merkmale: Mehrjährige, 30–100 cm hohe Pflanze mit dikkem, walzenförmigem Wurzelstock. Stengel schwach verzweigt, mit grundständigen, langgestielten, 10–20 cm breiten Blättern und kleineren Stengelblättern. 3–7teilige Blätter mit grob gezähnten Abschnitten, von denen die beiden seitlichen jeweils miteinander verwachsen sein können. Langgestielte Blüten in einer einfachen Dolde, umgeben von zahlreichen derben Hüllblättern, die oft grünlich oder rötlich gefärbt sind und bis zu 3 cm lang werden.
Standort: Au- und Mischwälder, Hochstaudenfluren, Gebüsche, Wiesen, bis über 2000 m.
Verbreitung: Vor allem in den Gebirgen und Mittelgebirgen Mittel- und Südeuropas. Fehlt im Norden Deutschlands, im Westen sehr selten, im Süden verhältnismäßig verbreitet.
Blütezeit: Juni bis August.

Gewöhnliche Sanikel *(Sanicula europaea)*

Merkmale: Mehrjährige, kahle Pflanze, schwach verzweigt, 20–50 cm hoch. Grundständige, langgestielte Blätter immergrün, bis zum Grund handförmig, 3–5teilig mit grob gezähnten Lappen. Stengelblätter fast sitzend, oft ganz fehlend. Weiße oder hellrosa Blüten in armblütigen, kopfigen Dolden, sitzend oder gestielt, außen mit männlichen, innen mit zwittrigen Blüten.
Standort: Vor allem Buchen-, aber auch Eichen- oder Mischwälder; feuchte, mullreiche Lehmböden und auf Kalk. Bis 1600 m.
Verbreitung: Fast ganz Europa, in Deutschland zerstreut vorkommend.
Blütezeit: Mai bis Juli.
Allgemeines: In früheren Zeiten, vor allem im Mittelalter, als Heilpflanze (gegen Blutungen) häufiger verwendet.

Feld-Mannstreu *(Eryngium campestre)*

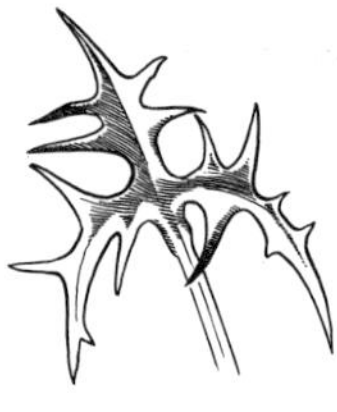

Merkmale: Sieht wegen der stacheligen Blätter und der köpfchenartigen Blütenstände auf den ersten Blick einer *Distel* ähnlich, wird daher auch *Brachdistel* genannt. Die bis 100 cm hohe, mehrjährige, sparrig-ästige Pflanze fällt mit den anderen Arten der Gattung tatsächlich aus dem Rahmen der Doldenblüter, die wir sonst kennen. Ihre ungeteilten oder handförmig fiederschnittigen bis doppelt fiederschnittigen Blätter sind am Rande der Abschnitte dornig gesägt, untere gestielte wie obere stengelumfassende Blätter weißlichgrün. Weiße oder weißlichgrüne Blüten in fast kugeligen Köpfchen, umgeben von linealisch-lanzettlichen, dornigen Hüllblättern. **Standort:** Trockene Rasen und Wiesen. **Verbreitung:** Mittel- und Südeuropa. In Deutschland zerstreut, in den Alpen fehlend.
Blütezeit: Juli bis September.

Behaarter Kälberkropf
(Chaerophyllum hirsutum)

Merkmale: Mehrjährige, 50–100 cm hohe Pflanze. Rauhhaariger bis kahler Stengel unter den Knoten nicht merklich verdickt. Blätter mehr oder weniger borstig behaart, 3–4fach fiederschnittig, die untersten Fiederabschnitte fast so groß wie das übrige Blatt. Kleine Blüten mit weißen oder rosa Kronblättern, am Rand bewimpert, in 10–20strahliger Dolde, Griffel aufrecht und starr, Frucht 8–12 mm.
Standort: Feuchte Bergwälder, Auwälder, Bergwiesen, Hochstaudenfluren, Ufergebüsch.
Verbreitung: Mittel- und Südeuropa, hauptsächlich in den Gebirgen. In Deutschland im Bereich der Mittelgebirge, der Alpen und des Voralpenlandes zerstreut und stellenweise häufig, im Norden und der Ebene sehr selten.
Blütezeit: Mai bis August.
Allgemeines: Auch als *Rauhhaariger Kälberkropf* bekannt. Weitere, neben *Behaartem* und *Hecken-Kälberkropf* vorkommende Arten in Deutschland sind *Knolliger, Gewürzhafter* und *Gelbfrüchtiger Kälberkropf.*

Echter Venuskamm
(Scandix pecten-veneris)

Merkmale: Einjährige, aufrechte, 15–50 cm hohe Pflanze mit abstehend steifhaarigem Stengel. Blätter 2–4fach fiederschnittig mit schmalen, linealischen, spitzen Zipfeln, ein- bis dreistrahlige Dolden scheinbar blattgegenständig, mit 5 am Rand borstig behaarten Hüllchenblättern, aber fehlenden Hüllblättern. Wichtiges Erkennungsmerkmal ist die Frucht mit ihrem bis 6mal so langen Schnabel, insgesamt 2–8 cm messend. (Auch *Nadelkerbel* genannt.)
Standort: Äcker, Saatfelder, Weinberge, vor allem auf kalkhaltigen und lehmigen Böden.
Verbreitung: Fast ganz Europa. In Deutschland zerstreut bis selten, hauptsächlich im Tiefland. In höheren Lagen der Mittelgebirge sowie in den Alpen fehlend; stark gefährdet.
Blütezeit: April bis Juli.

Wiesen-Kerbel *(Anthriscus sylvestris)*

Merkmale: Zwei- oder mehrjährige, 60–150 cm hohe Pflanze mit hohlem, gefurchtem Stengel, unterseits rauh behaart, nach oben zu kahl. Die Fiederblättchen der zwei- oder mehrfach gefiederten Blätter sind lanzettlich und zugespitzt, fast federartig. Weiße Blüten in Döldchen mit deutlich vergrößerten Randblüten, eine bis 15strahlige Dolde bildend.
Standort: Wiesen (auf solchen mit stickstoffhaltigem Dünger oft in Massen), Hecken, Gebüsch, Waldränder, Wegraine, Ödland.
Verbreitung: Ganz Mittel- und Nordeuropa, im Süden Europas selten und nur in den Gebirgen. In Deutschland überall häufig.
Blütezeit: April bis August.
Vermehrung: Samen. Bestäubung hauptsächlich durch Käfer und Fliegen.
Allgemeines: Gilt als *schwach giftig.*

Gemeiner Klettenkerbel *(Torilis japonica)*

Merkmale: Ein- oder zweijährige, im Gegensatz zum niederliegenden bis aufsteigenden *Knäuel-Klettenkerbel* aufrechte Pflanze, 30 bis über 120 cm hoch. Mehr oder weniger rauhhaariger, verzweigter Stengel mit ein- bis dreifach gefiederten Blättern; deren Abschnitte länglich bis oval, gezähnt und tief fiederschnittig. Blüten weiß oder rosa, in langgestielten Dolden (beim *Knäuel-Klettenkerbel* sind die Dolden sehr kurz gestielt und geknäuelt). 5 oder mehr Hüllblätter, beim ähnlichen *Acker-Klettenkerbel* meist nur eines oder ganz fehlend; Fruchtstacheln bei dieser Art mit, beim *Gemeinen Klettenkerbel* ohne Widerhaken.
Standort: Wälder und Waldränder, Gebüsch, Hecken und Wegränder, gern an schattigen Stellen.
Verbreitung: In fast ganz Europa. In Deutschland verbreitet und in der Regel häufig.
Blütezeit: Juni bis August.

Gefleckter Schierling *(Conium maculatum)*

Merkmale: Zwei- oder auch nur einjährige, große, aufrechte Pflanze, reich verzweigt mit fein gerilltem und bläulich bereiftem Stengel, der an der Basis meistens rot gefleckt ist (Name). 50 bis über 200 cm hoch mit 2–4fach gefiederten Blättern, die im Umriß dreieckig erscheinen. Oberseits dunkelgrün, unterseits graugrün. Fühlen sich weich und schlaff an. Weiße Blüten nur 2 mm messend, bilden eine bis 15 cm große, 8–20strahlige Dolde. Zerquetscht man die Pflanze, verbreitet sie einen sehr unangenehmen, mäuseartigen Geruch.
Standort: Brachland, Hecken, Wegränder, Schuttplätze, Gräben, Mauern, Zäune.
Verbreitung: Fast ganz Europa, im Norden bis Südskandinavien. In Deutschland zerstreut.
Blütezeit: Juni bis September.
Allgemeines: Alle Pflanzenteile *stark giftig.*

Acker-Hasenohr *(Bupleurum rotundifolium)*

Merkmale: Einjährige, 15–50, gelegentlich auch bis 80 cm hohe Pflanze. Wegen der mittleren und oberen Stengelblätter, die vom Stengel durchwachsen sind, auch *Durchwachsenes Hasenohr* und wegen deren ei-rundlicher Form ebenfalls als *Rundblättriges Hasenohr* bekannt. Untere Blätter sitzend oder kurzgestielt. (Blätter beim *Sichelblättrigen Hasenohr* unten länglich, oben lanzettlich, dessen bis 100 cm langer Stengel außerdem mehr oder weniger zickzackförmig hin und her gebogen. Das *Langblättrige Hasenohr* weist bis 15 cm lange, langgestielte Grundblätter und breit-längliche Stengelblätter auf.) Dolde bis 10strahlig, Hülle fehlend, Blütenkronblätter gelb, breit-eiförmig, zugespitzte Hüllchenblätter stehen während der Blüte ab und neigen sich zur Reifezeit zusammen. Frucht bis 0,4 cm lang.
Standort: Kalkäcker, seltener Gärten.
Verbreitung: Mittel- und Südeuropa, eingebürgert auf den Britischen Inseln. In Deutschland zerstreut bis selten; stark gefährdet.
Blütezeit: Juni bis Juli.

Breitblättrige Haftdolde *(Caucalis latifolia)*

Merkmale: Einjährige, aufrechte, 15–60 cm hohe Pflanze, borstig behaart. Verzweigter Stengel mit einfach gefiederten Blättern; länglich-lanzettliche Abschnitte eingeschnitten gezähnt (die ähnliche *Kletten-* oder *Acker-Haftdolde* hat 2- oder 3fach gefiederte Blätter). Blüten mit weißen, rötlichbraunen oder roten, tief zweilappigen Kronblättern, in armblütigen Döldchen. Kräftige Doldenstrahlen mit abwärts gerichteten Haaren. Bis 1 cm große Früchte gerippt, auf den Rippen 2 oder 3 Reihen langer, widerhakiger Stacheln.
Standort: Getreidefelder und anderes Kulturland, seltener auf Schutt, liebt Kalkböden.
Verbreitung: Süd- und Mitteleuropa, eingebürgert in Großbritannien. In Deutschland zerstreut bis selten, unbeständig und abnehmend. (Die *Kletten-Haftdolde* kommt noch seltener vor und gilt als gefährdete Art.)
Blütezeit: Juni bis August.

Breitblättriges Laserkraut *(Laserpitium latifolium)*

Merkmale: Mehrjährige, 60–150 cm hohe Pflanze mit schwach behaartem oder kahlem, rund gerilltem Stengel, am Grund mit einem Faserschopf. Ein- bis zweifach gefiederte Blätter mit breit-eiförmigen, am Grund herzförmigen, gesägten Fiedern, die 3–10 cm lang und 2–6 cm breit sind, die Blätter selbst können bis zu 100 cm lang werden. Weiße Blüten in 20- bis über 40strahligen Dolden.
Standort: Berglaubwälder und -wiesen, Hochstaudenfluren, trockene, lichte Wälder, vor allem Steppenheidewälder, Gebüsche, steinige Rasen, gern auf kalkhaltigen Böden.
Verbreitung: Fast ganz Europa, fehlt auf den Britischen Inseln. Zerstreut im südlichen und mittleren Deutschland, im Norden fehlend.
Blütezeit: Juli bis August.
Allgemeines: Weitere, in Deutschland vorkommende Arten sind das *Preußische Laserkraut* sowie die hauptsächlich in den Alpen wachsenden Verwandten *Berg-* und *Rauhhaar-Laserkraut.*

Gemeine Sichelmöhre *(Falcaria vulgaris)*

Merkmale: Mehrjährige, 30–80 cm hohe Pflanze mit sparrig-ästigem Stengel. Leicht kenntlich an den starren Blättern; sie sind doppelt dreizählig gefiedert mit scharf gesägten, linealischen und leicht sichelförmigen Abschnitten, die 0,5 bis 1,5 cm breit und bis zu 30 cm lang werden können; die Endfieder ist stets dreiteilig. Weiße Blüten in 10–20strahligen, gedrungenen, kleinen Dolden; im Durchschnitt 4 cm messend.
Standort: Trockenrasen, Feldraine, Wegränder, Brachland, Gebüsch, an sonnigen, trockenen Stellen, auf Löß und Kalk.
Verbreitung: Süd- und Mitteleuropa. In Teilen Skandinaviens und den Britischen Inseln sowie in einigen Ländern Westeuropas eingeschleppt und eingebürgert. In Deutschland zerstreut, im Norden und Nordwesten selten oder fehlend.
Blütezeit: Juli bis Oktober.

Große Bibernelle *(Pimpinella major)*

Merkmale: Mehrjährige, 40–100 cm hohe Pflanze mit kantig gefurchtem und bis oben hin beblättertem Stengel. Alle Blätter einfach gefiedert, auf jeder Seite mit 2–4 kurz gestielten oder sitzenden, bis 4 cm langen, grob gezähnten Fiedern; Endfieder ebenfalls gezähnt, aber zusätzlich schwach dreilappig. Weiße oder rosa Blüten in einer 10–25strahligen und 3–6 cm breiten Dolde. Wichtiges Unterscheidungsmerkmal zur *Kleinen Bibernelle* bildet der Griffel, der zur Blütezeit länger ist als der Fruchtknoten.
Standort: Wiesen, Staudenfluren, Gebüsch, auch felsige Hänge und Waldränder.
Verbreitung: Große Teile Europas, im Norden bis Südskandinavien, im Süden bis Nordspanien; fehlt in Südosteuropa. In Deutschland überall verbreitet.
Blütezeit: Juni bis September.

Echter Kümmel *(Carum carvi)*

Merkmale: Zweijährige Pflanze mit rübenförmiger Wurzel, Stengel kahl, aufrecht und reich verzweigt, 30–80 cm hoch. 2–3fach gefiederte Blätter mit schmal-linealischen oder lanzettlichen Zipfeln, Scheide der oberen Blätter mit nebenblattartigen Fiederpaaren. Weiße, 2–3 mm messende Blüten auf sehr ungleichen Doldenstrahlen.
Standort: Wiesen, Weiden, Wegränder, Geröllhänge, lichte Bergwälder. Bis 2200 m.
Verbreitung: Fast ganz Eurpa, fehlt in Portugal sowie im äußersten Südosten. In Deutschland verbreitet, stellenweise häufig.
Blütezeit: Mai bis Juli.
Allgemeines: Bekannt als Gewürz zu Käse, Brot und anderem Gebäck, als Schnaps und Likör und, wenn auch weniger, als Heilpflanze.

Kleine Bibernelle *(Pimpinella saxifraga)*

Merkmale: Mehrjährige, formenreiche, bis 50 cm hohe Pflanze mit im Gegensatz zur *Großen Bibernelle* fein gerilltem und stielrundem Stengel, der nach oben zu fast blattlos ist. Blätter einfach, zuweilen zweifach gefiedert; Grundblätter mit eiförmigen, stumpfen, sitzenden Fiedern. Weiße oder rötliche Blüten mit Griffeln, die zur Blütezeit kürzer sind als die Fruchtknoten. Formenreiche Art.
Standort: Trocken- und Magerrasen, Heiden, trockene Wiesen und Hügel, besonders auf Kalk. Gern auf lockeren, steinigen Böden.
Verbreitung: Fast ganz Europa, außer im äußersten Norden und Süden. In Deutschland verbreitet, stellenweise sehr häufig.
Blütezeit: Juli bis September.
Allgemeines: Findet wie die *Große Bibernelle* bis heute als Heilpflanze Verwendung, z. B. bei Kopfschmerzen und Nasenbluten.

Gewöhnlicher Geißfuß
(Aegopodium podagraria)

Merkmale: 30–100 cm hohe, kahle Pflanze mit kantig gefurchten, hohlen Stengeln. Die doppelt dreizähligen Blätter weisen eiförmige, längliche, bis 10 cm messende Fiederblätter auf, die Ähnlichkeit mit einem Ziegenfuß haben sollen (Name). Dolde 12–20- mitunter auch bis 25strahlig. Mit kleinen weißen, 3 mm großen Blüten. Die Blätter dienen als Wildgemüse.
Standort: Feuchte Wälder, Auenwälder, Gebüsch, Gärten, Parkanlagen, Hecken, Ufer, stets auf feuchtem, nährstoffhaltigem und stickstoffreichem Untergrund, bis 1500 m.
Verbreitung: Fast ganz Europa, im Süden außer der Iberischen Halbinsel. Wie überall auch in Deutschland häufig anzutreffen.
Blütezeit: Mai bis August oder September.
Allgemeines: Früher als Heilpflanze benutzt.

Aufrechter Merk *(Sium erectum)*

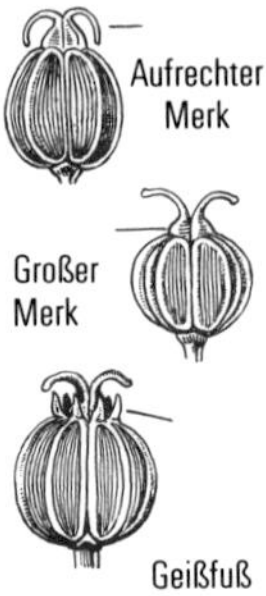

Merkmale: Mehrjährige, aufrechte Pflanze mit fein gerilltem, stielrundem Stengel, 30–80, zuweilen auch bis 100 cm lang, am Grund mit Ausläufern. Einfach gefiederte Blätter ungleich grob gesägt, die unteren Fieder eher eiförmig, die oberen mehr lanzettlich, Endfieder meist dreiteilig. Weiße Blüten in kurz gestielten Dolden. Krautige Hüllblätter oft fiederspaltig. Frucht im Gegensatz zum *Breitblättrigen Merk* deutlich rund.
Standort: Quellen, Bäche, Gräben, Teiche.
Verbreitung: Fast ganz Europa. In Deutschland im allgemeinen verbreitet, stellenweise häufig. In manchen Gebieten seltener oder ganz fehlend, vor allem in höheren Lagen.
Blütezeit: Juni bis August.
Allgemeines: Ist ebenfalls bekannt als *Schmalblättriger* und *Quell-Merk,* als *Aufrechte Berle* wie auch als *Wassersellerie.*

Wiesen-Wasserfenchel
(Oenanthe lachenalii)

Merkmale: Mehrjährige, 40–60 cm hohe Pflanze mit kantig gefurchtem, markigem Stengel. Untere Blätter zweifach gefiedert mit keil- bis eiförmigen Abschnitten, obere Blätter einfach gefiedert mit schmaleren, ei-lanzettlichen Abschnitten, bis 4 cm lang. Weiße Blüten in 5–12strahligen Dolden, Kronblätter bis zur Mitte gespalten, Randblüten 1,5 mm lang im Unterschied zum ähnlichen *Haarstrangblättrigen Wasserfenchel,* bei dem sie 2–3 mm messen, seine Hülle zudem fehlend oder nur einblättrig, beim *Wiesen-Wasserfenchel* ist sie 4–6blättrig.
Standort: Salzige Sumpfwiesen, Gräben.
Verbreitung: Hauptsächlich Westeuropa, im Norden bis Südschweden. In Deutschland verbreitet bis zerstreut im Küstengebiet und im Norden, selten im Westen, in der Rheinebene und im Oberrheingebiet bis Bingen; stark gefährdet.
Blütezeit: Juli bis August.

Röhren-Wasserfenchel
(Oenanthe fistulosa)

Merkmale: Mehrjährige, wenig verzweigte Pflanze, 30–60 cm hoch. Stengel, Blattstiele und Doldenstiele röhrig-hohl, oft auch bauchig und leicht zusammendrückbar, Stengel an den Knoten etwas eingeschnürt. Wurzeln im Gegensatz zum *Wasserfenchel* oft mit knollenartigen Verdikkungen. Einfach oder doppelt fiederschnittige Stengelblätter mit ganzrandigen Abschnitten. Endständige, langgestielte Dolden 2–4strahlig. Blüten der Döldchen in der Mitte zwittrig, fast sitzend, am Rande lang gestielt, männliche Blüten strahlend. **Standort:** Ufer, Gräben, Sümpfe.
Verbreitung: Hauptsächlich Mittel- und Südeuropa mit Ausnahme im äußersten Südosten. Im Norden bis Südschweden. In Deutschland überwiegend zerstreut. Gefährdet.
Blütezeit: Mai bis Juli.

Gift-Wasserschierling *(Cicuta virosa)*

Merkmale: Mehrjährige, 60–120 cm hohe, kahle Pflanze. Wichtigstes Erkennungsmerkmal bildet der verdickte, sellerie- oder möhrenähnliche Wurzelstock, der hohl ist und quergefächerte Kammern enthält. Die sehr großen, zwei- oder dreifach gefiederten Blätter weisen schmal lanzettliche, scharf gesägte Fiedern auf, die bis 8 cm messen. Gedrungene Dolden mit zahlreichen weißen Blüten im Durchmesser 7–13 cm groß.
Standort: Gräben, Teiche, Altwasser, Sümpfe.
Verbreitung: Ganz Mittel- und Nordeuropa. In Deutschland zerstreut.
Blütezeit: Juli bis September.
Allgemeines: Der *Wasserschierling* und der *Gefleckte Schierling* sind die *giftigsten* Doldengewächse. Vor allem die Wurzel enthält soviel Giftstoffe, daß sie einen Menschen innerhalb einer Stunde töten kann.

Wald-Engelwurz *(Angelica sylvestris)*

Merkmale: Mehrjährige, dunkelgrüne Pflanze mit aufrechten, röhrigen, 50–150 cm hohen Stengeln, weißlich bereift. Blätter groß, vor allem die Grundblätter, die 30–60 cm messen können, zweibis dreifach gefiedert mit bis 8 cm langen, eiförmig-länglichen und stachelspitzen Fiedern, am Rande rauh und unterseits behaart. Blattstiele nach oben zu rinnig vertieft. Die flaumig behaarten, 20–30 cm langen Doldenstrahlen tragen die Döldchen mit ihren weißen oder rosa, 2 mm großen Blüten. Der Durchmesser einer Dolde kann bis zu 20 cm betragen.
Standort: Auenwälder, Flachmoore, Sumpf- oder Feuchtwiesen, Ufer, Gebüsch.
Verbreitung: In ganz Europa heimisch, in Deutschland verbreitet.
Blütezeit: Juli bis September.
Allgemeines: Wenig verwendete Heilpflanze.

Dreilappiger Roßkümmel *(Laser trilobum)*

Merkmale: Mehrjährige, 60–120 cm hohe Pflanze mit fein gerilltem, bläulich bereiftem Stengel, der einen starken Kümmelgeruch verbreitet (das ähnliche *Breitblättrige Laserkraut* verströmt einen intensiven würzigen Duft). Große Grundblätter meist dreifach, seltener zweifach dreizählig gefiedert mit stumpf gekerbten, verkehrt-eiförmigen bis fast kreisrundlichen Fiedern, diese unterseits bläulich bereift. Blüten weiß. Hüllblätter und Hüllchenblätter meist fehlend.
Standort: Buschige, steinige Berghänge, meist auf kalkhaltigen Böden.
Verbreitung: In weiten Teilen Europas, fehlt jedoch ganz in Nordeuropa und auf den Britischen Inseln. In Deutschland nur selten in Bayern, Hessen, im nördlichen Westfalen und Niedersachsen; potentiell gefährdet.
Blütezeit: Mai bis Juni.

Wilde Möhre *(Daucus carota)*

Merkmale: Zweijährige, 50–100 cm hohe Pflanze mit borstig behaarten Stengeln und dicken, weißen Wurzeln. Blätter 2- oder 3fach, seltener auch 4fach gefiedert mit feinen Zipfeln. Im zur Blütezeit flach gewölbten Blütenstand findet sich in der Mitte zumeist eine tief purpurn oder fast schwarz gefärbte »Mohrenblüte«. Durch sie soll der Name Möhre entstanden sein. Zur Fruchtreife neigen sich die Strahlen der Dolde so zusammen, daß in der Mitte eine nestförmige Vertiefung entsteht. (Wildform der *Gartenmöhre.*)
Standort: Wiesen, Felder, Wegränder, Magerrasen, Triften, Böschungen, steinige Abhänge.
Verbreitung: Ganz Süd- und Mitteleuropa, im Norden bis Südnorwegen und Mittelschweden. In ganz Deutschland verbreitet und meist häufig. In höheren Lagen seltener.
Blütezeit: Mai bis Juli.

Echter Haarstrang *(Peucedanum officinale)*

Merkmale: Mehrjährige Pflanze mit 50–100, nicht selten auch bis 200 cm hohem Stengel. Auf die Blätter trifft der Vergleich mit einem Reiserbesen zu; sie sind 3–6mal dreizählig zerschnitten und haben schmal-linealische Fiedern, die 9 cm lang werden können und manchmal ineinander verflochten sind. Auf dem im Gegensatz zum *Sumpf-Haarstrang* runden Stengel findet sich eine 10–40strahlige Dolde mit gelben Blüten. 1–3 Hüllblätter, manchmal auch ganz fehlend.
Standort: Wächst als Stromtalpflanze hauptsächlich auf Wiesen; auch Trockenrasen.
Verbreitung: Fehlt in Skandinavien, sonst fast ganz Mittel- und Südeuropa. In Deutschland zerstreut, stellenweise auch selten.
Blütezeit: Juli bis September
Allgemeines: Auch *Gebräuchlicher Haarstrang* genannt.

Sumpf-Haarstrang *(Peucedanum palustre)*

Merkmale: Zweijährige, 80–150 cm hohe, fast kahle Pflanze. Röhriger, kantig gefurchter Stengel, rötlich, jung nickend. Zwei- oder mehrfach fiederschnittige Blätter mit lineal-lanzettlichen, bis 2 mm breiten Zipfeln, die oft eine weiße Spitze tragen. Hüllblätter zurückgeschlagen. Blüten weiß (dadurch vom *Echten Haarstrang* leicht zu unterscheiden), in einer 15–30strahligen Dolde. Eiförmige Frucht bis 0,5 cm lang.
Standort: Sumpfiges Gelände, Feuchtwiesen, Moore, Ufer, Erlenbruchwälder.
Verbreitung: Nordeuropa, außer dem hohen Norden, Mitteleuropa bis Südfrankreich und Norditalien. In Deutschland verbreitet bis zerstreut, stellenweise häufig. In höheren Lagen seltener, meist ganz fehlend.
Blütezeit: Juli bis September.

Gewöhnlicher Pastinak *(Pastinaca sativa)*

Merkmale: Zweijährige Pflanze mit kantig gefurchtem und behaartem Stengel, 30–100 cm hoch. Blätter einfach, selten zweifach gefiedert mit 3–7 Paaren ungleich gekerbter Fiederblätter, jedes etwa 5 cm lang. An 5–15 Doldenstrahlen gelbe Blüten, die zusammen eine ungefähr 10 cm messende Dolde bilden, stark duftend.
Standort: Wiesen, Ödland, Wegränder, Gräben, Trockenhänge, Steinbrüche.
Verbreitung: Fast ganz Europa, in Deutschland stellenweise selten, sonst verbreitet.
Blütezeit: Juli bis August.
Vermehrung: Durch Samen. Bestäuber sind vor allem Fliegen und Käfer.
Allgemeines: Wird bis heute als Gemüse angebaut, aber kaum mehr als Heilpflanze verwendet. Bei den seit alter Zeit gezüchteten Kulturformen sind die fleischigen Wurzeln eßbar.

Wiesen-Bärenklau
(Heracleum sphondylium)

Merkmale: Kräftige, auffallend große Pflanze, 80–150 cm hoch, manchmal bis 200 cm. Kantig gefurchter, bis 2 cm dicker Stengel mit steifen Borstenhaaren. Blätter sehr unterschiedlich gefiedert mit großen eiförmigen bis lanzettlichen, gezähnten oder gelappten Fiederblättern, oberseits derb-borstenhaarig. Große Dolden im Durchmesser zwischen 5 und 15 cm, Blüten weiß, selten rosa, am Rand der einzelnen Döldchen stark vergrößert. Ovale Frucht bis 1 cm lang.
Standort: Wiesen, vor allem Fettwiesen, Auenwälder, Wegränder, Ufer von Bächen und Gräben, Gebüsch, Hochstaudenfluren, bis über 2000 m. **Verbreitung:** Fast ganz Europa mit Ausnahme des hohen Nordens und weiten Teilen des Mittelmeerraumes. In Deutschland verbreitet. **Blütezeit:** Juni bis Oktober. □

Große Brennessel *(Urtica dioica)*

Merkmale: Aufrecht, mehrjährig, bis 150 cm hoch. Stengel und sägezähnige Blätter mit vielen stark brennenden Haaren. Grüne bis 10 cm lange Blütenrispen mit gelbgrünen Staubbeuteln.
Standort: Wegränder, Ödland, Schuttplätze, Ufer, feuchte Waldstellen, Hecken.
Verbreitung: Ganz Europa, sehr häufig.
Vermehrung: Durch Wurzelstock und Samen. Staubblätter stehen unter Spannung. Sind in der Knospe eingebogen und richten sich beim Aufblühen sprunghaft auf. Dabei werden die Pollen wie in einer Wolke fortgeschleudert. Windbestäubung.
Blütezeit: Juni bis Oktober.
Allgemeines: Heilpflanze und Wildgemüse. Die Stengelfasern wurden einst zu Nesseltuch verarbeitet.

Kleine Brennessel *(Urtica urens)*

Merkmale: Einjährig, höchstens 60 cm hoch. Eiförmige oder elliptische Blätter stumpflich gesägt. Im Gegensatz zur *Großen Brennessel* einhäusig, d. h. männliche und weibliche Blüten zusammen auf einer Pflanze. Blütenrispe nicht länger als 2 cm. Nur mit Brennhaaren besetzt.
Standort: Unbebaute Stellen, Äcker, Wege, Gärten, Schuttplätze, Komposthaufen, Mauern, besonders auf stickstoffreichen und kalkhaltigen Böden. Bis in 2700 Meter Höhe.
Verbreitung: In ganz Europa, meist häufig, gebietsweise seltener und sehr zerstreut.
Blütezeit: Mai bis Oktober.
Allgemeines: Weniger mit Brennhaaren besetzt als die *Große Brennessel,* aber bei Berührung gleichermaßen schmerzhaft. Heilpflanze. Junge Blätter dienen als Gemüse. ☐

Aufrechtes Glaskraut
(Parietaria officinalis)

Merkmale: Mehrjährige, aufrechte, 30–100 cm hohe Pflanze mit einfachem Stengel, im Gegensatz zum *Ausgebreiteten Glaskraut* meist nicht ästig. Große, bis 12 cm lange, länglich-eiförmige Blätter glasartig glänzend (Name), wechselständig. Grüne, unscheinbare, 4zählige Blüten in kugeligen Blütenständen, die sich in den Blattachseln befinden. Obwohl zu den *Brennnessel*gewächsen zählend, ohne Brennhaare.
Standort: Schuttplätze, Mauern, Felsen, Zäune, Gebüsch, gern an schattigen Stellen.
Verbreitung: Mittel- und Südeuropa, im Norden bis Dänemark eingebürgert, fehlt auf den Britischen Inseln und der Iberischen Halbinsel. In Deutschland nur eingeschleppt und inzwischen eingebürgert, zerstreut.
Blütezeit: Juni bis September.

Haselwurz *(Asarum europaeum)*

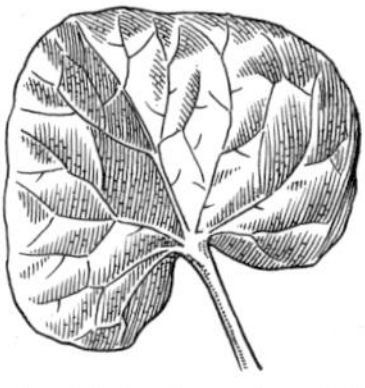

Merkmale: Kriechende Pflanze von kaum 10 cm Höhe. Stengel dick und behaart. Blätter immergrün, glänzend auf der Oberseite, 3–7 cm breit, nierenförmig. Zwischen den Blättern, auf kurzen Stielchen, wachsen die Einzelblüten. Leicht zu übersehen, weil auf der Erde liegend oder sich nur wenig darüber erhebend, manchmal im Laubmull steckend. Die außen bräunlichen und innen dunkelpurpurnen Blüten haben die Form von kleinen Krügen. Die Blütenhülle läuft an der Spitze in drei gebogene Zipfel aus. Sie wird etwa 1,5 cm lang.
Standort: Laub- und Nadelwälder, liebt Kalk.
Verbreitung: In Mittel- und Osteuropa, eingebürgert auch in England, Holland und Dänemark. Fehlt im Südosten. In Deutschland verbreitet, außer im Norden und Nordwesten.
Blütezeit: März bis Mai. ☐

Brennessel-
gewächse

Osterluzei-
gewächse

Knäuelblütiger Ampfer
(Rumex conglomeratus)

Knäuelbl. A.

Wasserampfer

M: Mehrjährige, 30–70 cm hohe Pflanze. Blätter länglich-eiförmig bis länglich, am Grund herzförmig; Grundblätter lang-gestielt, obere Stengelblätter sitzend, zwischen 5 und 20 cm lang. Lockerer Blütenstand aus quirlig geknäuelten Blüten; deren Stiele etwa in der Mitte gegliedert. **St**: Sümpfe, Gräben, Ufer, Walddränder. **Vb**: Süd- und Mitteleuropa. **Bl**: Juli bis September.

Wasser-Ampfer *(Rumex aquaticus)*

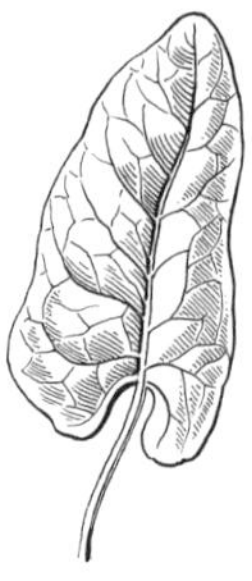

Merkmale: Mehrjährige, kräftige Pflanze von 90–175 cm Höhe. Grundblätter bis zu 50 cm, etwa zweieinhalb mal so lang wie breit, länglich-eiförmig mit tief herzförmigem und abgerundetem Grund, am Rand wellig. Innere Blütenhüllblätter ohne Schwielen. **Standort**: Ufer stehender und fließender Gewässer, Röhricht, auch Wiesen. **Verbreitung**: Kommt in weiten Teilen Europas vor. **Blütezeit**: Juli bis August.

Stumpfblättriger Ampfer
(Rumex obtusifolius)

Krauser Ampfer

Fluß-Ampfer

M: Mehrjährig, 50–120 cm hoch. Große, am Grund abgerundete bis herzförmige Grundblätter, an der Spitze meist stumpf. Blütenstand von der Mitte an meist ohne Blätter (beim ähnlichen **Krausen Ampfer** [R. crispus] bis oben beblättert). Innere Blütenhüllblätter mit Schwielen, jederseits mit 2–5, (selten bis 9) pfriemlichen Zähnen. **St.**: Wiesen, Wälder, Ödland. **Vb**: Ganz Europa, häufig. **Bl**: Juni bis August.

Fluß-Ampfer *(Rumex hydrolapathum)*

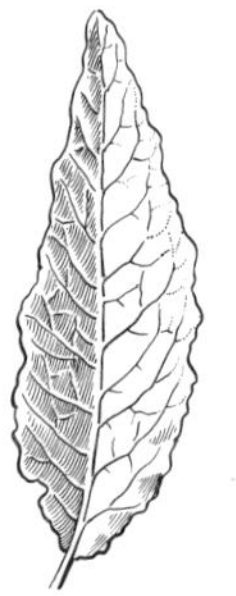

M: Mehrjährige, kräftige und sehr große, bis 250 cm hohe Pflanze, daher auch *Hoher Ampfer* genannt. Länglich-elliptische, an beiden Seiten zugespitzte Grundblätter bis 100 cm lang. 4–5mal so lang wie breit. Stengel verzweigt, Äste mehr oder weniger aufrecht. Blütenstand stark verzweigt, dicht, im oberen Teil blattlos. Innere Blütenhüllblätter dreieckig. **St**: Sümpfe, Ufer, Gräben. **Vb**: Fast ganz Europa. **Bl**: Juli bis August.

Kleiner Ampfer *(Rumex acetosella)*

Kleiner Ampfer

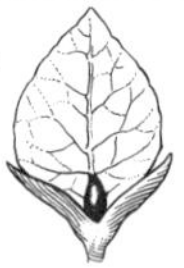

Großer Ampfer

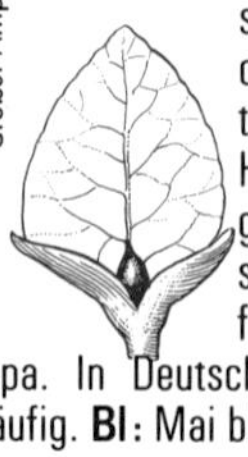

M: Mehrjährige, 10–30 cm hohe Pflanze. Lanzettliche bis linealische Blätter mit oder ohne nach auswärts gerichteten Spießecken; säuerlich schmeckend. Eingeschlechtliche Blüten in schlanker Blütenrispe. **St**: Triften, Wege, Heiden, trockene Wiesen, Magerrasen, Äcker, vor allem auf sandigen und nur auf kalkfreien Böden. **Vb**: Ganz Europa. In Deutschland verbreitet und überall häufig. **Bl**: Mai bis Juli. **Allg**: *Schwach giftig.*

Großer Ampfer *(Rumex acetosa)*

Merkmale: Mehrjährige, 30–100 cm hohe Pflanze. Langgestielte Grundblätter eiförmig-länglich, obere Blätter sitzend, säuerlich schmeckend. Kleine, eingeschlechtliche Blüten in lockeren, schlanken Rispen. Äußere 3 Blütenblätter zur Fruchtzeit zurückgeschlagen.
Standort: Wiesen, Wegränder, Weiden, auf nährstoff- und stickstoffreichen Böden.
Verbreitung: Ganz Europa. In Deutschland überall sehr häufig anzutreffen. Zur Blütezeit bestimmt in erster Linie er die Farbe der Wiesen. **Blütezeit**: Mai bis Juni. **Allgemeines**: Blätter werden als Wildgemüse verwendet (Oxalsäure!).

Schlangen-Knöterich *(Polygonum bistorta)*

Merkmale: Mehrjährige, 30–120 cm hohe Pflanze mit dicker, schlangenartiger Grundachse (Name). Obere Stengelblätter sitzend, mit herzförmigem Grund; Grundblätter eirundlich bis länglich. Rötlichweiße Blüten in dichter, walzenförmiger, 3–5 cm langer Scheinähre; erblühen von unten nach oben. **Standort**: Feuchte Wiesen, Hochstaudenfluren, Flachmoore. **Verbreitung**: Mitteleuropa. **Blütezeit**: Mai bis Juli.

Floh-Knöterich *(Polygonum persicaria)*

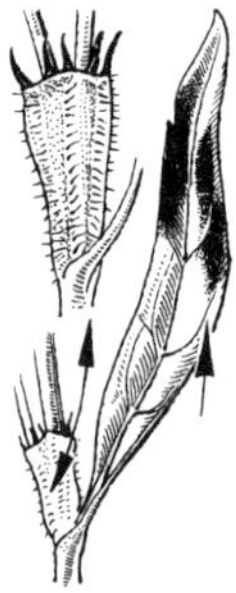

M: Einjährig, 10–80 cm hoch, rötlicher Stengel wenig verzweigt. Lanzettliche, zugespitzte Blätter unterseits auf den Nerven und am Rand angedrückt behaart, auf der Oberseite oft schwarz gefleckt. Eng anliegende Blattscheiden am oberen Rand lang gewimpert. Rosa bis purpurrote Blüten in etwa 2 cm langen Scheinähren. **St**: Schutt, Äcker, Schlamm. **Vb**: Ganz Europa. **Bl**: Juli bis September. **Allg**: *Schwach giftig.*

Vogel-Knöterich *(Polygonum aviculare)*

Merkmale: Einjährige, formenreiche Pflanze mit niederliegenden, dunkel gestreiften, bis 50 cm langen Stengeln, an den Enden auch aufgerichtet. Blätter elliptisch-lanzettlich. Grünliche Blüten mit weißem oder rotem Rand, zu 1–5 in den Blattachseln. **Standort**: Schuttplätze, Wegränder, Äcker, sogar zwischen Pflastersteinen wachsend. **Verbreitung**: Ganz Europa. In Deutschland überall sehr häufig. **Blütezeit**: Mai bis September. **Allgemeines**: Alte Heilpflanze; dient gegen Husten und Lungenleiden.

Wasser-Knöterich *(Polygonum amphibium)*

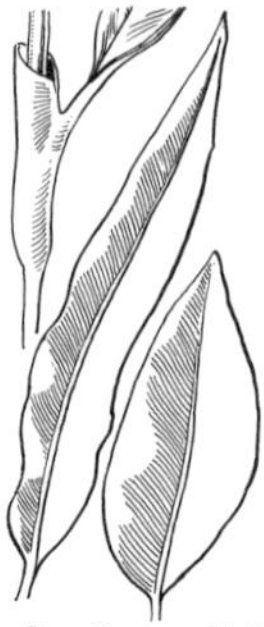

M: Mehrjährige Pflanze mit kriechendem, ästigem Wurzelstock. Wächst aufrecht als Landform und flutend als Wasserform. Blätter der Landform lanzettlich und behaart, kurz gestielt; die der Wasserform länglich-eiförmig, kahl und bis 10 cm lang gestielt. Rosa Blüten in dicht gedrungenen Scheinähren. **St**: Stehende oder langsam fließende Gewässer, Naßwiesen, Röhricht, kiesige Ufer. **Vb**: Fast ganz Europa. **Bl**: Juni bis September.

Wasserpfeffer *(Polygonum hydropiper)*

M: Einjährige, meist aufrechte Pflanze mit ästigem Stengel. Breit-lanzettliche Blätter nach beiden Enden verschmälert. Unscheinbare grünlichrötliche Blüten in schmalen, oft gebogenen oder überhängenden Scheinähren, Blattscheide ungleich lang gewimpert, Blütenhülle drüsig punktiert. **St**: Feuchte Wiesen, Gräben, Ufer. **Vb**: Fast ganz Europa. **Bl**: Juli bis September.
Allg: *Schwach giftig.*

Winden-Knöterich *(Polygonum convolvulus)*

M: Einjährige Pflanze mit kantig gefurchtem, hin- und hergebogenem oder windendem, bis 100 cm langem Stengel. Herz- oder pfeilförmige Blätter mit dreieckigen, zugespitzten Lappen. Die grünlichen Blüten können in wenigblütigen, ährenartigen Blütenständen angeordnet sein, aber auch zu 1–5 in den Blattachseln stehen. Blütenhülle dicht drüsig. **St**: Schuttplätze, Äcker, Gärten, Gebüsch, Stoppelfelder, Ödland. **Vb**: Ganz Europa. In Deutschland verbreitet und meist häufig. **Bl**: Juli bis Oktober. □

Bastard-Gänsefuß
(Chenopodium hybridum)

M: Einjährige, 30–70 cm hohe, kahle Pflanze. Blätter leicht herzförmig oder dreieckkig, buchtig oder eckig gezähnt mit großen Zähnen, nicht mehlig bestäubt. Blüten in blattlosen Knäueln, bilden end- oder achselständige Ähren oder Trugdolden. Pflanze unangenehm riechend. **St:** Schuttplätze, Gärten, Ödland. **Vb:** Fast ganz Europa. In Deutschland verbreitet, teilweise selten oder ganz fehlend.
Bl: Mai bis August.

Weißer Gänsefuß *(Chenopodium album)*

M: Formenreiche, einjährige Pflanze mit einer sehr unterschiedlichen Höhe von 5–200 cm. Helle, blaugrüne Blätter vielgestaltig, rautenförmig bis lanzettlich oder breit dreilappig, buchtig oder gelappt gezähnt. Blüten weißlichgrün, Blütenhülle meist stark mehlig überlaufen. Blütenknäuel in end- oder achselständigen, pyramidenförmigen Scheinähren. **St:** Schuttplätze, Äcker, Gärten, Ufer, gern auf stickstoffreichen Böden. **Vb:** Ganz Europa. **Bl:** Juli bis September.

Vielsamiger Gänsefuß
(Chenopodium polyspermum)

M: Einjährig, mit 4kantigem Stengel, aufsteigend oder aufrecht, teilweise auch niederliegend und gelegentlich rötlich überlaufen, 15–60 cm hoch. Dünne, gestielte Blätter eiförmig-länglich, 2–5 cm lang, ganzrandig. Die Blütenknäuel bilden blattachsel- oder endständige Scheinähren. **St:** Äcker, Wegränder, Gärten, Weinberge, Flußufer. **Vb:** Fast ganz Europa. **Bl:** Aug. bis September.

Graugrüner Gänsefuß
(Chenopodium glaucum)

M: Einjährige, 10–50 cm hohe, zuweilen blutrot überlaufene Pflanze. Länglich-eiförmige, buchtig gelappte oder entfernt buchtig gezähnte Blätter oberseits dunkelgrün, unterseits dicht bestäubt, bläulichgrau. Blüten in nur am Grund beblätterten, dichten Scheinähren, nicht mehlig bestäubt. **St:** Schuttplätze, Dorfstraßen, auf sandigen, stickstoff- und salzhaltigen Böden. **Vb:** In fast allen Teilen Europas. In Deutschland überwiegend zerstreut, in manchen Gebieten wie Flußtälern häufiger, in höheren Lagen dagegen selten oder ganz fehlend.
Bl: Juli bis Oktober.

Guter Heinrich
(Chenopodium bonus-henricus)

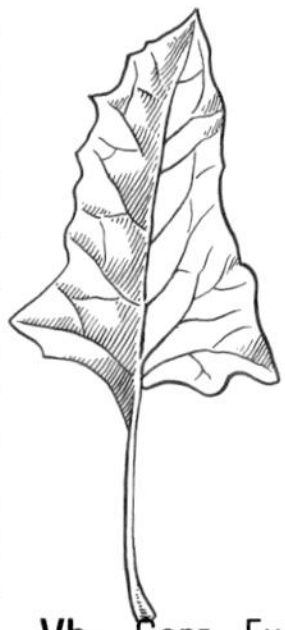

M: Mehrjährige, 15–60 cm hohe Pflanze, kräftig, mehlig bestäubt, leicht klebrig. Grüne, dreieckige, spießförmige Blätter am Rand wellig, bis 10 cm lang. Zusammengesetzter, ährenförmiger Blütenstand an Haupt- und Seitenzweigen. Blütenknäuel in endständigen, nur am Grund beblätterten Rispen. **St:** Schuttplätze, Dorfstraßen, Zäune. Stickstoffzeiger. **Vb:** Ganz Europa. **Bl:** April bis Oktober.

Spießblättrige Melde *(Atriplex hastata)*

M: 30–90 cm hohe, einjährige Pflanze, vielgestaltig, niederliegend oder aufrecht. 10 cm lange Blätter, dreieckig, spießförmig, ganzrandig oder gezähnt; die Grundblätter größer als die oberen Stengelblätter, die spießförmig, aber lanzettlich sind. Blüten in Knäueln, insgesamt eine zusammengesetzte Ährenrispe bildend. **St:** Schuttplätze, Wege, Zäune, Ödland, Meeresstrand. **Vb:** Fast ganz Europa. **Bl:** Juni bis September.

Gemeine Melde *(Atriplex patula)*

M: Einjährig, 30–100 cm hoch. Wenig gezähnte Blätter; die unteren gestielten mehr länglich mit keilförmigem Grund, die oberen sitzenden mehr länglich bis lanzettlich. In meist aufrechten Scheinähren angeordnete Blüten, die männlichen mit 5 Hüll- und 5 Staubblättern, die weiblichen ohne Hüllblätter, mit 2 eirautenförmigen Vorblättern. **St**: Kultur- und Ödland, Schutt, Äkker. **Vb**: Ganz Europa. **Bl**: Juli bis Oktober. □

Zurückgekrümmter Fuchsschwanz *(Amaranthus retroflexus)*

M: Einjährige, dicht kraushaarige, 10–80 cm hohe Pflanze. Gefurchter Stengel mit langgestielten, eirundlichen bis rautenförmigen Blättern. Unscheinbare, grünliche Blüten bilden eine auffällige, dichte, kegelförmige Blütenrispe, die am Grund reich verzweigt ist. Blüten eingeschlechtlich. **St**: Kulturland, Äcker, Schuttplätze, Wegränder. **Vb**: Süd- und Mitteleuropa. **Bl**: Juni bis September. □

Bach-Quellkraut *(Montia fontana)*

M: Mehrjährige, formenreiche Pflanze, 10–30 cm hoch. Stengel niederliegend, aufsteigend, aufrecht oder im Wasser flutend. Gegenständige, längliche bis spatelförmige Blätter 0,5 bis 2,5 cm lang. Unscheinbare, winzige, weiße Blüten einzeln oder zu wenigen doldenartig zusammenstehend. **St**: Bäche, Gräben, Ufer, Quellfluren, feuchte Äcker, auf kalkfreien Böden. **Vb**: Fast ganz Europa. **Bl**: Juni bis August. □

Kahles Bruchkraut *(Herniaria glabra)*

M: Einjährige, oft polsterbildende, bis 20 cm hohe Pflanze mit niederliegenden oder aufsteigenden Stengeln. Kahle, kleine Blätter eiförmig-elliptisch, am Grunde verschmälert, fünf sitzen gegenständig mit häutigen Nebenblättern am Stengel. Grünliche Blüten in blattachselständigen Knäueln, nur 1 mm messend. **St**: Schuttplätze, Dämme, Heiden, Triften. **Vb**: Fast ganz Europa. **Bl**: Juli bis September.

Quirlige Knorpelblume *(Illecebrum verticillatum)*

M: Einjährige Pflanze mit niederliegenden Stengeln, die an den Knoten wurzeln. Kahle Blätter nur 2–5 mm groß. Weiße Blüten zu 4–6 in blattwinkelständigen, knäueligen Wickeln. Kelchblätter verdickt, mit einer Grannenspitze. **St**: Äcker, Wege. **Vb**: West- und Mitteleuropa. In Deutschland zerstreut bis selten, in Bayern ganz fehlend; gefährdet. **Bl**: Juli bis September.

Roter Spärkling *(Spergularia rubra)*

Merkmale: Einjährige, rasenbildende Pflanze mit aufsteigenden, bis 30 cm langen Stengeln. Linealische Blätter 0,5–2,5 cm lang, stachelspitz (zumindest die oberen), verlängerte Nebenblätter silberweiß glänzend, weißhäutig. Rosenrote Blüten nur 5 mm groß. Fein runzelige Samen nicht geflügelt und nicht bestachelt. (Heißt auch *Rote Schuppenmiere*.)
Standort: Wegränder, Äcker, gern auf sandigen Böden.
Verbreitung: Fast ganz Europa. In Deutschland verbreitet bis zerstreut, in höheren Lagen zunehmend seltener, in den Alpen fehlend.
Blütezeit: Mai bis September.

Fuchs-
schwanzgew.

Portulak-
gewächse

Nelken-
gewächse

Knotiges Mastkraut *(Sagina nodosa)*

M: Mehrjährig, 5–15 cm hoch mit niederliegenden bis aufsteigenden Stengeln. Blätter linealisch, die oberen deutlich kürzer als die unteren. Blüten zu 1–3 am Stengel, end- oder blattachselständig. Kronblätter doppelt oder gar 3mal so lang wie die Kelchblätter. **St:** Sumpfwiesen, Heiden, kalkreiche Tonböden. **Vb:** Fast ganz Europa. Im Norden Deutschlands verbreitet, sonst zerstreut bis selten. **Bl:** Juni bis August.

Niederliegendes Mastkraut
(Sagina procumbens)

M: Mehrjährige, rasenbildende Pflanze, an den Knoten wurzelnd. Niederliegende, fadendünne Stengel zwischen 5 und 15 cm lang. Zentrale Blattrosette mit linealischen, bis 12 mm langen Blättern. Blüten 5 mm breit mit 4 breit-eiförmigen Kelchblättern und sehr kleinen oder fehlenden Kronblättern. **St:** Feuchte Böden. **Vb:** Süd- und Mitteleuropa. **Bl:** Mai bis September.

Quendelblättriges Sandkraut
(Arenaria serpyllifolia)

M: Einjährig, manchmal auch zweijährig, buschig, klein, graugrün, mit aufsteigenden oder aufrechten, verzweigten Stengeln, 5–25 cm hoch. Eiförmige, spitze Blätter nicht über 1 cm lang, am Rand gewimpert, die untersten gestielt, die oberen sitzend. Weiße Blüten bis 8 mm im Durchmesser, Trugdolde. **St:** Trockenrasen, Äcker. **Vb:** Fast ganz Europa. **Bl:** Mai bis September.

Pfriemen-Mastkraut *(Sagina subulata)*

Merkmale: Mehrjährige, dichtrasig wachsende Pflanze mit pfriemlichen Blättern, die drüsig bewimpert sind und eine 0,15 cm lange Stachelspitze aufweisen (wegen der Blattform auch *Pfriemblättriges Mastkraut* genannt). Kleine Blüten mit rundlichen, weißen Kronblättern. Kelch oft drüsig, wenig kürzer als die Kapsel.
Standort: Wiesen, Ufer, feuchte Sandfelder.
Verbreitung: In weiten Teilen Europas. In Deutschland nur sehr zerstreut bis selten; stark gefährdet. **Blütezeit:** Juni bis August.
Allgemeines: In Rasen- und Steingärten als *Sternmoos* angepflanzt.

Ausdauernder Knäuel
(Scleranthus perennis)

M: Mehrjährige, 5–15 cm hohe Pflanze mit aufsteigenden, verzweigten Stengeln. Blaugrüne Blätter linealpfriemlich. Kleine, grüne Blüten in dichten Knäueln. Abgerundete, stumpfe Zipfel der Blütenhülle zur Fruchtzeit zusammenneigend, beim *Einjährigen Knäuel* auseinandergespreizt. **St:** Sonnige Hügel, kalkfreie Felsen, Sandböden. **Vb:** Mittel- u. Südeuropa. **Bl:** Mai bis Sept.

Dreinervige Nabelmiere
(Moehringia trinervia)

M: Einjährig, bis zu 40 cm hoch, reich verzweigt. Eiförmige, kurz gestielte Blätter mit behaartem Rand; sie sind nicht immer dreinervig, sondern oft auch fünfnervig, ihre Länge beträgt 0,5 bis über 2 cm. Kleine, weiße Blüten mit 5 Kron- und 10 Staubblättern; hautrandige, gewimperte Kelchblätter. **St:** Laub- und Nadelwälder, Gebüsch. **Vb:** Fast ganz Europa. **Bl:** Mai bis Juli.

Aufrechte Weißmiere *(Moenchia erecta)*

Merkmale: Einjährig, 3–10 cm hoch. Schmal-lanzettliche Blätter bis höchstens 1,3 cm lang. Büten 4zählig.
Standort: Triften, Äcker, Brachland, gern an warmen, sonnigen Stellen, auf trockenen, auch etwas steinigen Böden.
Verbreitung: Weit verbreitet im südlichen Mitteleuropa sowie in Südeuropa, im nördlichen Teil Mitteleuropas zunehmend seltener. In Deutschland nur noch sehr zerstreut im südlichen und mittleren Gebiet, im Norden nahezu ganz fehlend, insgesamt äußerst selten; vom Aussterben bedroht.
Blütezeit: April bis Mai.

Vogel-Sternmiere *(Stellaria media)*

M: Einjährige, formenreiche Pflanze mit niederliegenden, 15–30 cm langen, runden Stengeln, die in nur einer Reihe behaart sind; rasenbildend. Eiförmig, spitze Blätter gegenständig, die unteren gestielt, die oberen sitzend. Gabel- oder endständige Blüten weiß; Kronblätter tief zweiteilig, nicht länger als der Kelch, oft auch fehlend. **St**: Schuttplätze, Äcker, Gärten, Weinberge. **Vb**: Ganz Europa. **Bl**: März bis Oktober.

Hain-Sternmiere *(Stellaria nemorum)*

M: Mehrjährige, 20–50 cm hohe, ausläufertreibende Pflanze. Oberwärts ringsum behaarte Stengel stielrund, zerbrechlich. Herz-eiförmige Blätter am Rand gewimpert, die unteren und meist auch die mittleren gestielt. Weiße Blüten mit fast bis zum Grund zweiteiligen Kronblättern. 3 Griffel, 10 Staubblätter. **St**: Feuchte, krautreiche Laub- und Mischwälder. **Vb**: Fast ganz Europa. **Bl**: Mai bis September.

Große Sternmiere *(Stellaria holostea)*

Merkmale: Mehrjährige, 10–30 cm hohe Pflanze. Stengel 4kantig, mit sitzenden, lineal-lanzettlichen, 3–8 cm langen Blättern. Blüten weiß, bis zur Mitte gespaltene Kronblätter ungefähr doppelt so lang wie der Kelch.
Standort: Laub- und Mischwälder, seltener Nadelwälder, Gebüsch, gern auf etwas sandigen und lehmigen Böden.
Verbreitung: Fast ganz Europa.
Blütezeit: April bis Juni.

Gras-Sternmiere *(Stellaria graminea)*

M: Zierliche, mehrjährige, 10–50 cm hohe Pflanze mit glatten, schlaffen, aufsteigenden Stengeln. Nach oben hin stärker verzweigt als die ähnliche *Sumpf-Sternmiere*. Lineal-lanzettliche Blätter sitzend. Kronblätter weiß, fast bis zum Grund gespalten, etwa so lang wie die dreinervigen Kelchblätter. Trockenhäutige Hochblätter am Rand gewimpert. **St**: Wiesen, Gebüsch, Waldränder. **Vb**: Ganz Europa. **Bl**: Mai bis Juli.

Sumpf-Sternmiere *(Stellaria palustris)*

Gras-Sternmiere

Sumpf-Sternmiere

M: Mehrjährige, bis 60 cm hohe Pflanze mit aufrechten, wenig verzweigten Stengeln. Schmal-lanzettliche, sitzende Blätter meergrün. Blüten deutlich kleiner als die der ähnlichen *Großen Sternmiere*; weiße Kronblätter meist bis zum Grund geteilt, doppelt so lang wie die Kelchblätter. Trockenhäutige Tragblätter am Rand kahl. **St**: Feuchtwiesen, Flachmoore, Gräben. **Vb**: Nord- und Mitteleuropa. **Bl**: Mai bis Juli.

Gemeiner Wasserdarm
(Myosoton aquaticum)

Merkmale: Ein- bis mehrjährige, 20–60 cm, manchmal auch über 100 cm hohe Pflanze mit zerbrechlichen, schlaffen, oberwärts drüsigflaumigen Stengeln. Diese niederliegend, aufsteigend oder auch kletternd, häufig an den Knoten wurzelnd. Blätter eiförmig-lanzettlich und spitz, mit herzförmigem Grund, sitzend, nur die Grundblätter und die der nichtblühenden Stengel gestielt. Weiße Kronblätter fast bis zum Grund geteilt, länger als die stumpfen Kelchblätter. 5 Griffel im Gegensatz zur ähnlichen *Hain-Sternmiere.* Fruchtknoten 5blättrig. (Auch *Wassermiere* genannt.)
Standort: Gräben, Ufer, Auwälder.
Verbreitung: Fast ganz Europa. In Deutschland verbreitet, manchmal häufig, in höheren Lagen seltener.
Blütezeit: Juni bis September.

Acker-Hornkraut *(Cerastium arvense)*

Merkmale: Lockerrasige, kräftige, mehrjährige Pflanze, an den Knoten wurzelnd mit aufrechten, 15–30 cm hohen Stengeln. Viel kürzer als die wenige Blüten tragenden Stengel bleiben die sterilen, aufrechten oder aufsteigenden Sprosse; Blütenstiele und Kelch mit Drüsenhaaren. Grüne, meist flaumig behaarte, länglich-lanzettliche Blätter gut von denen des *Gewöhnlichen Hornkrauts* zu unterscheiden; in den Achseln manchmal ganze Blattbüschel. Hochblätter schmal hautrandig. Weiße Kronblätter bis 1,5, mitunter bis 2 cm lang.
Standort: Wegränder, Feldraine, Äcker, Dämme, trockene Wiesen, Dünen, Mauern.
Verbreitung: In fast allen Teilen Europas. In Deutschland oft häufig.
Blütezeit: April bis September.

Gewöhnliches Hornkraut
(Cerastium vulgatum)

Merkmale: Dicht abstehend behaarte, mehrjährige Pflanze mit kurzen, kriechenden sterilen Trieben, die beblättert sind, aber keine Blüten tragen. Zahlreiche aufrechte Stengel, zwischen 10 und 40 cm lang. Dunkle, graugrüne Blätter bis 3 cm, länglich-eiförmig, oval oder verkehrt-eiförmig, dicht weiß behaart. Kleine Blüten im Durchmesser 8 mm, weiße Kronblätter zweilappig, etwa so lang wie die hautrandigen Kelchblätter. Pflanze sehr formenreich, je nach Standort; in Gebirgsregionen insgesamt kleiner, stärker behaart, aber mit größeren Blüten.
Standort: Wegränder, Äcker, Wiesen, Weiden, Ödland, Kies und Sanddünen, gern auf mäßig feuchtem Untergrund, bis 2500 m.
Verbreitung: In ganz Europa weit verbreitet und sehr häufig.
Blütezeit: März bis Juni, z.T. bis November.
Allgemeines: Neben *Gewöhnlichem* und *Akker-Hornkraut* findet man bei uns häufig auch das *Sand-Hornkraut,* dessen aufrechte oder niederliegende Stengel reichdrüsig sind.

Mauer-Gipskraut *(Gypsophila muralis)*

Merkmale: Unscheinbare, einjährige Pflanze, 5–15 cm hoch, bisweilen auch über 20 cm. Aufrechter Stengel vom Grund an ästig verzweigt mit kleinen, nur 0,5 bis 2,5 cm langen, blaugrünen linealischen Blättern. Blüten in endständigen, lockeren Blütenständen stehend normalerweise rosafarben mit dunkleren Nerven auf den ausgerandeten Kronblättern, manchmal auch rot oder weiß. Kronblätter ungeteilt, 0,3 bis 0,5 cm lang, doppelt so lang wie der Kelch.
Standort: Sandige Äcker, feuchte Fahrrinnen, Heideböden, Gräben, Teichböden.
Verbreitung: Fast ganz Europa. In Deutschland zerstreut bis selten; gefährdet.
Blütezeit: Juni bis Oktober.
Allgemeines: Von den 28 *Gipskraut*-Arten kommen nur 4 in Deutschland vor.

Gemeines Seifenkraut
(Saponaria officinalis)

M: Mehrjährig, kräftig, mit kriechendem Wurzelstock und aufrechten, 30–70 oder gar 90 cm hohen Blütenstengeln, fein flaumig behaart. Dreinervige Blätter, breit-elliptisch bis länglich, 5–10 cm lang. Große 2,5–3 cm breite Blüten. Die Kronblätter können rosa, aber auch weiß sein. **St**: Flußauen, Bachtäler, Kiesbänke, Ufer, Wegränder. **Vb**: Süd- und Mitteleuropa. **Bl**: Juni–September.

Beeren-Taubenkropf *(Cucubalus baccifer)*

M: Mehrjährige, dicht kurzflaumige Pflanze mit reich verzweigten, zerbrechlichen Stengeln, bis 200 cm lang. Hellgrüne Blätter eiförmig bis länglich, zugespitzt. Grünlichweiße Blüten in Trugdolden; Kelch später kropfartig aufgeblasen. Beerenartige Frucht anfänglich rot, später schwarz. **St**: Flußtäler, Wälder, Hecken, in Ufernähe. **Vb**: Mittel- und Südeuropa. In Deutschland selten; gefährdet. **Bl**: Juli bis September.

Gemeine Pechnelke *(Viscaria vulgaris)*

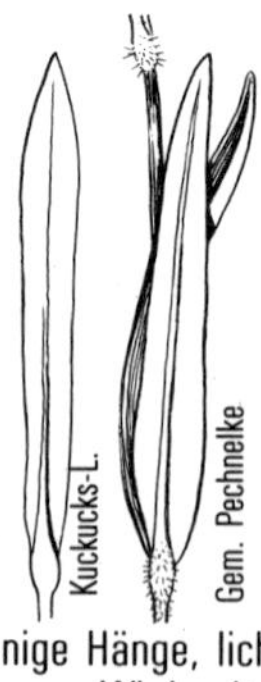

M: Mehrjährig, 30–60 cm, selten bis 90 cm hoch. Kahle, dunkelgrüne Blätter schmallanzettlich, am Grund in einer Rosette stehend. Stengel bräunlich mit starkem Leimüberzug. Die auffallenden leuchtendpurpurroten Blüten stehen endständig in einer dichten Rispe. Kahler, 10rippiger Kelch, bis 1,5 cm lang. **St**: Heiden, Magerrasen, sonnige Hänge, lichte Wälder. **Vb**: Fast ganz Europa. Wird selten. **Bl**: Mai bis Juli.

Saat-Kuhkraut *(Vaccaria pyramidata)*

Merkmale: Mehrjährige, kahle, aufrechte Pflanze, 30–60 cm hoch. Blaugrüne, lanzettliche, spitze Blätter etwa 5 cm lang. Blüten in reich verzweigten, lockeren, zweigabeligen Trugdolden. Rosarote Kronblätter ungeteilt, zuweilen gezähnelt. Aufgeblasener, 1,2–1,5 cm großer Kelch auffällig geflügelt. Häutige Tragblätter mit grünem Mittelnerv.
Standort: Getreidefelder, Schuttplätze, Wegränder, Ödland.
Verbreitung: Mittel- und Südeuropa, fehlt auf den Britischen Inseln. In Deutschland zerstreut bis selten, in höheren Lagen fehlend.
Blütezeit: Ende Mai bis Anfang Juli.

Kuckucks-Lichtnelke *(Lychnis flos-cuculi)*

M: Mehrjährige, verzweigte, 30–80 cm hohe Pflanze. Spatelförmige, gestielte Grundblätter oft am Rand gewimpert, Stengelblätter nach oben zu linealisch-lanzettlich. Bis 4 cm breite Blüten sehr auffällig, vor allem wegen der tief 4spaltigen Kronblätter mit ihren linaelischen Zipfeln. Rötlich gefärbter Kelch mit 10 Längsadern. **St**: Feuchte Wiesen, Sümpfe, Moore. **Vb**: Ganz Europa. Im Süden selten. **Bl**: Mai bis August.

Korn-Rade *(Agrostemma githago)*

M: 30–100 cm hohe, einjährige Pflanze, zottig behaart. Gegenständige Blätter linealisch spitz. Aufrechter Stengel nach oben zu gabelig verzweigt. Langgestielte Blüten stehen einzeln, Kronblätter trübpurpurn, zum Grund hin weißlich gestreift, werden von den Kelchzipfeln überragt. Kelch mit 10 Rippen. Blüte bis zu 5 cm im Durchmesser. **St**: Getreideäcker. **Vb**: Ganz Europa. Stark gefährdet. **Bl**: Juni bis September. **Allg**: *Giftig.*

Heide-Nelke *(Dianthus deltoides)*

Merkmale: Mehrjährige, lokkerrasig wachsende Pflanze mit kurzhaarigen, reich verzweigten Stengeln, wobei jeder Zweig eine Blüte trägt; 15–30 cm, selten über 40 cm hoch. Stumpfe Grundblätter länglich oder spatelförmig, sonst lineal-lanzettlich, am Rand rauh. Blüten bis 18 mm breit, meist einzeln und langgestielt, seltener zu zweit oder in lockeren Blütenständen auf kürzeren Stielen. Purpurrote gezähnte Kronblätter mit weißen Punkten und dunklem Ring. Außenkelch aus 2 eiförmigen, lang zugespitzen, schuppenförmigen Blättern mit grannenartiger Spitze, halb so lang wie der Kelch.
Standort: Trockene Wiesen, Heiden, magere Rasen, Kiefernwälder und Waldränder.
Verbreitung: Fast ganz Europa, im Süden auf Gebirge beschränkt. In Deutschland zerstreut bis selten. **Blütezeit:** Juni bis September.

Pfingst-Nelke *(Dianthus gratianopolitanus)*

Merkmale: Dichtrasig wachsende oder polsterbildende, mehrjährige Pflanze. Linealische Blätter blaugrün, kahl. Stengel in der Regel einblütig. Blüte 1,5–3 cm, rosa bis hellrot, Kronblätter gezähnt und am Schlund behaart. Kelch mit 4–5 zugespitzten, schuppenartigen Außenkelchblättern (AKeSch).
Standort: Felsige Trockenrasen, Steppenheiden, trockene Felsspalten, Hügel, Kiefernwälder. Bis 2200 m Höhe.
Verbreitung: Nur Mitteleuropa, in den Alpen ganz fehlend. In Deutschland zerstreut, wie überall selten; potentiell gefährdet. (Auch aus Gärten verwildert und eingebürgert.)
Blütezeit: Mai bis Juni, Anfang Juli.
Vermehrung: Durch Samen. Lockt mit ihrer Blütenfarbe und dem wohlriechenden Duft vor allem Tagfalter an.

Karthäuser-Nelke
(Dianthus carthusianorum)

Merkmale: Mehrjährige, sehr variable, bis 50 cm hohe Pflanze. Blätter am Grund scheidig verwachsen (Blattscheide etwa 1,5 cm lang), schmal-lanzettlich, derb, 2–3 mm breit. Kahler, aufrechter Stengel, nach oben zu 4kantig. 3–8 endständige karminrote, sehr selten auch weiße Blüten, umgeben von braunen, schuppenartigen Hoclblättern. Kronblätter eiförmig-gezähnt, Kelch bis 2 cm lang. Blüten 2 bis 3 cm lang.
Standort: Trockene Rasen und Wiesen, sandige und sonnige Wälder und Waldränder, Felsen. Bis in Höhen von 2500 Meter.
Verbreitung: Mitteleuropa, im Westen bis Frankreich, im Süden bis Nordspanien, Norditalien und Österreich. Fehlt im Nordwesten Deutschlands, sonst verbreitet.
Blütezeit: Juni bis August oder September.

Pracht-Nelke *(Dianthus superbus)*

Merkmale: Aufrechte, mehrjährige Pflanze von 30–60 cm Höhe. Glatter Stengel nach oben zu wenig verzweigt, zwei- oder vielblütig. Grasgrüne Blätter lineal-lanzettlich, die unteren stumpf. Prächtige, rosa oder lilafarbene Blüten bis 6 cm breit, kurze Außenkelchschuppen (¼–⅓ der Kelchlänge). Kronblätter bis über die Mitte unregelmäßig geschlitzt; angenehmer, starker Duft.
Standort: Als Ausnahme unter allen anderen Arten der Gattung mehr auf feuchten und sauren Böden, auch im Flachmoor, im Gebirge bis 2400 Meter hochsteigend.
Verbreitung: Ganz Mitteleuropa, im Norden bis Dänemark und der Südspitze Schwedens, im Süden bis Nordspanien und Norditalien sowie Südjugoslawien. In Deutschland zerstreut, im Nordwesten fehlend oder selten; gefährdet.
Blütezeit: Juni bis September.

Nickendes Leimkraut *(Silene nutans)*

Merkmale: Mehrjährige, aufrechte und unverzweigte Pflanze mit 30–60 cm hohem Stengel, meistens behaart, besonders unten, und nach oben zu klebrig. Langgestielte Grundblätter linealisch-spatelförmig, obere Stengelblätter lanzettlich. Weiße oder rosa Blüten mit tief zweilappigen Kronblättern, nickend (Name), angeordnet in einer rispigen, vor dem Blühen einseitig überhängenden Trugdolde, öffnen sich erst nachts oder frühestens am Abend. Nebenkrone bis 0,3 cm lang.
Standort: Magerrasen, sonnige Hügel, lichte Wälder (vor allem Eiche) und Waldränder, Felsen, sandige Plätze, gern auf Kalk.
Verbreitung: In den meisten Teilen Europas. In Deutschland verbreitet, nur im Nordwesten selten. In den Alpen bis etwa 2000 Meter hoch. **Blütezeit:** Juni bis August.
Vermehrung: Wird von Nachtfaltern bestäubt.

Taubenkropf-Leimkraut *(Silene vulgaris)*

Merkmale: Mehrjährige Pflanze mit wenigen oder einzeln aufsteigenden oder aufrechten, 20–50 cm hohen Stengeln. Kahle, blaugrüne Blätter mir sehr unterschiedlicher, von eiförmig bis lanzettlicher Form. Blüte mit weißlich- bis rosafarbenen, vorn tief eingeschnittenen Kronblättern, auffallend der aufgeblasene Kelch. Er ähnelt einem Krug, weist 20 grünliche oder rötliche Nerven auf, die sich durch Queradern untereinander netzartig verbinden.
Standort: Trockene Wiesen, Magerrasen, Felsen, Böschungen, Wegränder, Hügel, Triften.
Verbreitung: In ganz Europa heimisch und teilweise recht häufig. Im Gebirge bis in 3000 Meter Höhe. In Deutschland verbreitet.
Blütezeit: Mai bis September.
Vermehrung: Die stark duftenden Blüten lokken bestäubende Bienen und Nachtfalter an.

Weiße Nachtnelke *(Melandrium album)*

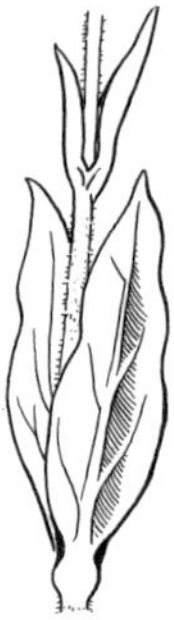

Merkmale: Ein- oder zweijährige, bis 100 cm hohe, kräftige Pflanze, oberwärts oft klebrig-drüsig. Blätter eiförmig oder breit-lanzettlich. 2–3 cm breite Blüten eingeschlechtlich, männliche Blüten nur mit Staubgefäßen und einem kürzeren, 10nervigen Kelch, weibliche nur mit Stempel sowie einem länglichen, 20nervigen Kelch. Kronblätter der weiblichen Blüten oft kürzer, aber etwas breiter als die der männlichen.
Standort: Gebüsch, Äcker, Wegränder, Hügel, auch bebautes Land und Schuttplätze.
Verbreitung: Überall in Europa häufig.
Blütezeit: Juni bis September.
Vermehrung: Durch Samen. Öffnet die Blüten erst am Nachmittag, in der Dämmerung sind sie weit ausgebreitet (Name). Lockt zusätzlich noch mit schwachem Duft Abend- und Nachtfalter an, die die Blüten bestäuben.

Rote Nachtnelke *(Melandrium rubrum)*

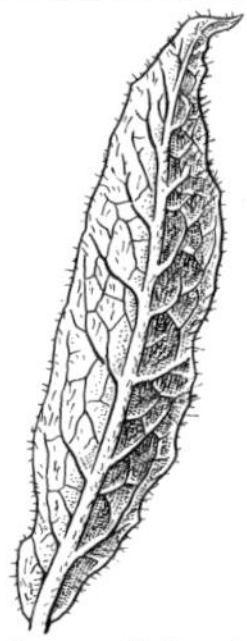

Merkmale: Zwei- bis mehrjährige Pflanze, 30–80 cm hoch, weichbehaart, teilweise drüsig. Blätter eiförmig, spitz. Lockerer Blütenstand gabelig verzweigt, wenigblütig. 5 Kronblätter rot, tief zweigelappt; stark behaarter, aufgeblasener Kelch mit 10 Nerven. Blüten duftlos und eingeschlechtlich.
Standort: Wiesen, Feuchtwiesen, lichte Laubwälder und Waldränder.
Verbreitung: Fast ganz Europa, fehlt nur im äußersten Südosten. In Deutschland häufig.
Blütezeit: April bis September.
Vermehrung: Durch Samen. Da die Blüten am Tage geöffnet sind (daher auch *Taglichtnelke*), werden sie von Tagfaltern bestäubt. Um an den Nektar am Kelchgrund zu gelangen, beißen kurzrüsselige Hummeln einfach ein Loch in die Kelch- und Kronröhrenwand. Sie kommen dann als Bestäuber nicht mehr in Frage. □

Winterlieb *(Chimaphila umbellata)*

Merkmale: Mehrjährige, kriechende Pflanze mit aufsteigenden oder aufrechten, 8–20 cm hohen Stengeln. Ledrige, scharf gesägte Blätter, oberseits dunkelgrün, unterseits hellgrün, lanzettlich bis eiförmig. Blütenstand ist eine Dolde aus 2–7 Blüten mit rosafarbenen, flachglockenförmig ausgebreiteten Kronblättern.
Standort: Misch- und Nadelwälder (Kiefern).
Verbreitung: Hauptsächlich Nord- und Mitteleuropa, fehlt auf den Britischen Inseln. Im Süden bis Italien und Südfrankreich. Fehlt im Nordwesten Deutschlands, kommt sonst nur sehr zerstreut vor; stark gefährdet.
Blütezeit: Juni bis August.

Einblütiges Wintergrün *(Pyrola uniflora)*

M: Mehrjährige, kriechende Pflanze mit grundständiger Blattrosette. Blätter eiförmig-länglich bis rundlich, 1–1,5 cm im Durchmesser. Bis 20 cm hoher Stengel gewöhnlich mit einem einzigen eiförmigen Schuppenblatt und einer bis 2,5 cm großen Einzelblüte. Länger als die Kronblätter ist der gerade Griffel mit deutlich 5lappiger Narbe. **St:** Nadelwälder, selten Laubwälder. **Vb:** In weiten Teilen Europas. **Bl:** Juni bis Juli.

Nickendes Wintergrün *(Pyrola secunda)*

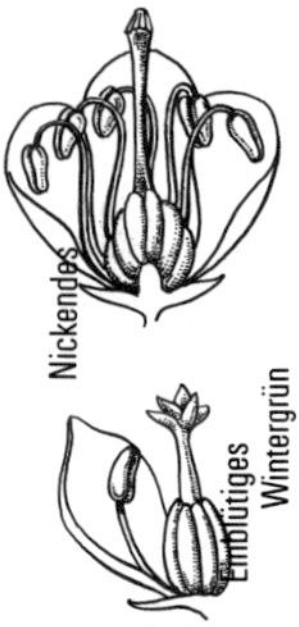

M: Mehrjährige, 15–20 cm hohe Pflanze. Immergrüne Blätter eiförmig bis eilänglich, kleinkerbig gesägt. Grünlichweiße, fast kugelige Blüten in einseitswendiger Traube. Griffel länger als die Kronblätter, Staubblätter innerhalb der Blütenglocke nach auswärts und oben umgebogen. **St:** Humose, lichte Misch- und Nadelwälder. **Vb:** Fast ganz Europa. In Deutschland meist sehr zerstreut, im Nordwesten nur ganz selten. **Bl:** Juni bis Juli.

Kleines Wintergrün *(Pyrola minor)*

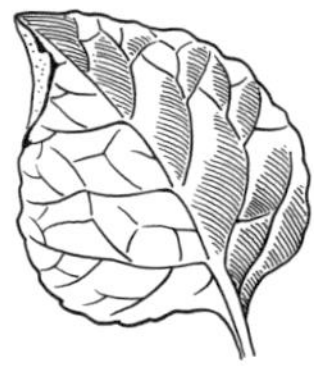

M: 10–20, selten bis 30 cm hohe, mehrjährige, kriechende Pflanze mit blattlosem Blütenstengel. Grundständige Rosettenblätter eiförmig bis eilänglich, 2,5–4 cm lang, hellgrün. Kleine rosa oder weiße Blüten; dreieckige Kelchblätter; nicht aus der Blüte herausragender Griffel und Fruchtknoten gleich lang; Blüten in 4–20blütiger Traube. **St:** Nadel- und Laubwälder. **Vb:** Fast ganz Europa. **Bl:** Juni bis August.

Rundblättriges Wintergrün *(Pyrola rotundifolia)*

M: Mehrjährige, kriechende Pflanze mit einer grundständigen Blattrosette. 2,5–5 cm lange, rundlich-eiförmige Blätter, 15–30 cm hoher Blütenstiel mit 8–15blütiger Traube aus weißen Blüten. Lanzettliche Kelchblätter abstehend, spitz, etwa halb so lang wie die Krone. **St:** Schattige Nadel- und Laubwälder. **Vb:** Mittel- und Nordeuropa. **Bl:** Juli bis August.

Fichtenspargel *(Monotropa hypopytis)*

M: Bis zu 30 cm hohe, mehrjährige, sehr ungewöhnliche Pflanze. Bleichgelber, fleischiger Stengel, dicht mit gelblichen oder weißlichen Schuppenblättern bestanden. Gelblichweiße, später dunkelbraun werdende Blüten glockenförmig, in einer dichten, 8–15blütigen Traube, nickend. **St:** Alle Wälder. **Vb:** Fast ganz Europa, fehlt in manchen Teilen Südeuropas. In Deutschland selten. **Bl:** Juni bis August. □

Stengellose Schlüsselblume
(Primula vulgaris)

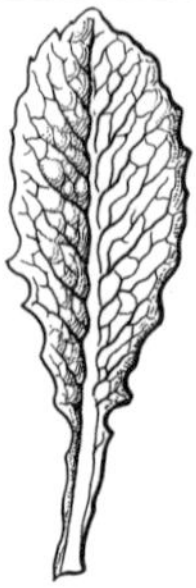

Merkmale: Niedrige, 5–10 cm hohe, mehrjährige Pflanze. Grundständige, oberseits kahle, unterseits behaarte Rosettenblätter verkehrt-eiförmig, verschmälern sich am Grund allmählich, ohne daß man einen deutlichen Blattstiel erkennen könnte. Blütenstandstiel fehlend oder aber sehr kurz, Blüten hellgelb mit 2–3,5 cm breiter Krone auf zottig behaarten, langen Blütenstielen.
Standort: Feuchte, lichte Wälder und Gebüsche, Wiesen, Obstgärten, bis über 1000 m.
Verbreitung: Fast ganz Mittel- und Westeuropa. Fehlt im hohen Norden und weiten Teilen Südeuropas. In Deutschland selten in den nördlichen und südlichen Randgebieten; gefährdet.
Blütezeit: Gewöhnlich von März bis Mai, mitunter jedoch auch im Herbst oder Winter.

Hohe Schlüsselblume *(Primula elatior)*

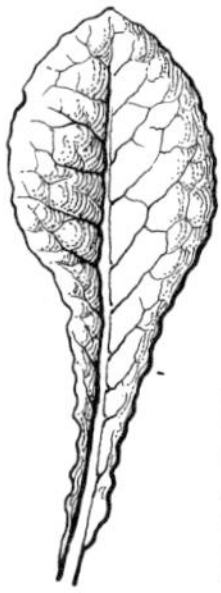

Merkmale: 10–30 cm hohe, mehrjährige Pflanze mit bis 20 cm langen, rosettenartigen Grundblättern, die sich allmählich in den geflügelten Stiel verschmälern. Bis 2 cm lange, schwefelgelbe Blüten mit flach ausgebreitetem Blütenkronsaum, der am Schlund ringförmig dunkler (orange) gefärbt ist, und eng anliegendem Kelch. Nur ganz schwach oder gar nicht duftend.
Standort: Vor allem krautreiche Laub-, Schlucht- und Auenwälder, Gebüsch, Wiesen, besonders Bergwiesen bis 2400 m.
Verbreitung: Fast ganz Europa. Im Süden Deutschlands verbreitet, im Norden selten oder ganz fehlend.
Blütezeit: März bis Mai.
Allgemeines: Auch *Wald-Schlüsselblume* genannt.

Wiesen-Schlüsselblume *(Primula veris)*

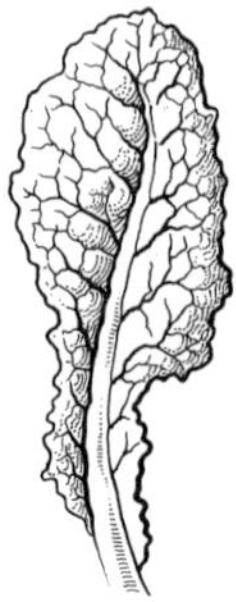

Merkmale: Mehrjährige, 10–30 cm hohe Pflanze. Längliche, bis 15 cm lange, gezähnte Blätter auf der Unterseite kahl oder weich behaart, sich plötzlich in den geflügelten Stiel verschmälernd. Angeordnet in einer grundständigen Rosette. Auf sonst blattlosem Blütenstengel. Goldgelbe, glockige Blüten mit 5 orangeroten Schlundflecken (Saftmale) und intensivem Duft (deshalb Duftende Schlüsselblume), in einseitswendiger, bis zu 20blütiger, hängender Dolde.
Standort: Wiesen, Kalkmagerrasen, lichte Wälder, Waldränder, Gebüsch, bis 1700 m.
Verbreitung: Fast ganz Europa, im Norden bis Mittelschweden, im Süden der Mittelmeerländer weitgehend fehlend. In Nordwestdeutschland selten, im übrigen Gebiet zerstreut bis verbreitet. **Blütezeit:** April bis Mai. **Allg.:** Heißt auch Echte Schlüsselblume.

Mehl-Schlüsselblume *(Primula farinosa)*

Merkmale: Mehrjährige, zierliche Pflanze, bis 15 cm hoch. Spatelförmige, bis 5 cm lange Blätter meist unregelmäßig gezähnt, oberseits dunkelgrün, unterseits mehligweiß (Name), in grundständiger Rosette. 1–1,5 cm breite Blüten rosa oder rotviolett, Kronröhre etwa so lang wie der mehlige Kelch, am Schlund gelb gefärbt, in endständiger, aufrechter Dolde.
Standort: Flachmoore, Quellfluren, sumpfige Wiesen, feuchte, alpine Steinrasen und Matten.
Verbreitung: Kommt in weit voneinander getrennten Gebieten vor; in Schweden, England, Nordosteuropa, den Alpenländern, in den Pyrenäen und wenigen anderen Gebieten Spaniens sowie in Südosteuropa; hauptsächlich in den Gebirgen. In Deutschland verbreitet nur in den Alpen, zerstreut im Vorland bis zur Alb; stark gefährdet. **Blütezeit:** Mai bis Juli.

Wasserfeder *(Hottonia palustris)*

Merkmale: Mehrjährige, 20–50 cm hohe Wasserpflanze. Leicht an ihren Blättern zu erkennen, die in der grundständigen Rosette meistens untergetaucht sind, nur manchmal bis an die Wasseroberfläche kommend. Sie sind hellgrün, kammförmig gefiedert und erinnern an eine Vogelfeder (Name). Blüten weiß oder rosa mit orangegelbem Schlund, 2–2,5 cm groß, in traubigen, 3–8blütigen Quirlen, bilden insgesamt einen pyramidenförmigen Blütenstand. Die drüsigen, aufrechten oder waagerechten Blütenstiele hängen zur Reife nach unten.
Standort: Flache, stehende Gewässer.
Verbreitung: Mitteleuropa. In Deutschland als einzige Art der Gattung nur im Norden verbreitet, im Süden zerstreut bis selten, in den Alpen ganz fehlend; gefährdet.
Blütezeit: Mai bis Juli.

Punktierter Gilbweiderich
(Lysimachia punctata)

Merkmale: Mehrjährige, 50 bis über 100 cm hohe Pflanze. Stengel nicht wie beim ähnlichen **Gemeinen Gilbweiderich** *(L. vulgaris)* undeutlich kantig und kurz behaart, sondern schmal geflügelt und kantig sowie flaumig-drüsig behaart. Lanzettlich-eiförmige Blätter bis 10 cm lang. Blütenkronzipfel drüsig bewimpert, die des Gemeinen G. sind dagegen kahl. Kelchzipfel grün und nicht rot berandet wie beim Gemeinen G., dessen Blätter sind ebenfalls drüsig punktiert
Standort: Kultiviert in Gärten, verwildert an Ufern, in feuchten Gebüschen, bis in fast 1000 m Höhe. Gedeiht im Gegensatz zum Gemeinen Gilbweiderich nicht nur auf feuchten Böden.
Verbreitung: Ursprünglich Ost- und Südosteuropa, heute in vielen Teilen Europas zerstreut eingebürgert.
Blütezeit: Juni bis August.

Straußblütiger Gilbweiderich
(Lysimachia thyrsiflora)

Merkmale: Mehrjährige, aufrechte, 30–60 cm hohe Pflanze. Sitzende Blätter schmal-lanzettlich, 5–10 cm lang, am Rand oft leicht gewellt. Sie sind kreuzweise gegenständig angeordnet und nehmen nach oben hin an Größe zu. Am Stengelgrund meist nur kleine Schuppenblätter. Etwa 5 mm lange Blütenkrone mit linealischen Zipfeln, die zur Spitze hin dunkelrote oder schwarze Drüsenpunkte zeigen und von den Staubblättern überragt werden. Blüten auf gestielten, achselständigen Trauben.
Standort: Ufer von stehenden oder langsam fließenden Gewässern, Sümpfe, Moore.
Verbreitung: Nord- und Mitteleuropa, fehlt in den Mittelmeerländern. In Deutschland nur im Norden verbreitet, sonst selten, gefährdet.
Blütezeit: Mai bis Juli.

Pfennigkraut *(Lysimachia nummularia)*

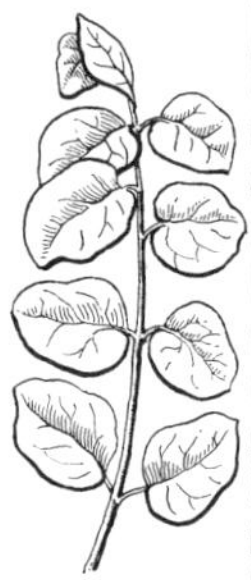

Merkmale: Mehrjährige, kriechende Pflanze mit bis 50 cm langen Stengeln. Richtet sich nur in dichtem Bewuchs etwas auf, sonst dicht dem Boden anliegend. Gegenständige Blätter meist rund (Name), selten oval, drüsig gepunktet, 1,5–3 cm im Durchmesser. Blüten einzeln in den Achseln der mittleren Blätter, Krone 1,5–2 cm breit, innen mit dunkelroten Drüsen punktiert.
Standort: Wiesen, Weiden, Gebüsch, Ufer, Auenwälder, gern auf feuchtem, lehmigem Boden. Bis in Höhen von über 1000 Meter.
Verbreitung: Fast ganz Europa mit Ausnahme des Mittelmeerraums. In Deutschland verbreitet, meist häufig.
Blütezeit: Mai bis Juli oder August.
Vermehrung: Weniger durch Samen als vielmehr durch die ständig neu wurzelnden Triebe, hinter denen die älteren Teile absterben.

Siebenstern *(Trientalis europaea)*

Merkmale: Mehrjährige, zierliche Pflanze mit aufrechten, dünnen, 5–20 cm hohen Stengeln. Ganzrandige, lanzettliche Blätter von unterschiedlicher Größe, bis zu 8 cm lang, häufig aber unter 5 cm. Stehen am Ende des Stengels in einer lockeren Rosette, aus der meist eine, selten 2 oder 3 Blütenstiele mit ebenso vielen Blüten entspringen. Weiße, ausgebreitete Blüten im Durchmesser bis 1,5 cm groß, mit meist 7, manchmal 5, 6 oder bis 9 Kronblättern (Name), Kelch mit ebenfalls meist 7 Zipfeln.
Standort: Humose Fichten- und Kiefernwälder, auch Laubwälder, Birkenmoore und Heiden, kalkarme Böden, bis 1700 m.
Verbreitung: Hauptsächlich Nordeuropa, daneben Teile Mitteleuropas. Im nördlichen und mittleren Deutschland verbreitet bis zerstreut.
Blütezeit: Mai bis Juli.

Kleinling *(Centunculus minimus)*

Merkmale: Einjährige, wie der Name schon andeutet kleine Pflanze von nur 3 bis höchstens 8 cm Höhe. Aufrechter Stengel einfach oder verästelt mit niederliegenden Ästchen, dicht wechselständig beblättert. Kurzgestielte Blätter eirundlich, 3–6 mm lang, ganzrandig mit aufgesetzter Spitze. Kurzgestielte oder sitzende Blüten einzeln in den Blattachseln, weiße oder rötliche Krone bis zur Mitte 4teilig, selten auch 5teilig, mit nahezu kugelförmiger Röhre, kürzer als der 2–3 mm lange Kelch. Die unscheinbaren Blüten öffnen sich nur bei gutem Wetter.
Standort: Äcker, daher auch *Acker-Kleinling* genannt, Waldränder, Ufer, Heideböden, gern auf sandigen und tonigen, stets feuchten und kalkarmen Böden.
Verbreitung: Hauptsächlich Mitteleuropa. In Deutschland zerstreut bis selten; gefährdet.
Blütezeit: Mai bis September.
Vermehrung: Durch Samen, meist Selbstbestäubung.

Roter Gauchheil *(Anagallis arvensis)*

Merkmale: Einjährige, niederliegende Pflanze mit fast kahlen, 4kantigen Stengeln, bis 30 cm lang. Gegenständige, eiförmige oder ei-lanzettliche Blätter, unterseits mit schwarzen Drüsenpunkten, bis 2 cm lang. Blüten rot, selten auch blau, an langen Stielen in den Achseln der oberen Blätter. Kronblätter ausgebreitet, am Rand drüsig, an der Spitze mitunter schwach gekerbt. Schmal-lanzettliche Kelchblätter ganzrandig, wenig kürzer als die Kronblätter.
Standort: Äcker, Gärten, Wegränder, Schuttplätze, Weinberge, bis 1600 m.
Verbreitung: In ganz Europa verbreitet.
Blütezeit: Juni bis Oktober.
Allgemeines: Früher versuchte man mit dem *Gauchheil* Geisteskrankheiten zu heilen (Gauch = Narr). Der *Blaue Gauchheil (A. coerulea)* hat fast drüsenlose Kronblätter.

Nordischer Mannsschild
(Androsace septentrionalis)

Merkmale: Einjährige Pflanze mit nur schwach ausgeprägter Pfahlwurzel. Ganze Pflanze besetzt mit rötlichen Stieldrüsen; Blütenstiele und Schaft mit flaumigen Sternhaaren, Laubblätter mit einfachen oder gabeligen Haaren. In grundständiger Rosette angeordnete Blätter lanzettlich bis länglich-lanzettlich, gezähnt, entweder sitzend oder mit kurzem, geflügeltem Stiel. Aus den Achseln der oberen Blätter entspringen die 5–15 cm langen Blütenschäfte, einzeln oder zu mehreren, mit vielblütiger, dichter Dolde. Blüten mit 4–5 mm langer Krone, weiß oder rötlich mit gelbem Schlund.
Standort: Äcker, Hügel, Dämme, Mauern, Grasplätze, gern auf sandigen Böden.
Verbreitung: Hauptsächlich Mitteleuropa, im Norden bis Mittelnorwegen, in den Alpen bis über 2000 m. Im mittleren Deutschland sehr selten an nur wenigen Stellen, sonst fehlend; vom Aussterben bedroht.
Blütezeit: Mai bis Juni. □

Fieberklee *(Menyanthes trifoliata)*

Merkmale: Mehrjährige, 10–30 cm hohe Pflanze. Kräftiger Stengel aus einer kriechenden und verzweigten Grundachse entspringend, ebenfalls die langgestielten, am Grunde scheidigen Blätter. Sie sind dreizählig gefingert und daher kleeähnlich (Name), aber viel größer und fleischig. Blüten weiß, seltener rosa, in einer pyramidenförmigen, aufrechten Traube. 5 Kronblattzipfel zurückgerollt mit weißen Haaren an der Oberfläche und Wimpern an den Seiten.
Standort: Verlandungszonen stehender Gewässer, Sümpfe, Moore, Gräben, Teiche.
Verbreitung: Nord- und Mitteleuropa. Fehlt in weiten Teilen der Mittelmeerländer oder ist dort sehr selten. In Deutschland überall, aber selten; gefährdet. **Blütezeit:** Mai bis Juni.
Vermehrung: Durch Samen. Hauptsächlich von Hummeln bestäubt. Früchte schwimmen.

Zindelkraut *(Cicendia filiformis)*

Merkmale: Einjährige, zierliche Pflanze, 1–12, ausnahmsweise auch bis 16 cm hoch. Aufrechter Stengel fadendünn (daher der weniger bekannte Name *Fadenenzian*), einfach oder fast vom Grund an gabelästig mit langen, aufrechten Ästen. Gegenständige Blätter ganzrandig, länglich bis lanzettlich. Blüten einzeln, seltener zu 2 oder 3 an den entfernt beblätterten Ästen, mit goldgelber Krone und kurzer, weiter, 5–6 mm breiter Röhre. Staubblätter kürzer als Kronlappen. Ähnelt dem *Bitterling*.
Standort: Moor- und Heideböden (deshalb auch als *Heide-Zindelkraut* bekannt), ausgetrocknete Gräben, auf feuchten und sandigen Böden. Wächst nicht in höheren Lagen.
Verbreitung: Westeuropa, Britische Inseln, im Norden bis Dänemark; Mittelmeergebiet. In Deutschland zerstreut bis selten im Nordwesten, fast ausschließlich in der Tiefebene, an vielen Stellen schon ausgestorben und im Süden ganz fehlend. Im Bestand weiter abnehmend, stark gefährdet.
Blütezeit: Juli bis Oktober.

Seekanne *(Nymphoides peltata)*

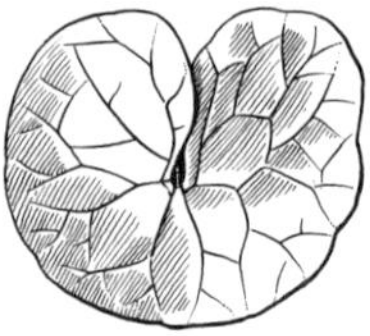

Merkmale: Wasserpflanze mit langen, bis 160 cm messenden Stengeln, die aus dem im Grundschlamm liegenden Wurzelstock wachsen und bis 10 cm über die Wasseroberfläche reichen. An ihren Enden sitzen die kräftig gelben, 3 cm großen Blüten aus 5 gewimperten Kronblattzipfeln, kelchartig angeordnet. 2–5 bilden eine Doldenrispe. Blätter viel kleiner als bei *Teich-* und *Seerose*, oberseits dunkelgrün, unterseits mit bräunlichen Pünktchen, rundlich, am Grund herzförmig, schwimmen auf dem Wasser dicht nebeneinander.
Standort: Stehende oder langsam fließende, nährstoffreiche Gewässer.
Verbreitung: Sehr zerstreut in fast ganz Europa. In Südskandinavien, England und Irland eingebürgert. In Deutschland gefährdet.
Blütezeit: Juli bis September.

Echtes Tausendgüldenkraut *(Centaurium minus)*

Merkmale: 10–30, auch bis 50 cm hohe, ein- oder zweijährige Pflanze. Blätter am Stengelgrund eiförmig-elliptisch, 5nervig, in einer Rosette, Stengelblätter schmaler, eiförmig-lanzettlich. Blütenstand am nach oben verzweigten Stengel, Trugdolde. Rosarote, fast sitzende Blüten mit 5spaltiger Krone und bis 1,5 cm langer Röhre. Sie ist beim Aufblühen länger als der Kelch.
Standort: Trocken- und Halbtrockenrasen, Waldlichtungen und -ränder, Gebüsch, Wiesen.
Verbreitung: Fast ganz Europa, im Norden bis Südskandinavien. In ganz Deutschland verbreitet bis zerstreut.
Blütezeit: Juli bis September.
Allgemeines: Früher geschätzte Heilpflanze, heute weniger verwendet. Bitterstoffpflanze, die stärkend und verdauungsfördernd wirkt.

Kreuz-Enzian *(Gentiana cruciata)*

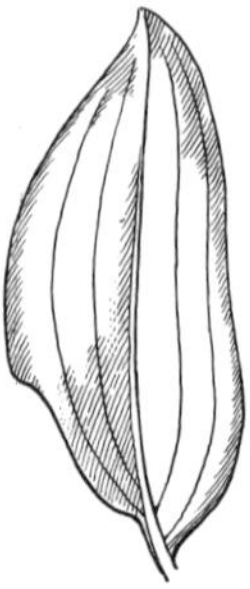

Merkmale: Mehrjährige, kräftige, reich beblätterte Pflanze, 15–50 cm hoch. Große, fast lederartige Blätter eilänglich bis lanzettlich, 5–10 cm lang und zwischen 1 und 2 cm breit, 3–5nervig; Grundblätter am Grund scheidig verwachsen. 2–2,5 cm lange Blüten mit keulen- bis glockenförmiger 4spaltiger Krone, diese innen himmelblau, außen grünlich bis grünviolett; zu 1–3 in den Achseln der obersten Blätter einen kopfigen oder in Scheinquirlen gehäuften Blütenstand bildend.

Standort: Kalkmagerrasen, trockene Wiesen, lichte Kiefern- und Eichenwälder.

Verbreitung: Hauptsächlich Südeuropa (dort nur in den Gebirgen) außer im südöstlichen Teil, sowie Mitteleuropa. In Deutschland zerstreut, im Norden bis Westfalen; stark gefährdet. **Blütezeit:** Juli bis Oktober.

Lungen-Enzian *(Gentiana pneumonanthe)*

Merkmale: Mehrjährige, unverzweigte, 10–40 cm hohe Pflanze, mehr oder weniger dicht beblättert, aber ohne grundständige Blattrosette. Linealische bis lineal-lanzettliche Blätter meist einnervig, bis 5 cm lang, vorne stumpf, am Rand oft umgerollt. 2,5–4 cm lange Blüten mit glockig-trichterförmiger, 5teiliger Krone, diese innen mit 5 grün punktierten Streifen (auch außen grünlich gestreift), in der Regel endständig und aufrecht in den Achseln der oberen Blätter.

Standort: Flachmoore, Riedgrasbestände, feuchte Heiden und Waldwiesen, gern auf torfigem, kalkhaltigem Boden, bis 1000 m.

Verbreitung: Fast ganz Europa, im Norden bis Südskandinavien, im Süden nur in den Gebirgen. In Deutschland nur noch sehr zerstreut vorkommend; stark gefährdet.

Blütezeit: Juli bis Oktober.

Gefranster Enzian *(Gentiana ciliata)*

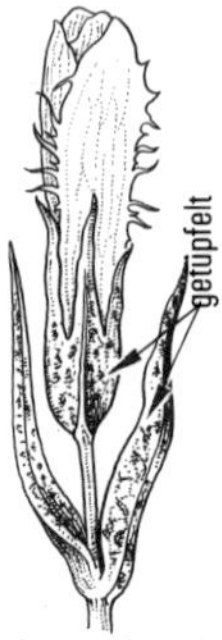

Merkmale: Mehrjährige, 8–25 cm hohe Pflanze mit 4kantigem Stengel, meist einfach, nur sehr selten verzweigt, aufsteigend bis aufrecht. Einnervige Blätter in der Regel linealisch, können aber auch länglich-lanzettlich sein, 3 bis 4 cm lang. Bis 5 cm lange Blüten leuchtend blau, Krone mit 4, am Rand ausgebreiteten und gefransten Zipfeln, meist einzeln, seltener zu 2 bis 4 in den Achseln der oberen Blätter.

Standort: Trocken- und Halbtrockenrasen, lichte Wälder und Gebüsch, gern auf steinigen, kalkreichen, trockenen Lehmböden, bis 2250 m. Auch auf subalpinen Steinrasen.

Verbreitung: Mittel- und Südeuropa. In Deutschland zerstreut im Süden, nördlich bis Eifel, Sauerland und Harz; gefährdet.

Blütezeit: August bis Oktober.

Allgemeines: Auch *Fransen-Enzian* genannt.

Frühlings-Enzian *(Gentiana verna)*

Merkmale: Mehrjährige, bis 15 cm hohe, oft lockerrasig wachsende Pflanze mit nichtblühenden Trieben. Lanzettliche bis elliptische Blätter in grundständiger Rosette bis 3 cm lang und bis 3mal so lang wie breit, Stengelblätter deutlich kleiner, meist zu 1–3 Paaren. Stengel mit einer endständigen, azurblauen, bis 3 cm breiten Blüte, Krone an den Zipfeln tellerartig flach ausgebreitet, am Grund jedes Zipfels ein 2zähniges Anhängsel; röhriger Kelch mit schmal geflügelten Kanten.

Standort: Halbtrocken- und Kalkmagerrasen, trockene bis feuchte Wiesen und Matten.

Verbreitung: Mittel- und Südeuropa, hauptsächlich in den Gebirgen. In den Alpen verbreitet, im Vorland zerstreut; gefährdet.

Blütezeit: März bis Juli.

Vermehrung: Durch Samen. Als Bestäuber dienen Tagfalter und Hummeln.

Feld-Enzian *(Gentiana campestris)*

Merkmale: Ein- oder zweijährige, 5–30 cm hohe, aufrechte Pflanze, meist schon vom Grund an verzweigt. 1–2,5 cm lange Blätter spatelförmig, länglich oder oval, Grundblätter vorne stumpf, Stengelblätter spitz. Violette, selten auch weiße Blüten im Schlund bärtig, mit 4teiliger, bis 3 cm langer Kronröhre und 4teiligem Kelch, Kelchzipfel sehr ungleich, die 2 äußeren, breit lanzettlichen bedecken die beiden inneren, schmal lanzettlichen Zipfel fast ganz.
Standort: Magerrasen, trockene Wiesen und Heiden, grasige Hänge, Matten, Wegränder.
Verbreitung: Fast ganz Europa. Zerstreut im Süden und der Mitte Deutschlands, im Norden fehlend; stark gefährdet.
Blütezeit: Mai bis Oktober.
Allgemeines: Die Wurzeln wurden in nordeuropäischen Ländern als Hopfenersatz zum Brauen verwendet.

Kleines Immergrün *(Vinca minor)*

Merkmale: 15–20 cm hohe Staude. Stengel kriechend, mit Blütenbeginn jedoch aufsteigend. Blätter elliptisch-lanzettlich, verschmälern sich in den kurzen Blattstiel, lederig und kahl, immergrün (Name). Blauviolette Blüten im Durchschnitt bis 3 cm, stehen einzeln in den Blattachseln an kurzen Stielen. Die 5 miteinander verwachsenen Kronblätter bilden zuammen die Form eines Präsentiertellers. Auffallend die links gedrehten Zipfel.
Standort: Laubwälder mit feuchtem und nährstoffreichem Boden, Gebüsch, Hecken, Mauern, zwischen Steinen und Felsen, bis 1000 m.
Verbreitung: Mittel-, West- und Südeuropa.
Blütezeit: April bis Juni, mitunter schon im März oder Februar, daher auch *Kleines Wintergrün* genannt. **Vermehrung:** Hauptsächlich durch Ausläufer. □

Deutscher Enzian *(Gentiana germanica)*

Merkmale: Ein- oder zweijährige, 5–30 cm hohe, aufrechte Pflanze mit in der Regel erst oberwärts ästigem Stengel. Blätter unten spatelig bis verkehrt-eiförmig, nach oben zu eiförmig-lanzettlich, spitz. Rötlichviolette Blüten mit 5zipfeliger Krone, im Gegensatz zum *Feld-Enzian*, dessen Blütenkrone 4 Zipfel aufweist, 2–4 cm lang, im Schlund bärtig; Kelch etwa halb so lang wie die Kronröhre, mit 5 etwa gleich langen, am Rand rauhen Kelchzipfeln; Einbuchtungen zwischen den Kelchzipfeln spitz.
Standort: Magerrasen, Flachmoore, Wiesen, Matten, Triften, Schafweiden, gern auf lehmigen, kalkreichen Böden, bis 2600 m.
Verbreitung: Hauptsächlich Mitteleuropa sowie weite Teile Westeuropas. In Süddeutschland verbreitet bis zerstreut, nach Norden zu seltener und schließlich fehlend; gefährdet.
Blütezeit: Mai bis Oktober. □

Schwalbenwurz *(Cynanchum vincetoxicum)*

Merkmale: Mehrjährige Pflanze, bis 100 cm hoch, meist aber 30–60 cm. Mit aufrechtem Stengel, flaumig behaart und hohl. Blätter gegenständig, länglich-herzförmig, bis 12 cm lang, von blaugrüner oder dunkelgrüner Farbe. In den Blattachseln stehen die gelblichweißen Blüten als langgestielte Trugdolden. Trotz ihrer Vielzahl recht unscheinbar, da kaum 1 cm Durchmesser. Blütenkrone trichterähnlich, verwachsen.
Standort: Trockenrasen, lichte Wälder, vor allem Kiefern- und Eichenwälder, Gebüsch und Gesteinsschutt, gern auf Kalk, bis 1700 m.
Verbreitung: Fast ganz Europa mit Ausnahme des Nordens und den Britischen Inseln.
Blütezeit: Mai bis August.
Allgemeines: In allen Teilen enthält die Pflanze ein *Gift*, ähnlich dem der *Eisenhut*arten. □

Enzian-
gewächse

Immergrün-
gewächse

Schwalben-
wurzgew.

Acker-Winde *(Convolvulus arvensis)*

Merkmale: Mehrjährige Pflanze mit windendem oder niederliegendem Stengel, 20–80 cm lang. Wächst ausgebreitet dicht am Boden, solange genügend Licht vorhanden ist. Befinden sich hochwüchsige Pflanzen in der Nähe, z. B. Getreidehalme, windet (Name) sich der oberirdische Sproß in dauernden Linkswendungen an ihnen hoch. Blätter gestielt und wechselständig, am Grund spieß- oder pfeilförmig. Blüten weiß-rosa gestreift, auch ganz weiß oder rosa, bis zu 3 cm lang. Öffnen sich nur bei Sonne und sind meist nach nur einem Tag verblüht.
Standort: Äcker, Wegränder, Schuttplätze, Bahndämme, Gärten, Ödland. Bis 1800 m.
Verbreitung: Fast ganz Europa, fehlt nur in Schottland sowie im mittleren und nördlichen Skandinavien. In Deutschland sehr häufig.
Blütezeit: Mai bis Oktober.

Gemeine Zaunwinde *(Calystegia sepium)*

Merkmale: Mehrjährige, 100–300 cm lange Kletterpflanze. Große, bis 15 cm lange Blätter tief-herzförmig oder länglich-dreieckig. Blüten einzeln in den Blattachseln stehend, langgestielt. Weiße, trichterförmige bis fast radförmige Krone, bis zu 5 cm in Länge und Durchmesser. 2 herzförmige Vorblätter unterhalb der geruchlosen Blüten. Sie sind fast doppelt so lang wie die Kelchblätter. Die geruchlosen, bis 6 cm langen Blüten schließen sich nicht nur nachts, sondern auch bei trübem Wetter oder bei Regen.
Standort: Hecken, Zäune, Ufer, Wälder, Gärten. Wächst nicht in höheren Lagen.
Verbreitung: In fast ganz Europa mit Ausnahme des nördlichen Skandinaviens. In ganz Deutschland verbreitet und mancherorts als »Unkraut« angesehen.
Blütezeit: Juni bis September.

Europäische Seide *(Cuscuta europaea)*

Merkmale: Eigentümliche Pflanze, die 20–100 cm lang wird und sich mit einem Gewirr von nur 1 mm dünnen Fäden um die Wirtspflanze windet. Stengel grünlichgelb oder rötlich. Blätter farblos und schuppenförmig. Blüten in 1–1,5 cm großen, knäueligen Blütenständen. Kronblätter meist rötlich.
Standort: Feuchte Wälder, Ufer, Hecken. Schmarotzt auf Brennessel, Minze, Beifuß, Weide und anderen Pflanzen.
Verbreitung: Fast ganz Europa, fehlt jedoch in Portugal und Irland. In Deutschland verbreitet bis zerstreut. In den Alpen bis 1200 Meter hoch. **Blütezeit:** Juni bis September.
Vermehrung: Geschlechtlich durch zwei unterschiedliche Samenformen. Durch schnell und leicht sowie schwer keimenden Samen, der dafür aber jahrelang keimfähig bleibt.
Allgemeines: Als Schmarotzerpflanze entnimmt die *Seide* ihren Wirten Wasser und Nährstoffe. Da sie diese oberirdisch anzapft, hat sie ihre eigenen Wurzeln reduziert. Sie ist somit ein Luftparasit. □

Himmelsleiter *(Polemonium coeruleum)*

Merkmale: 30–80 cm hohe Staude, Blätter unpaarig gefiedert und wechselständig, können bis zu 40 cm Gesamtlänge erreichen mit bis zu 15 lanzettlichen, 2–4 cm langen Einzelfiedern, die oberen sitzend, die unteren gestielt. Blüten bis 3 cm groß, himmelblau, selten weiß, oben radförmig ausgebreitet, Kelch mit Drüsenhaaren besetzt. Staubblätter hervorragend und wie bei allen Arten der Gattung nach unten gebogen, am Grunde verdickt. Stengel kantig gefurcht.
Standort: Feuchte Wiesen und Flachmoore, vor allem in Berggebieten, Steinschutt, Flußkies, Grauerlenwälder und andere feuchte Wälder. Bis in Höhen von 1500 Meter.
Verbreitung: Vor allem Nord- und Mitteleuropa. In Deutschland nur im Süden, wo sie selten oder zerstreut vorkommt.
Blütezeit: Juni bis September. □

Winden-
gewächse

Sperrkraut-
gewächse

Scharfkraut *(Asperugo procumbens)*

Merkmale: Einjährige, niederliegende, stark borstige Pflanze mit kantigen, verzweigten, 20–70 cm langen Stengeln. Die elliptischen bis ovalen Blätter werden 2–7 cm lang. Meist achselständig finden sich 1–3 unscheinbare, bläuliche Blüten an kurzen, herabgeschlagenen Stielen.
Standort: Ödland, Schuttplätze, Mauern, Äkker, Gärten. Bis in 2600 Meter Höhe.
Verbreitung: In fast ganz Europa, in weiten Teilen West- und Mitteleuropas und auf den Britischen Inseln inzwischen eingebürgert. Im südlichen und mittleren Deutschland selten, im Norden fast ganz fehlend; gefährdet.
Blütezeit: Mai bis August.
Allgemeines: Auch als *Liegendes Schlangenäuglein* bekannt. Seine Wurzel enthält eine rote Farbe.

Kletten-Igelsame *(Lappula squarrosa)*

Merkmale: Einjährige, rauhhaarige Pflanze mit meist nur oberwärts sparrig-ästig verzweigtem Stengel, bis 40 cm hoch. Lanzettlich, 2–5 cm lange Blätter sitzend, Blüten mit himmelblauen Kronblättern; Teilfrüchte mit 2 oder 3 Reihen von widerhakigen Stacheln an den Kanten. Fruchtstiele aufrecht.
Standort: Schuttplätze, Brachland, Trockenrasen, Weinberge, Wegränder, Mauern, Dünen.
Verbreitung: Fast ganz Europa, fehlt in Großbritannien. In Deutschland nicht ursprünglich, sondern nur eingebürgert oder eingeschleppt, oft nur vorübergehend; im Norden selten, sonst sehr zerstreut; gefährdet.
Blütezeit: Juni bis Juli.
Allgemeines: Ist auch unter der Bezeichnung *Aufrechtes Klettenkraut* bekannt. Es gibt noch eine weitere Art in Deutschland, den *Herabgebogenen Igelsame*, der auch *Wald-Klettenkraut* genannt wird. Man findet ihn zerstreut in den Alpen, selten auch im Harz.

Blauroter Steinsame
(Lithospermum purpureo-coeruleum)

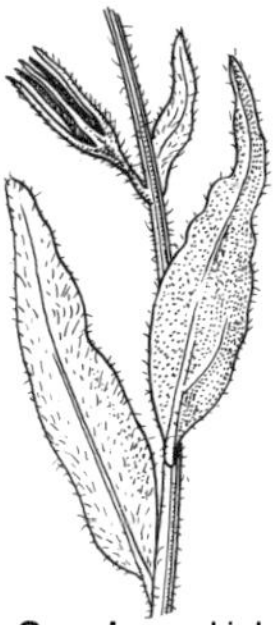

Merkmale: Mehrjährige, behaarte, 30–60 cm hohe Pflanze mit aufrechtem, oben ästigem Stengel. Schmal-lanzettliche, spitze Blätter bis 7 cm lang. Blütenkrone zwischen 1 und 1,5 cm breit, Röhre 1,5–2 cm lang, zuerst rot, beim Verblühen dann blau. Nichtblühende Triebe der Pflanze wachsen bogenförmig zur Erde und wurzeln.
Standort: Lichte, trockene Laubwälder und Gebüsche, Steppenheidewälder, gern auf Kalk.
Verbreitung: Süd- und Mitteleuropa, auch auf den Britischen Inseln. In Deutschland zerstreut bis selten, im Norden fehlend. Finden kann man den *Blauroten Steinsame* an einigen Stellen in Baden-Württemberg, in Rheinland-Pfalz, im südöstlichen Westfalen, im Weserbergland und in der Eifel.
Blütezeit: April bis Mai.

Echter Steinsame
(Lithospermum officinale)

Merkmale: Mehrjährige, aufrechte Pflanze mit reich verzweigtem Stengel, 30–100 cm Höhe erreichend. Weichhaarige, langzettliche Blätter bis zu 7 cm lang mit deutlich zu erkennenden Seitennerven. Grünlichgelbe bis cremefarbene Blüten in beblätterten, endständigen, büschelartigen Blütenständen; die Krone mißt 3–4 mm, die Kronröhre wird nur wenig länger als der Kelch. Reife Frucht glatt und glänzend weiß, dadurch gut vom *Acker-Steinsame* zu unterscheiden.
Standort: Lichte Wälder, Waldränder, Auwälder, Gebüsche, sonnige Hügel, gern auf Kalk.
Verbreitung: Ganz Europa. Im Süden Deutschlands verbreitet bis zerstreut, im Norden selten, im Nordwesten ganz fehlend.
Blütezeit: Mai bis Juli.
Allgemeines: In früheren Zeiten als Heilpflanze verwendet.

Acker-Vergißmeinnicht
(Myosotis arvensis)

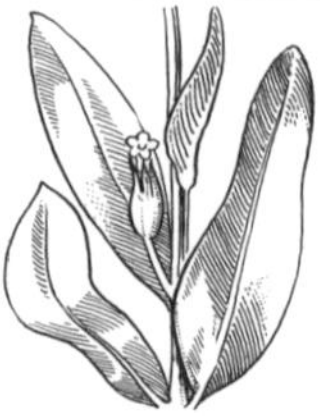

Merkmale: Einjährige, 15–40 cm hohe, weichhaarige Pflanze. Gestielte, in einer Rosette angeordnete Grundblätter oval bis spatelig oder verkehrt-eiförmig, sitzende Stengelblätter länglich-lanzettlich. Leuchtendblaue Blüten kleiner als die des *Sumpf-Vergißmeinnicht*, 4–6 mm Durchmesser, mit aufrecht abstehenden Blütenstielen, diese zur Blütezeit nur 1–2 mm lang. Fruchtstiele etwa 2- bis 3mal so lang wie der Kelch, dessen Haare alle oder zum Teil hakig gekrümmt. Blüten in dichtem, traubenförmigem, an der Basis nicht beblättertem Blütenstand.
Standort: Äcker, Feldwege und Wegränder, Gebüsche, auf lehmigen Böden, bis 1400 m.
Verbreitung: In ganz Europa. Überall in Deutschland, meistens auch recht häufig.
Blütezeit: Mai bis August.

Buntes Vergißmeinnicht
(Myosotis discolor)

Merkmale: Einjährige, behaarte, 10–30 cm hohe Pflanze. Blätter länglich-lanzettlich, alle sitzend, die Grundblätter meist größer als die Stengelblätter. Unterscheidet sich von *Sumpf-Vergißmeinnicht* und *Acker-Vergißmeinnicht* vor allem durch die Verschiedenfarbigkeit der Blüten (Name). Blütenkrone zunächst blaßgelb, dann rosafarben, gegen Ende der Blütezeit blau. Häufig auch weiß oder rötlich, meistens gelbe und blaue Blüten am selben Blütenstand.
Standort: Äcker, magere Rasen, Wegränder.
Verbreitung: Außer in Teilen Südosteuropas in fast ganz Europa. Im Norden Deutschlands verbreitet bis zerstreut, im Süden selten, in den Alpen fehlend.
Blütezeit: April bis Juni.

Sumpf-Vergißmeinnicht
(Myosotis palustris)

Merkmale: Mehrjährige, äußerst formenreiche, bis 40 cm hohe Art mit meist kantigem, zumindest stumpfkantigem Stengel, dieser mehr oder weniger abstehend oder schräg aufwärts behaart, kriechend und wurzelnd oder aufsteigend. Behaarte, bis 10 cm lange und bis 2 cm breite Blätter länglich-lanzettlich bis länglich-eiförmig. Hellblaue, selten weiße Blüten mit flach ausgebreitetem Kronzipfel. Krone bis 8 mm breit, Kelch angedrückt behaart, Haare an der Spitze nie hakenförmig gekrümmt.
Standort: Sümpfe, nasse Wiesen, Ufer, Gräben, Röhricht, gern auf stickstoffhaltigen, lehmigen oder schlammigen Böden, bis 2000 m.
Verbreitung: In ganz Europa. In Deutschland weit verbreitet, in der Regel auch häufig.
Blütezeit: Mai bis Oktober.

Kleine Wachsblume *(Cerinthe minor)*

Merkmale: Zweijährige, blaugrüne, 15–50 cm hohe Pflanze. Blätter länglich-oval bis spatelförmig, die oberen stengelumfassend, die untersten gestielt, diese oft weiß gefleckt im Gegensatz zur ähnlichen *Alpen-Wachsblume*, deren Grundblätter niemals Flecken aufweisen. Blüten mit gelber, oft rötlich gefleckter Krone, diese fast bis zur Mitte 5spaltig, Zipfel zusammenneigend. Blütenstand mit großen Tragblättern.
Standort: Wald-, Weg- und Ackerränder, Brachland, Schuttplätze, Dämme.
Verbreitung: Hauptsächlich Mittel- und Südosteuropa, vor allem im Bereich der Gebirge und Mittelgebirge. Kommt nur zerstreut in Südost-Deutschland vor, sonst hier und da verwildert, insgesamt ziemlich selten.
Blütezeit: Mai bis Juli.

Gemeine Hundszunge
(Cynoglossum officinale)

Merkmale: Zweijährige, 20–80 cm hohe, dicht weichhaarige Pflanze. Graufilzige, dünne Blätter unten gestielt und elliptisch, oben lanzettlich, sitzend und halbstengelumfassend; verströmen einen starken Mäusegeruch, wenn man sie zerreibt. Blüten zunächst violett, später rotbraun, in geästeten, ein wenig eingedrehten Blütenständen.
Standort: Wegränder, Ackerraine, Hecken, Ödland, in Küstennähe besonders auf festliegenden Sanddünen, sonst an trockenen, sandigen oder steinigen Stellen, bis 1400 m.
Verbreitung: Fast ganz Europoa. In Deutschland verbreitet bis zerstreut.
Blütezeit: Mai bis Juni.
Allgemeines: Früher häufiger benutzte Heilpflanze, heute weniger verwendet. Für Kaltblütler *giftig*, für Warmblütler *schwach giftig*.

Gemeine Ochsenzunge
(Anchusa officinalis)

Merkmale: Zwei- oder mehrjährige, 30–80 cm hohe Pflanze. Stengel wie auch die länglich-lanzettlichen Blätter mit weichen, abstehenden Haaren bedeckt. Obere Blätter sitzend, mit gerundetem Grund. Die unteren verschmälern sich in den Stiel, sind zur Blütezeit schon fast vertrocknet. Blauviolette Blüten 1–1,5 cm breit, Schlundschuppen samtig, Kelchblätter bis ungefähr zur Mitte geteilt. Blütenstand zunächst eingerollt, später sich verlängernd, reichblütig.
Standort: Wegränder, Äcker, Trockenrasen, Wiesen, Dämme; an sonnigen Stellen.
Verbreitung: Fast ganz Europa, eingebürgert auf den Britischen Inseln. In Deutschland verbreitet bis zerstreut, im Westen nur selten, im Gebirge ganz fehlend.
Blütezeit: Mai bis September.

Natternkopf *(Echium vulgare)*

Merkmale: Bis 100 cm große, zweijährige Pflanze. Bildet im ersten Jahr Blattrosette, im zweiten Blütenstand. Blätter länglich-lanzettlich und steifborstig. Grundblätter gestielt, mit hervortretendem Mittelnerv, bis 15 cm lang. Stengel sehr kräftig und ebenfalls mit Borstenhaaren. Blüten zuerst rötlich, später blau, selten weiß, glockenförmig, ziemlich unregelmäßig mit weit herausschauenden, ungleich langen Staubblättern. Griffel gespalten und aus der Blütenkrone ragend (bei der älteren Blüte), deshalb auch der Vergleich mit dem Kopf einer Natter.
Standort: Bahndämme, Wegränder, Schuttplätze, Trockenhänge, Steinbrüche, bis 1200 m. Gern auf steinigen, lockeren Böden.
Verbreitung: In fast allen Teilen Europas.
Blütezeit: Juni bis September oder Oktober.
Allgemeines: Wurzeln bis in 250 cm Tiefe.

Wolfsauge *(Lycopsis arvensis)*

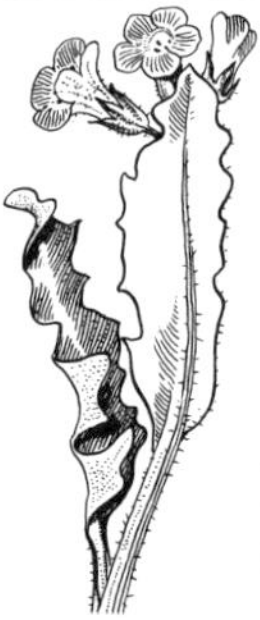

Merkmale: Einjährige, dicht borstig behaarte, 20–40 cm hohe Pflanze, dicht beblättert und zähe Büsche bildend. Längliche, 10–15 cm lange Blätter unregelmäßig gezähnt mit gewelltem Rand, obere stengelumfassend, untere gestielt. Blaßblaue Blüten mit gekrümmter, knapp 1 cm langer Kronröhre, 0,5 cm im Durchmesser, mit weißen, bärtigen Schlundschuppen. Blütenstand oft ästig, sich später verlängernd.
Standort: Brachliegende Äcker, Weinberge, an sandigen und warmen Stellen, bis 1400 m.
Verbreitung: In ganz Europa. In Deutschland früher verbreitet; heute abnehmend.
Blütezeit: Mai bis Juli.
Allgemeines: Wird wegen der krummen Blütenröhre häufig auch *Krummhals* oder als genaue Artbezeichnung *Acker-Krummhals* genannt.

Echtes Lungenkraut
(Pulmonaria officinalis)

Merkmale: Mehrjährige Pflanze, 15–30 cm hoch. Grundblätter vor und nach der Blüte rundlich- oder eiförmig-herzförmig, verschmälern sich plötzlich in den langen Stiel. Blätter nach oben zu stengelumfassend und oval, allmählich in den Stiel übergehend, mit auffälligen weißen Punkten. Ganze Pflanze bis zum Blütenstand mit Borstenhaaren bestanden. Blüten anfangs rosa oder rot, später blau. Im gleichen Blütenstand verschiedenfarbige Blüten.
Standort: Laub- und Laubmischwälder, Waldränder und angrenzende, ungenutzte Grasflächen. Bis in Höhen von 1700 Meter.
Verbreitung: Fast ganz Europa. In Deutschland im Norden verbreitet, im Süden selten.
Blütezeit: März bis Mai.

Gemeiner Beinwell
(Symphytum officinale)

Merkmale: Mehrjährig, 30–100 cm hoch. Die tiefreichende Pfahlwurzel ist schwarz, deshalb auch *Schwarzwurz* genannt. Grundständige Blätter in großen Büscheln. Stengelblätter bis 25 cm lang, lanzettlich, die oberen jeweils bis zum nächsten Blatt am Stengel herablaufend. Alle grünen Teile dicht mit stacheligen Borsten bestanden. Blütenstand anfangs spiralig eingerollt, später entfaltet er sich in dem Maße, wie sich die hängenden Blüten öffnen. Farbe der Blüten sehr unterschiedlich: gelb, weiß, rot, violett oder blau, in der Regel violettpurpur. Blütenkrone bis 1,5 cm lang. Kelchzipfel lanzettlich, zum Schluß so lang wie die Röhre.
Standort: Feuchte Böden, Schuttplätze.
Verbreitung: Fast ganz Europa.
Blütezeit: Mai bis Juli. □

Berg-Lungenkraut *(Pulmonaria mollis)*

Merkmale: Mehrjährig, 15–35 cm hoch. Blütenstand und Stengel oberwärts stark klebrig-drüsig, Blätter alle weichhaarig, Grundblätter länglich-eiförmig, Stengelblätter ei-lanzettlich, 2–4 cm breit; Grundblätter der nichtblühenden Triebe allmählich in den Stiel verschmälert. 1,5–2 cm lange Blüten zuerst rot, später blauviolett. Man unterscheidet heute zwei Kleinarten: das *Berg-Lungenkraut* sowie das *Weiche Lungenkraut*, auch *Samt-Lungenkraut* genannt. Wichtigste Erkennungsmerkmale des *Berg-Lungenkrauts* sind die grünen, locker behaarten Sprosse, die oberen, schwach herablaufenden Stengelblätter und die meist schwarzvioletten Staubbeutel, die beim *Weichen Lungenkraut* meist gelb sind, das außerdem durch seine graugrüne, samtig behaarten Sprosse sowie die geöhrten, nicht heraublaufenden oberen Stengelblätter auffällt.
Standort: Berg- und Laubmischwälder, Gebüsche. Bis in Höhen von 1900 Meter.
Verbreitung: Hauptsächlich Mitteleuropa.
Blütezeit: April bis Mai.

Eisenkraut *(Verbena officinalis)*

Merkmale: Krautige Dauerpflanze, 30–70, zuweilen auch bis 100 cm hoch. Stengel verzweigt mit dünnen, kaum beblätterten Ästchen, vierkantig. Gegenständige Blätter grob gekerbt oder tief fiederspaltig mit länglichen Abschnitten, die am Rand und auf den Nerven behaart sind. In verlängerten Ähren sitzen die kleinen, lilablauen Blüten dicht beieinander. Blütenkrone im Durchmesser 5 mm.
Standort: Feldwege, Brachland, Schuttplätze, Ufer, gern auf stickstoffreichen Böden.
Verbreitung: In den meisten Ländern Europas. Im Norden bis Dänemark, eingebürgert in Norwegen und Finnland. Im Westen bis England, eingebürgert in Irland. In Deutschland verbreitet oder zerstreut.
Blütezeit: Juli bis September und nicht selten bis in den Oktober hinein. □

Rauhblatt-
gewächse

Eisenkraut-
gewächse

Kriechender Günsel *(Ajuga reptans)*

Merkmale: 15–30 cm hohe, mehrjährige Pflanze mit oberirdischen Ausläufern. Stengel an der Basis mehr oder weniger kahl. Rosettenartige Grundblätter mit geflügeltem, langem Stiel, 4–7 cm lang, nach oben zu kürzer. Stengelblätter eiförmig-länglich, entweder schwach gezähnt oder ganzrandig. Die blauen, ganz selten rosa oder weißen Blüten sitzen zu 2–6 in den Achseln der oberen Stengelblätter und bilden eine zylindrische Scheinähre. Die Oberlippe fehlt fast ganz, die dreilappige Unterlippe dagegen ist verhältnismäßig groß. Die Blüten messen 1,5–2 cm, wovon 1–1,5 cm auf die Krone entfallen.
Standort: Feuchte Wiesen, Gebüsche, Wegränder, Laubwälder, bis 1700 m.
Verbreitung: Europa, außer Südeuropa.
Blütezeit: Mai bis August.
Allgemeines: Frühere Heilpflanze.

Sumpf-Helmkraut *(Scutellaria galericulata)*

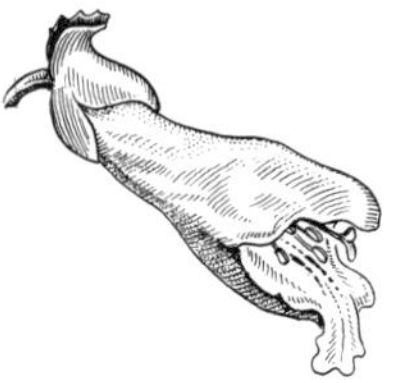

Merkmale: 10–40, auch 50 cm hohe, mehrjährige Pflanze. Stengel aufrecht oder aufsteigend, zum Teil weichhaarig. Blätter oval bis eiförmig-lanzettlich, mit 4–8 Kerbezähnen, bis 4 cm lang, kurzgestielt. Blauviolette Blüten sitzen in einseitswendigen Paaren in den Achseln der oberen Blätter. Die bis zu 2 cm lange Krone ist aufwärts gekrümmt und deutlich länger als der kahle oder kurzbehaarte Kelch.
Standort: Flachmoore, Naßwiesen, Verlandungsgesellschaften, Ufer, Gräben, im Röhricht stehender und fließender Gewässer, Waldteiche, Bruchwälder, bis 1200 m.
Verbreitung: In den meisten Teilen Europas, in Deutschland verbreitet oder zerstreut.
Blütezeit: Juni bis September.
Allgemeines: Oft auch *Kappen-Helmkraut* genannt.

Genfer-Günsel *(Ajuga genevensis)*

Merkmale: Mehrjährige, zottig behaarte, 10–30 cm hohe Pflanze, im Gegensatz zum *Kriechenden Günsel* ohne Ausläufer. Ei-längliche Blätter grob gekerbt bis gesägt, langgestielte Grundblätter bis 12 cm lang, zur Blütezeit meist schon vertrocknet. Hochblätter dreilappig. Bläuliche Blüten, in etwa so lang wie die Tragblätter der Quirle, in verlängerten Scheinähren.
Standort: Trocken-, Halbtrocken- und Kalkmagerrasen, lichte Wälder, Wegränder, sonnige Hänge, Geröll, auf kalkhaltigen Böden.
Verbreitung: Weite Teile Mittel- und Südeuropas, in Nordeuropa eingebürgert, fehlt in Großbritannien und auf der Iberischen Halbinsel. In Deutschland verbreitet im Süden, nach Norden zu nur noch zerstreut oder selten vorkommend.
Blütezeit: August bis September.
Vermehrung: Samen und Wurzelknospen.

Spießblättriges Helmkraut
(Scutellaria hastifolia)

Merkmale: Mehrjährige, 10–40 cm hohe Pflanze mit schlankem Wuchs. Länglich-lanzettliche Blätter ganzrandig, die unteren spießförmig (Name), alle mit nur 1–2 Zähnen am Grund. Bläulich-violette Blütenkrone 20–22 mm lang im Gegensatz zur eher rötlich-violetten, nur 6–8 mm langen Blütenkrone des **kleinen Helmkrauts** (S. minor). Kelch und Blütenkrone kurzdrüsig behaart, beim Kleinen Helmkraut drüsenlos behaart.
Standort: Feuchtgebiete und Sumpfwiesen in größeren Stromtälern, auch in Bruchwäldern.
Verbreitung: Ist zwar in Europa weit verbreitet, kommt aber nur sehr zerstreut bis selten vor. Ist in Deutschland vom Aussterben bedroht.
Blütezeit: Juni bis August.
Allgemeines: Durch Trockenlegungen von Mooren und Feuchtwiesen ist auch das stark gefährdete Kleine Helmkraut vielerorts ausgestorben.

Salbei-Gamander *(Teucrium scorodonia)*

Merkmale: Mehrjährige, verzweigte Pflanze, 30–60 cm hoch, mit Bodenausläufern, unangenehm riechend. Salbeiähnliche Blätter gestielt, eiförmig, am Grund herzförmig, gekerbt, netzrunzelig, kurz weichwollig behaart, 3–7 cm lang. 1–1,4 cm lange Blüten in einseitswendigen Scheinähren; Krone blaß-grünlichgelb; helmförmiger, zweilippiger Kelch mit vierzähniger Unterlippe und breiterer, rundlicher Oberlippe.
Standort: Lichte Wälder (Eiche, Kiefer), Waldränder, Heiden, auf sauren Böden.
Verbreitung: Mittel- und Südosteuropa. In Teilen Westeuropas und auf den Britischen Inseln eingebürgert. Im südlichen und mittleren Deutschland verbreitet, im Norden zerstreut.
Blütezeit: Juli bis September.
Allgemeines: Auch *Wald-Gamander* genannt, manchmal als Heilpflanze verwendet.

Echter Gamander *(Teucrium chamaedrys)*

Merkmale: Mehrjährige, niederliegende, am Grunde verholzte Pflanze, 15–30 cm hoch, mit unterirdischen Ausläufern. Breit-eiförmige, am Grund keilförmig-stielartig verschmälerte Blätter, gekerbt, auf der Unterseite heller, mit hervortretenden Nerven, 1–3 cm lang. Rötlichpurpurne Blüten mit bis 1,5 cm langer Krone; diese doppelt so lang wie der abstehend behaarte Kelch; in mehr oder weniger einseitswendigen, endständigen Scheinähren.
Standort: Trocken- und Halbtrockenrasen, steinige Hänge, lichte, trockene Wälder und Gebüsche, auf Kalkböden, bis 1100 m.
Verbreitung: Süd- und Mitteleuropa, in Großbritannien eingebürgert. In Deutschland nur zerstreut im Süden, nach Norden zu schnell seltener und bald ganz fehlend.
Blütezeit: Juli bis September.

Berg-Gamander *(Teucrium montanum)*

Merkmale: Mehrjährige, niederliegende Pflanze mit flach am Boden ausgebreiteten, stark verzweigten Stengeln, 5–30 cm hoch (Spalierstrauch). Lederige, immergrüne Blätter schmal-lanzettlich, 0,5–2 cm lang, ungeteilt und ganzrandig, unterseits weißfilzig. Blüten gelblichweiß, in mehr oder weniger dichten, halbkugelig-köpfchenförmigen Quirlen.
Standort: Trockene Rasen, Kalkmagerrasen, Felsen, Geröllfelder, Trockenhänge, auf steinigen Böden vor allem im Bereich der Gebirge und Mittelgebirge, bis 1800 m; auf Kalk.
Verbreitung: In fast ganz Mittel- und Südeuropa, in Nordeuropa sowie in England und Irland fehlend. Im südlichen Deutschland zerstreut, nach Norden zu immer seltener werdend, in Nordwest- und Norddeutschland ganz fehlend. **Blütezeit:** Juni bis August.

Gundermann *(Glechoma hederaceum)*

Merkmale: Mehrjährige Pflanze mit kriechendem, an den unteren Knoten wurzelndem Stengel, der 40 oder gar 60 cm lang werden kann, meist aber kürzer bleibt. Blauviolette Blüten bilden einen lockeren Blütenstand. Sie stehen in den Blattachseln und erwecken den Eindruck von Quirlen. Kronröhre bis zu 2 cm lang, Staubblätter und Griffel überragen sie noch. Die dreigelappte, purpurn gefleckte Unterlippe weist einen großen Mittellappen auf, die vorn ausgerandete Oberlippe ist gerade. Blätter rundlich-nierenförmig, gekerbt, bis 3 cm breit, auf der Oberseite glänzend, auf der Unterseite mattgrün.
Standort: Feuchte Wiesen, Auwälder, Wald- und Gebüschränder, Hecken, Mauern, bis 1500 m. Gern auf stickstoffhaltigem Boden.
Verbreitung: In den meisten Teilen Europas.
Blütezeit: April bis Juni.

Gemeiner Andorn *(Marrubium vulgare)*

Merkmale: Mehrjährige, 30–80 cm hohe, graufilzige Pflanze, aufrecht, mit thymianähnlichem Geruch. Rundliche oder breit-herzförmige Blätter runzelig, gezähnt und gestielt, unterseits dicht weißwollig behaart, später jedoch verkahlend. Blüten 1,5 cm lang, mit weißer Krone; der wollig behaarte Kelch weist 10 kleine, zurückgekrümmte, an der Spitze kahle Zähne auf; Blüten in dichten Scheinquirlen in den oberen Blattwinkeln, insgesamt eine lange, beblätterte Scheinähre bildend.
Standort: Trockene Weiden und Hänge, Wegränder, Schuttplätze, Ödland.
Verbreitung: Fast ganz Europa, in Nordeuropa eingebürgert. In Nordwestdeutschland fehlend, sonst nur sehr zerstreut bis selten vorkommend; vom Aussterben bedroht.
Blütezeit: Juni bis August.

Echte Katzenminze *(Nepeta cataria)*

Merkmale: Mehrjährige, aufrechte, 40–100 cm hohe Pflanze, herb-aromatisch nach Minze riechend. Stengel bis zum Grund kurz grau-filzig behaart, ebenfalls die eiförmigen oder eiherzförmigen, 3–7 cm langen Blätter, diese außerdem sägezähnig gekerbt, gestielt und besonders auf der Unterseite graufilzig. Blütenkrone weißlich, Unterlippe rötlich gefleckt. In dichten, rundlichen Scheinähren angeordnete Blüten. Kelch mit geraden, spitzen Zähnen.
Standort: Wegränder, Schuttplätze, Felsen, Abhänge, Ödland, bis in Höhen von 900 m.
Verbreitung: Hauptsächlich Süd- und Südosteuropa. In weiten Teilen Mittel- und Nordeuropas eingebürgert. In Deutschland nur sehr zerstreut bis selten; gefährdet.
Blütezeit: Juli bis September.

Gemeine Braunelle *(Prunella vulgaris)*

Merkmale: Mehrjährige, kleine Pflanze, 10–25 cm hoch, mit oberirdischen, kriechenden Ausläufern. Stengel aufrecht oder aufsteigend. Blätter wenig behaart, länglich-eiförmig, bis 4 cm lang, ganzrandig oder schwach gezähnt, die unteren gestielt. Blüten in rundlicher oder eiförmiger Scheinähre, blauviolett, bis 2 cm lange Krone, die doppelt so lang wie der Kelch ist. Blütenröhre gerade, Kelch ungleich zweilippig. Tragblätter und Kelchblätter purpurn gefärbt.
Standort: Nicht zu feuchte, aber auch nicht zu trockene Wiesen und Grasplätze, lichte Wälder, Wegränder, Schutt und Felsen, in den Alpen bis 2200 m. Gern auf lehmigen Böden.
Verbreitung: In ganz Europa weit verbreitet und häufig.
Blütezeit: Juni bis September/Oktober.
Allgemeines: Heilpflanze (Gurgelwasser).

Großblütige Braunelle *(Prunella grandiflora)*

Merkmale: Mehrjährige, 10–30 cm hohe Pflanze mit aufrechtem, behaartem Stengel. Blätter länglich-eiförmig, ganzrandig oder schwach gekerbt, die oberen nicht selten auch fiederspaltig, etwa 3–6 cm lang und 1–2,5 cm breit. Blauviolette Blüten mit 2–2,5 cm langer Krone und gekrümmter Röhre; Oberlippe helmförmig. Von der *Kleinen Braunelle* außerdem durch den mittleren Zahn der Kelchoberlippe zu unterscheiden, der nicht breiter als die seitlichen ist.
Standort: Trocken- und Kalkmagerrasen, sonnige, lichte Wälder und Waldränder, gern auf humus- und kalkhaltigen Böden, bis 2000 m.
Verbreitung: Hauptsächlich Mitteleuropa. Im Süden Deutschlands zerstreut, nach Norden und Nordwesten hin seltener oder fehlend.
Blütezeit: Juni bis August.

Immenblatt *(Melittis melissophyllum)*

Merkmale: Mehrjährige, 20–50 cm hohe, in der Regel unverzweigte Pflanze. Stengel, Blätter und Blattstiele dicht weichbehaart. Gestielte Stengelblätter eiförmig, grob gesägt, mit abgerundetem Grund, 5–9 cm lang, 2–4,5 cm lange Blüten entweder einfarbig weiß oder rosa oder weiß mit rosafarbener Unterlippe; diese dreiteilig mit breitem, großem Mittellappen.
Standort: Lichte Laubwälder, vor allem auf kalkhaltigem Untergrund, Buchen- oder Eichenmischwälder, Hecken und Gebüsche, auch Nadelwälder; in der montanen Region.
Verbreitung: Westeuropa (Frankreich, Südengland), Nordspanien, Italien, Südosteuropa, sowie Teile Mitteleuropas. In Deutschland zerstreut im Süden, sonst selten, im Norden fehlend. In den Alpen bis 1400 Meter.
Blütezeit: Mai bis Juni.

Bunter Hohlzahn *(Galeopsis speciosa)*

Merkmale: 30–100 cm hoch, einjährig, Stengel im allgemeinen kahl, nur unter den Knoten mit steifen, abstehenden Haaren besetzt. Gestielte Blätter länglich bis eiförmig, gesägt. Blüten größer als die aller anderen *Hohlzahn*-Arten, in der Regel 2–3,5 cm, manchmal auch 4,5 cm. Der Mittellappen der sonst gelben Blüte ist violett, die beiden Seitenlappen sind an den Spitzen meist weiß. Kronröhre doppelt so lang wie der Kelch, der spärlich behaart oder kahl ist.
Standort: Äcker, Schutthalden, Kahlschläge, Wälder, Hecken, Wegränder, Ödland, bis 2000 m. Wächst vor allem in der montanen und subalpinen Region.
Verbreitung: Fast ganz Europa, fehlt jedoch weitgehend im Westen und Nordwesten.
Blütezeit: Juni bis Oktober.

Gelber Hohlzahn *(Galeopsis segetum)*

Merkmale: Einjährige, 10 bis über 40 cm hohe Pflanze. Verzweigter Stengel mit kaum verdickten, weich behaarten oder kahlen Knoten. Eiförmige oder ovale, zuweilen auch oval-lanzettliche Blätter mit gesägtem Rand, die oberen flaumig-drüsig behaart. Blüten mit 2–3 cm langer Krone, meistens weißlichgelb, seltener gelb; scheinquirlig in den Winkeln der oberen Stengelblätter.
Standort: Steinschutt, Geröllfelder, Wegränder, Gebüsch; auf sandigen kiesigen Böden.
Verbreitung: Westeuropa und westliche Gebiete Mitteleuropas, eingebürgert in England und Irland. Im Westen Deutschlands verbreitet und teilweise auch häufig, sonst selten.
Blütezeit: Juli bis August.
Allgemeines: Ist auch unter den Namen *Bleicher Hohlzahn* oder *Saat-Hohlzahn* bekannt.

Gemeiner Hohlzahn *(Galeopsis tetrahit)*

Merkmale: Einjährige, sehr variable Pflanze, 10–100 cm hoch. Stengel an den Knoten stark verdickt, abstehend behaart, Drüsenhaare mit roten Spitzen. Die gestielten, eiförmig-länglichen 3–10 cm langen Blätter sind am Rand gezähnt. Blüten fast immer rosa bis rot, selten gelblich oder weiß, mit 1,5–2 cm langer Blütenkrone, die doppelt so lang ist wie der 5zähnige, behaarte Kelch. Dreilappige Unterlippe gelb und purpurn marmoriert, Mittellappen vorne gezähnt, leicht behaarte Oberlippe helmartig. Armblütiger, aus oben gedrängten Scheinquirlen bestehender Blütenstand mit schwarzköpfigen Drüsenhaaren. (Auch *Stechender Hohlzahn* genannt.)
Standort: Getreideäcker, Schuttplätze, Kahlschläge, Heiden, Hecken, Gebüsch.
Verbreitung: Fast ganz Europa.
Blütezeit: Juli bis Oktober.

Goldnessel *(Lamium galeobdolon)*

M: 20–60 cm hohe, spärlich behaarte Pflanze mit oberirdischen Ausläufern. 3 bis 8 cm lange Blätter, goldgelbe Blüten mit dreizipfeliger Unterlippe, rötlich oder bräunlich gefleckt (Saftmale), Krone 1,5–2,5 cm lang. Staubbeutel kahl. **St**: Wälder aller Art. **Vb**: Fast ganz Europa. **Bl**: April bis Ende Juni, Anfang Juli. **Vm**: Ungeschlechtlich und geschlechtlich, Hauptbestäuber sind Bienen.

Weiße Taubnessel *(Lamium album)*

M: 20–60 cm hoch, mehrjährig. Bis 7 cm lange, brennesselähnliche Blätter, weiße Blüten mit 2–2,5 cm langer Krone und aufwärts gebogener Kronröhre, innen mit einem schrägen Haarring, scheinquirlig in den Blattwinkeln sitzend. **St**: Schuttplätze, Wegränder, Hecken, Bahndämme, auf stickstoffreichem Boden, bis 1800 m. **Vb**: In ganz Europa verbreitet. **Bl**: April bis August und später, z. T. Oktober.

Gefleckte Taubnessel
(Lamium maculatum)

M: 20–80 cm hoch, mehrjährig, sehr variabel. Blätter bis 8 cm lang an 4 cm langen Stielen, bis zu 3 cm lange Büten, purpurn mit dunkel gefleckter Unterlippe und gekrümmter Röhre; der Haarring ist gerade, Staubbeutel bärtig behaart. **St**: Wälder, Hecken und Gebüsch, oft in dichter Krautschicht, bis 2000 m. **Vb**: Fast ganz Europa. **Bl**: April bis September.

Stengelumfassende Taubnessel
(Lamium amplexicaule)

M: Einjährige, 10–30 cm hohe, wenig verzweigte Pflanze. Stengelblätter rundlich-nierenförmig, tief gekerbt, die unteren gestielt, 1–2 cm lang und 1–3 cm breit; obere Blätter wie Tragblätter der Halbquirle stengelumfassend und sitzend. Purpurne Blüten 1–1,5 cm lang, bleiben oft geschlossen. **St**: Schuttplätze, Ödland. **Vb**: Fast ganz Europa. **Bl**: März bis Mai.

Rote Taubnessel *(Lamium purpureum)*

M: Nur 10 bis höchstens 30 cm hoch, einjährig, unangenehmer Geruch. Blätter weichhaarig, oft runzelig und rötlich überlaufen. Rosarote Blüten in pyramidenförmigen, dichten Scheinquirlen. 1–1,5 cm lange Krone mit Haarkranz, doppelt so lang wie der Kelch. **St**: Äcker, Schuttplätze, Wegränder, bis 1800 m. **Vb**: Fast ganz Europa. **Bl**: Hauptsächlich März bis Oktober, zuweilen schon ab Januar und bis in den Dezember.

Echtes Herzgespann *(Leonurus cardiaca)*

M: 50–150 cm hoch, mehrjährig. Handförmige Grundblätter, dreilappige Stengelblätter. Weiße, teilweise blaßrote Blüten mit behaarter Oberlippe und purpurn gezeichneter Unterlippe, in dichten, reichblütigen Scheinquirlen; beblätterte Blütenstände. **St**: Wegränder, Schutt, Mauern, Hänge. **Vb**: Fast ganz Europa, in Deutschland stellenweise selten; gefährdet. **Bl**: Juni bis September. **Allg.**: Pflanze unangenehm riechend.

Schwarznessel *(Ballota nigra)*

M: Mehrjährig, verzweigt, bis 100 cm hoch. Stengel und Blätter behaart. Blätter rundlich bis spitz-oval, grob gekerbt oder gesägt, bis 5 cm groß, gestielt. Die bläulichroten Blüten in 4- bis 10zähligen Scheinquirlen. Die Blütenkrone wird 2 cm lang, der Kelch ist kürzer als die Kronröhre, trichterförmig mit 10 Nerven und 5 breiten, spitzen Zähnen. **St**: Ödland, Schuttplätze. **Vb**: Mittel- und Südeuropa. **Bl**: April bis Juli.

Echter Ziest *(Stachys officinalis)*

M: Mehrjährige, rauhhaarige Pflanze, 30–60 cm hoch. Stengel meist einfach, am Grund verholzt. Grundblätter in Rosette, gestielte Stengelblätter schmal-eiförmig, bis 10 cm lang, gekerbt. Rote Blüten in dichter, endständiger Scheinähre, 3–6 cm Länge. **St**: Wiesen, Wälder, Gebüsch, Heiden. **Vb**: Fast ganz Europa. In Deutschland verbreitet bis zerstreut, im Norden selten bis fehlend. **Bl**: Juli bis August.

Wald-Ziest *(Stachys silvatica)*

M: Mehrjährige, 30–120 cm hohe, Pflanze. Gestielte, herz- bis breiteiförmige, gesägte und zugespitzte Blätter ähneln denen der *Brennessel*, sie sind dicht abstehend behaart. Dunkelrote Blüten mit hellerer Zeichnung, Krone doppelt so lang wie der Kelch. Bis zu 6 Blüten scheinquirlig in den Blattachseln, eine Scheinähre bildend. **St**: Laub- und Mischwälder, Gebüsche. **Vb**: Fast ganz Europa. **Bl**: Juni bis August.

Sumpf-Ziest *(Stachys palustris)*

M: Mehrjährig, 30 bis über 100 cm hoch. Länglich-lanzettliche, 5–12 cm lange Blätter mit schwach herzförmigem Grund, sitzend (oben), sonst kurzgestielt, klein gekerbt, außerdem nahezu kahl. Hellrote Blütenkrone mit dunkler Zeichnung auf der dreiteiligen Unterlippe. Blüten zu 6–12 in Scheinquirlen, diese fast ährenförmig und kaum beblättert. **St**: Feuchte Böden. **Vb**: Fast ganz Europa. **Bl**: Juni bis August.

Einjähriger Ziest *(Stachys annua)*

Merkmale: Einjährige, 10–30 cm hohe, verzweigte Pflanze. Deutlich gestielte Blätter länglich-lanzettlich, 2–6 cm lang, fast kahl. Gelblichweiße Blüten in 4–6zähligen, oberwärts genäherten Scheinquirlen. Der ähnliche *Aufrechte Ziest* hat 6–10blütige Scheinquirle, außerdem untere Blätter kurz gestielt. **Standort**: Äcker, Weinberge, Ödland, bis 1000 m. **Verbreitung**: Hauptsächlich weite Teile Süd- und Mitteleuropas, eingebürgert in Nordeuropa und auf den Britischen Inseln. In Deutschland im Süden zerstreut, im Norden selten oder ganz fehlend; gefährdet. **Blütezeit**: Juni bis Oktober.

Wiesen-Salbei *(Salvia pratensis)*

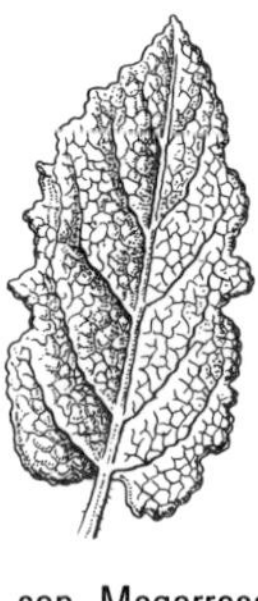

M: Mehrjährig, bis 80 cm hoch. Behaart mit aufrechten, hohlen Stengeln, oben ästig und drüsenhaarig. Blätter eiherzförmig, unregelmäßig gekerbt, bis zu 12 cm lang. Blüten dunkelblau bis blauviolett, selten rosa oder ganz weiß, 1,5–2,5 cm lange Kronröhre mit sichelförmiger Oberlippe. Unregelmäßig gezähnter Kelch ⅓ so lang. **St**: Trockenwiesen, Magerrasen, Raine. **Vb**: Fast ganz Mitteleuropa. **Bl**: Mai bis August.

Wirbeldost *(Satureja vulgaris)*

Merkmale: Mehrjährige, geruchlose Pflanze mit zottig behaartem, 30–60 cm hohem Stengel. Eiförmige, ganzrandige oder nur schwach gekerbte Blätter von 2–4 cm. Karminrote oder auch rosarote, selten weiße Blüten zu 10–20 in 1–4 übereinanderstehenden Quirlen in den obersten Blattpaaren. Krone bis zu 1,5 cm lang, Kelchblätter in stechend begrannten Zähnen auslaufend. Pfriemliche Tragblätter wie Stengel und Kelch lang zottig behaart.
Standort: Lichte Wälder, Gebüsche, sonnige Waldränder, Trockenrasen, meist an teilweise beschatteten Stellen, bis 1600 m.
Verbreitung: Fast ganz Europa, fehlt in Irland. Im Nordwesten Deutschlands nur selten, sonst aber recht verbreitet.
Blütezeit: Juli bis September, mitunter auch bis Oktober.

Dost *(Origanum vulgare)*

Merkmale: Kleinere oder größere Bestände bildende, mehrjährige Pflanze mit herb aromatischem Duft. Wächst aus einem Wurzelstock 40–70 cm hoch, Stengel vom Grund an verzweigt, wie die oft rötlichen Zweige leicht behaart. Blätter nur wenig gestielt, oval oder spitz-eiförmig, schwach gezähnt oder mit glattem Rand, behaart oder kahl, im Bereich des Blütenstandes oft rötlich überlaufen. Blüten in endständigen oder seitenständigen Teilblütenständen. Rosa Blütenkrone mit dreiteiliger Unterlippe und aufrechter, ausgerandeter Oberlippe. Kelch kürzer als die Kronröhre.
Standort: Trockenrasen, Böschungen, trokkene und lichte Wälder, Wegränder, Gebüsch.
Verbreitung: Fast ganz Europa.
Blütezeit: Juli bis September/Oktober.
Allgemeines: Bekannt als *Wilder Majoran.*

Stein-Bergminze *(Satureja acinos)*

Merkmale: Ein- bis dreijährige Pflanze mit aufsteigenden, seltener auch niederliegenden oder aufrechten Stengeln, 10–40 cm hoch. Kurz gestielte, fast sitzende Blätter 0,3 bis 1 cm breit und höchstens 2 cm lang, länglich-eiförmig und in den kurzen Stiel verschmälert, ganzrandig oder schwach gezähnt, am Rand meist etwas eingerollt. 0,7 bis 1 cm lange Blüten mit blaßlila bis violetter Krone, deren Lippe mit weißer Zeichnung.
Standort: Trocken- und Halbtrockenrasen, Ödland, Böschungen, gern auf lockeren, steinigen Böden, an warmen Stellen, bis 1300 m.
Verbreitung: Fast ganz Europa. In Deutschland verbreitet, im Norden zerstreut oder selten, in manchen Gegenden fehlend.
Blütezeit: Juni bis September.
Allgemeines: Heißt auch *Stein-Quendel.*

Feld-Thymian *(Thymus serpyllum)*

Merkmale: Mehrjährige Pflanze mit niederliegenden oder aufsteigenden Stengeln, am Grund manchmal etwas verholzt, können Wurzeln schlagen und werden etwa 30 cm hoch. Blütenstengel rundlich bis 4kantig, kahl, an Kanten oder ganz behaart. Der Blütenstand quirlig in rundlichen, eiförmigen oder länglichen Köpfen. Rosa bis violettpurpurrote Krone, höchstens 6 mm lang. Blätter kurz gestielt, elliptisch oder länglich, am Rand gewimpert, bis 1 cm lang, an der Spitze abgerundet. Die Pflanze, die in der Regel dichte Polster bildet, duftet würzig.
Standort: Trockene Sandfluren, Wegränder, Böschungen, Heiden, lichte Wälder, Gebüsch.
Verbreitung: In weiten Teilen Europas. Über ganz Deutschland verbreitet; gefährdet.
Blütezeit: Mai bis Oktober.
Allgemeines: Formenreiche Sammelart.

Gemeiner Wolfstrapp *(Lycopus europaeus)*

Merkmale: Aufrechte, mehrjährige Pflanze, 30–100 cm hoch, mitunter auch 120 cm. Stengel nicht oder nur wenig verzweigt, wie die ganze Pflanze meist schwach behaart. Blätter lanzettlich, bis 4 cm breit und bis 10 cm lang, gesägt bis tief gezähnt, am Grund fiederspaltig mit dreieckigen, schmalen Lappen, nur selten bis zum Mittelnerv geteilt. Kleine, weißliche Blüten mit innen rötlich gefleckter, im Durchmesser 3 mm großer Krone, in dichten Scheinquirlen in den oberen Blattachseln sitzend. Behaarter Kelch mit längeren Zähnen als die Kelchröhre. Im Unterschied zu den meisten anderen Arten der Lippenblütler ist der *Wolfstrapp* völlig geruchlos.
Standort: Sumpfige Orte.
Verbreitung: Fast ganz Europa, wo er ziemlich häufig ist, auch in Deutschland.
Blütezeit: Juli bis September.

Acker-Minze *(Mentha arvensis)*

Merkmale: Aromatisch duftende, mehrjährige Pflanze mit aufrechten oder aufsteigenden, aber auch niederliegenden Stengeln, bis 40 cm lang. Elliptische oder eiförmige Blätter schwach gesägt bis gekerbt. Blütenstände zahlreich, entfernt gestellt in den Achseln laubblattartiger Tragblätter stehend. Der vierkantige Stengel endet oben in einem dichten Blattbüschel.
Standort: Nasse Wiesen und Äcker, Gräben, Sümpfe, Waldlichtungen, Ödland, bis 1900 m.
Verbreitung: Fast ganz Europa, fehlt in Portugal und in Teilen Südosteuropas. In Deutschland verbreitet.
Blütezeit: Juli bis September.
Allgemeines: *Wasser-* und *Acker-Minze* bilden als Bastard die *Quirlblütige Minze*, die in allen Merkmalen zwischen den Eltern steht.

Wasser-Minze *(Mentha aquatica)*

Merkmale: Mehrjährige, meist aufrechte, einfache oder verzweigte Pflanze, bis zu 80 cm hoch mit starkem Pfefferminzgeruch. Gestielte Blätter behaart, eiförmig oder oval, mit gezähntem Rand, 2–6 cm lang. Rosa- oder lilafarbene Blüten in Quirlen, die am Stengelende gedrängt stehen und einen kugelförmigen Blütenstand bilden. Die in den Achseln der obersten Blattpaare befindlichen Scheinköpfchen sind deutlich kleiner und kürzer gestielt. Kelchzähne lanzettlich.
Standort: Sümpfe, Ufer, Gräben, Naßwiesen, Großseggengesellschaften, bis 1200 m.
Verbreitung: In den meisten Teilen Europas und in ganz Deutschland verbreitet.
Blütezeit: Juli bis September oder Oktober.
Vermehrung: Neben Bestäubung und Samen durch den kriechenden Wurzelstock und seine langen, oberirdischen, beblätterten Ausläufer.

Roß-Minze *(Mentha longifolia)*

Merkmale: Mehrjährige, 30–100 cm hohe, aufrechte Pflanze mit wenig angenehmem Geruch. Locker bis dicht behaarter Stengel am Grund mit unterirdischen Ausläufern. Länglich-lanzettliche bis länglich-eiförmige, scharf gesägte Blätter 5–10 cm lang, unterschiedlich in der Behaarung, aber meist unterseits filzig behaart; Nerven im Gegensatz zur *Rundblättrigen Roß-Minze* nur wenig hervortretend. Rosa oder rötlichlilafarbene Blüten in ährenförmigen oder zylindrischen, 3–10 cm langen Blütenständen.
Standort: Feuchte Wiesen, Ufer, Gräben, nasse Äcker und Feldwege, vor allem auf kalk- und stickstoffhaltigen Böden, bis 1600 m.
Verbreitung: Hauptsächlich Süd- und Mitteleuropa. In Süddeutschland verbreitet, nach Norden zu seltener oder nur eingeschleppt.
Blütezeit: Juli bis September. □

Schwarzes Bilsenkraut
(Hyoscyamus niger)

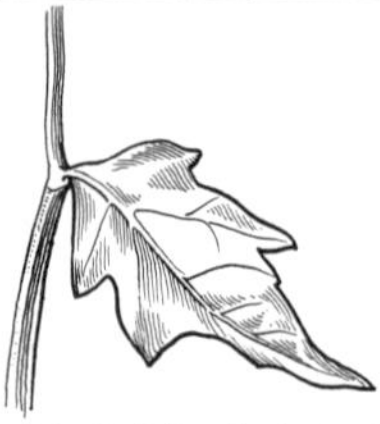

M: Zweijährige, behaarte und klebrige Pflanze. Ästiger Stengel 30–60 oder auch 80 cm hoch. Längliche Blätter gezähnt, 15–20 cm lang, die unteren gestielt, Kelch mit dreieckigen, zugespitzten Zähnen. Schmutziggelbe, violett geaderte Blüten mit 5lappiger Blütenkrone. **St**: Schuttplätze, Brachland. **Vb**: Fast ganz Europa, selten; gefährdet. **Bl**: Juni bis Oktober. **Allg**: *Sehr giftig.*

Schwarzer Nachtschatten
(Solanum nigrum)

M: Aufrechte, einjährige Pflanze mit fast kahlen, verzweigten Stengeln, 20–60 cm hoch. Die buchtig gezähnten, selten ganzrandigen Blätter sind oval oder eiförmig. Die 5teilige, weiße Krone ist weit ausgebreitet, die gelben Staubbeutel ragen weit hervor. **St**: Schuttplätze, Wegränder, Äcker. **Vb**: Ganz Europa. **Bl**: Juni bis Oktober.

Stechapfel *(Datura stramonium)*

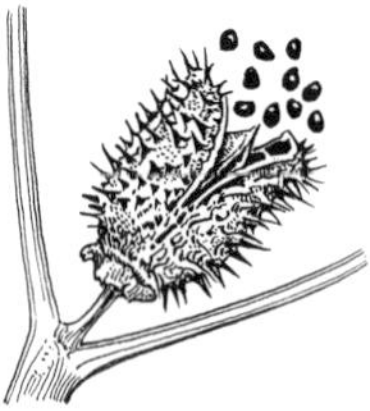

M: Einjährige, kahle Pflanze mit 30–120 cm hohem, meist gabelästigem Stengel. Eiförmige, gestielte Blätter buchtig gezähnt, unangenehm riechend, 10–20 cm lang. Blüten mit weißer, selten blauvioletter, bis 8 cm langer Krone, die 5 spitze Zipfel aufweist. Frucht eine 5–7 cm große, stachelige Kapsel. **St**: Gärten, Schuttplätze, Wegränder, Mauern. **Vb**: Fast ganz Europa. **Bl**: Juni bis Oktober. **Allg**: *Sehr giftig.*

Bittersüßer Nachtschatten
(Solanum dulcamara)

M: Mehrjährige, 30–200 cm hohe, strauchige Pflanze mit kletternden, am Grunde verholzten Stengeln. Eiförmig-lanzettliche Blätter meist ungeteilt, die obersten aber häufig spießförmig bis geöhrt. Kronblätter flach ausgebreitet. Frucht eine glänzend rote Beere. **St**: Auwälder, feuchte Gebüsche, Kahlschläge, Ufer. **Vb**: Fast ganz Europa. **Bl**: Juni bis August. **Allg**: *Giftig.*

Gelber Nachtschatten *(Solanum luteum)*

Merkmale: Einjährige, 10–50 cm hohe Pflanze, dem *Bittersüßen Nachtschatten* sehr ähnlich, aber im Gegensatz zu diesem mit dichtem bis zottig behaartem Stengel. Eiförmige Blätter tief buchtig gezähnt. Beeren orangerot bis gelb.
Standort: Schuttplätze, Äcker, Wegränder.
Verbreitung: Süd- und Mitteleuropa, fehlt in Großbritannien, von Dänemark an in ganz Nord- und in großen Teilen Westeuropas. In Deutschland zerstreut, im Norden selten oder fehlend, oftmals nur eingeschleppt.
Blütezeit: Juli bis Oktober.

Tollkirsche *(Atropa belladonna)*

M: Mehrjährige, kräftige, 50–150 cm hohe Pflanze, reich verzweigt. Eiförmige, spitze Blätter bis über 15 cm lang, in den Blattstiel verschmälert, im Bereich des Blütenstandes scheinbar gegenständig. Blüten nickend, braunviolett, einzeln blattachselständig. **St**: Lichte Stellen in Wäldern, Waldränder, Kahlschläge, bis 1700 m. **Vb**: Süd- und Mitteleuropa. **Bl**: Juni bis August. **Allg**: Heilpflanze; *stark giftig.* □

Schwarze Königskerze
(Verbascum nigrum)

Merkmale: 50–120 und sogar 150 cm hohe, mehrjährige Pflanze mit aufrechtem, nach oben scharfkantigem Stengel. Blätter unterseits graufilzig, oberseits fast kahl, grundständige Blätter meist langgestielt, am Grunde herzförmig, ungleichmäßig gekerbt, mittlere Stengelblätter einfach gekerbt, länglich eiförmig. Im verlängerten, drüsenlosen Blütenstand sitzen gelbe Blüten in ährig angeordneten Knäueln. Blütenkrone außen dicht behaart, bis über 2 cm im Durchmesser mit violettwolligen Staubfäden.
Standort: Schuttplätze, Böschungen, Straßen- und Wegränder, Trockenwiesen, lichte Wälder.
Verbreitung: Fehlt in Portugal und Irland sowie in Südosteuropa, sonst zerstreut bis verbreitet, auch in Deutschland.
Blütezeit: Mai bis September.

Mehlige Königskerze
(Verbascum lychnitis)

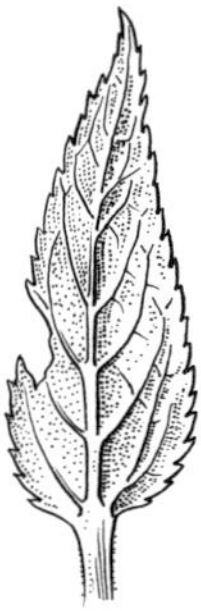

Merkmale: Zweijährige Pflanze mit 50–150 cm hohem, oberwärts kantigem Stengel. Blätter oberseits fast kahl, unterseits mehlig, graufilzig; die gestielten Grundblätter länglich-lanzettlich, die sitzenden Stengelblätter oval, lang zugespitzt, im Gegensatz zur *Kleinblütigen Königskerze* nicht am Stengel herablaufend. Hellgelbe oder weißliche Blüten mit 1–1,4 cm breiter Blütenkrone (die der *Flockigen Königskerze* mißt 1,5–2,5 cm) und weiß- oder gelblich-wolligen Staubgefäßen. Heißt auch *Lichtnelken-Königskerze.*
Standort: Trocken- und Halbtrockenrasen, Weg- und Waldränder, Kahlschläge, Gebüsch, gern auf kalkhaltigen Böden, an warmen Stellen bis 1400 m.
Verbreitung: Fast ganz Europa.
Blütezeit: Juni bis September.

Großblütige Königskerze
(Verbascum densiflorum)

Merkmale: Zweijährige, aufrechte Pflanze mit kräftigem Stengel, der zwischen 70 und 150 cm mißt, aber nicht selten sogar eine Höhe von 200 cm erreicht. Gelbgrüne, am Stengel herablaufende, länglich-lanzettliche und langspitzige Blätter deutlich gekerbt. Die hellgelben Blüten mit ihren flach ausgebreiteten Kronblätter haben einen Durchmesser von 3,5–5,5 cm (Name), im Gegensatz zur sonst recht ähnlichen *Kleinblütigen Königskerze* (1,2–2 cm).
Standort: Schuttplätze, sonnige Waldränder, Brachland, trockene und steinige Stellen.
Verbreitung: Hauptsächlich Mitteleuropa, daneben weite Teile Südeuropas, eingebürgert auf den Britischen Inseln. In Deutschland verbreitet, nach Norden zunehmend seltener.
Blütezeit: Juli bis September.

Knotige Braunwurz *(Scrophularia nodosa)*

Merkmale: Mehrjährige, 50–150 cm hohe Pflanze mit 4kantigem, nicht geflügeltem Stengel. Herz- oder eiförmig spitze Blätter grob doppelt gesägt, kahl, 6–12 cm lang. Blüten mit braunroter, am Grunde grünlicher Krone, kaum 1 cm lang, in endständiger, meist drüsig behaarter Rispe. Wurzelstock mit knollig verdickten Knoten (Name).
Standort: Feuchte, schattige, krautreiche Wälder und Gebüsche, Heckenränder, häufig nur in der Nähe von Gewässern, bis 1700 m.
Verbreitung: In weiten Teilen Europas, im Norden bis Mittelskandinavien, fehlt in Portugal sowie im südlichen Italien. In Deutschland verbreitet und meist häufig.
Blütezeit: Juni bis August.
Vermehrung: Durch Samen. Von verschiedenen Kerbtieren, oft von Wespen bestäubt.
Allgemeines: Heilpflanze; *schwach giftig.*

Acker-Löwenmaul *(Antirrhinum orontium)*

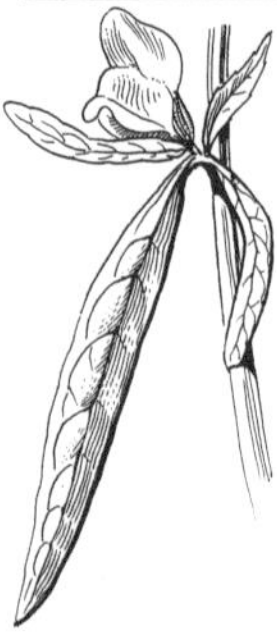

Merkmale: Einjährige, 10 bis über 30, teilweise bis 50 cm hohe, aufrechte, zierliche Pflanze. Verzweigter Stengel mit 3–5 cm langen, linealisch-lanzettlichen Blättern. Rosarote, dunkel geaderte Blütenkrone 8–10 mm lang im Gegensatz zur 2–3 cm langen Krone des *Großen* oder *Garten-Löwenmauls*, dessen Blüten außerdem recht verschiedenfarbig sein können. Kelchblätter fast so lang wie Blütenkrone. Krone mit gelbem Schlundhöcker und ausgesägter Röhre, Blüten in lockerer, beblätterter Traube.
Standort: Äcker, Wegränder, Weinberge, gern auf sandigen, kalkarmen Böden.
Verbreitung: Ursprünglich im Mittelmeerraum, in fast ganz Europa eingebürgert. In Deutschland zerstreut eingebürgert, unbeständig, in höheren Lagen meist fehlend.
Blütezeit: Juli bis September.

Gemeines Leinkraut *(Linaria vulgaris)*

Merkmale: Mehrjährige, 20–60 cm hohe Pflanze mit verzweigtem Wurzelstock und zahlreichen aufrechten, kahlen Stengeln. Dichtstehende, linealisch bis lanzettliche Blätter bis 8 cm lang, am Rand oft leicht umgerollt. Schwefelgelbe Blütenkrone mit orangefarbenem Gaumen, zusammen mit dem langen, geraden Sporn 2–3 cm lang. Kelchzipfel lanzettlich oder oval. Blüten bilden dichte, endständige Traube.
Standort: Wegränder, Böschungen, Straßengräben, Dämme, Schuttplätze, Steinbrüche, besonders an trockenen und sonnigen Stellen, bis 1300 m. Auf steinigen, sandigen Böden.
Verbreitung: Ganz Mitteleuropa und fast ganz Nordeuropa, im Süden bis Südfrankreich, Mittelitalien und Südjugoslawien. Weit verbreitet, gebietsweise sehr häufig.
Blütezeit: Juni bis September.

Acker-Leinkraut *(Linaria arvensis)*

Merkmale: Einjährige, bläulichgrüne, 10–20, zuweilen auch bis 40 cm hohe Pflanze. Linealisch-lanzettliche Blätter bis 4 cm lang, entweder ganz wechselständig oder nur die oberen Blätter, während die unteren meist zu 4 in Quirlen angeordnet sind. Kleine 4–8 mm lange Blüten mit blaulila Krone und stark nach vorne gekrümmtem Sporn. Beim ähnlichen *Gestreiften Leinkraut* mißt die Blütenkrone mit Sporn 1,5 bis 2 cm. Dessen Blütenstiele sind außerdem kahl, beim *Acker-Leinkraut* aber ein wenig drüsig und kürzer als der Kelch.
Standort: Äcker, gern auf sandigen Böden.
Verbreitung: Süd- und Mitteleuropa. Fehlt in Großbritannien wie in weiten Teilen Nordwesteuropas. In Deutschland sehr zerstreut bis selten, teilweise nur eingebürgert, im Norden fast ganz verschwunden, stark abnehmend und vom Aussterben bedroht.
Blütezeit: Juli bis September.
Allgemeines: Alle Arten der Gattung Leinkraut gelten als *giftverdächtig* und sollen aus diesem Grunde vom Vieh nicht gefressen werden.

Orant *(Chaenorrhinum minus)*

Merkmale: Einjährige, unscheinbare Pflanze, dicht mit Drüsenhaaren besetzt, bis 25 cm, nicht selten nur zwischen 5 und 10 cm hoch. Länglich-lanzettliche Blätter ungezähnt, am Grund keilförmig, nach unten zu gegenständig. Blaßviolette, leicht geöffnete Blüten mit gelbem Schlund und Blütenkrone mit 6–10 mm langem, fast geradem Sporn, der an der Spitze stumpf ist.
Standort: Äcker, Bahndämme, Wegränder, Kiesgruben, Felsschutt, bis 1000 m.
Verbreitung: In fast ganz Europa, im Norden nur eingebürgert. Im Norden Deutschlands zerstreut, sonst verbreitet.
Blütezeit: Juni bis September.
Allgemeines: Name *Orant* (lat. = Betender) bezeichnet eine Gestalt, die mit erhobenen Armen und nach oben gewendeten Handflächen betet. Früher stellte man den *Orant* zur Gattung *Leinkraut*, wo er unter dem Namen *Kleines Leinkraut* bekannt wurde. Heute bildet er eine eigene Gattung.

Gnadenkraut *(Gratiola officinalis)*

Merkmale: Mehrjährige, kahle Pflanze mit fleischigem Wurzelstock und aufrechtem, hohlem, nicht oder nur wenig verzweigtem Stengel, unten rundlich, nach oben zu 4eckig, 15–40 cm hoch. Lanzettlich-spitze Blätter, kurz aber scharf gesägt, 3- oder 5nervig, sitzend. Blüten mit bis zu 2 cm langer Krone, die am Grund gelblich ist, nach oben einen rosa Saum aufweist mit spreizenden Kronzipfeln. An langen Stielen einzeln in den Blattachseln stehend.
Standort: Feuchte Wiesen, Torfmooere, Sümpfe, Ufer, Gräben, Tümpel.
Verbreitung: Hauptsächlich Mitteleuropa, fehlt in Dänemark und ganz Nordeuropa, außerdem auf den Britischen Inseln. In Deutschland sehr zerstreut, vom Aussterben bedroht.
Blütezeit: Juni bis August.
Allgemeines: Berühmte Heilpflanze; *giftig.*

Großblütiger Fingerhut *(Digitalis grandiflora)*

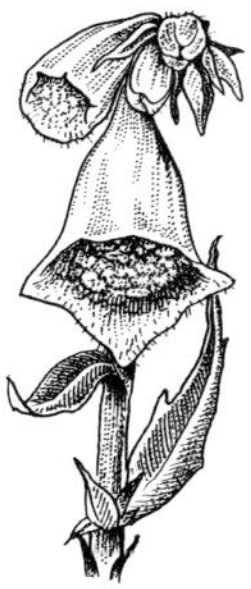

Merkmale: 40 bis über 100 cm hohe, mehrjährige Pflanze mit drüsenhaarigen Stengeln und Blütenstielen. Die länglich-lanzettlichen, fein gesägten Blätter sind oberseits glänzend und behaart, unterseits, vor allem auf den Nerven und am Rand, flaumig behaart. Wie beim *Roten Fingerhut* endständige und einseitswendige Blütentraube aus großen, bis 4 cm langen Blüten. Sie sind jedoch schwefel- bis ockergelb mit braunen Flecken oder Adern in der Blütenkrone.
Standort: Laubwälder, Waldlichtungen, Kahlschläge, sonnige Waldränder, auf kalkhaltigem oder nicht zu saurem Boden, bis 1600 m.
Verbreitung: Fast ganz Mitteleuropa und große Teile Westeuropas zerstreut.
Blütezeit: Juni bis September.
Allgemeines: Keine Heilpflanze; *giftig.*

Roter Fingerhut *(Digitalis purpurea)*

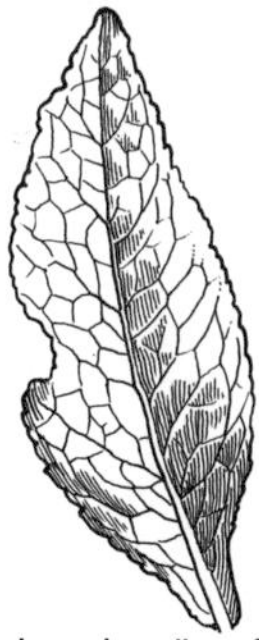

Merkmale: Auffallende und große, 50–150 cm hohe, zweijährige Pflanze. Im ersten Jahr erscheinen die großen, rosettenartigen Grundblätter, im zweiten Jahr folgt der einfache, graufilzige Blütenstengel. Ei-lanzettliche, bis 20 oder gar 30 cm lange gekerbte Blätter unten gestielt, nach oben zu mit immer kürzeren Blattstielen, schließlich sitzend, grüne Oberseite flaumig behaart. Unterseite graufilzig. Purpurrote, selten auch weiße oder rosa Blütenkrone außen kahl, innen behaart und mit vielen dunkelroten, weißumrandeten Flecken, bis 6 cm lang.
Standort: Kahlschläge, Waldlichtungen.
Verbreitung: West- und Südwesteuropa, im Norden bis Südschweden und Westnorwegen. In Deutschland seltener.
Blütezeit: Juni bis August.
Allgemeines: Altbekannte Heilpflanze; *giftig.*

Gelber Fingerhut *(Digitalis lutea)*

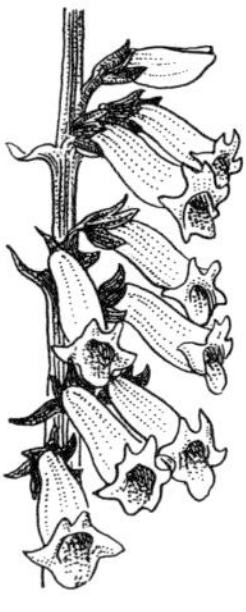

Merkmale: Mehrjährige, zwischen 50 und 100 cm hohe Pflanze mit kahlen Blättern, Blattstielen und Stengel. Blätter schmal-lanzettlich und glänzend. Kann mit dem *Großblütigen Fingerhut* verwechselt werden, der jedoch größere Blüten hat. Die gelben Kronen in den langen schlanken Blütentrauben ragen beim *Gelben Fingerhut* nur etwa 2 cm aus dem Kelch, selten erreichen sie eine Länge von mehr als 2,5 cm.
Standort: Buschige Abhänge, Laub- oder Mischwälder, Kahlschläge mit genügend Beschattung. Bis in 1500 Meter Höhe.
Verbreitung: Mitteleuropa. Fehlt in Skandinavien und auf den Britischen Inseln. Im Süden bis Spanien und Italien.
Blütezeit: Juni bis August.
Allgemeines: Heilpflanze; *giftig.*

Persischer Ehrenpreis *(Veronica persica)*

M: Einjährige, niederliegende bis aufsteigende, 10–30 cm hohe Pflanze. Stengel kräftig, nicht wurzelnd. Dreieckige bis eiförmige, kurzgestielte Blätter grob gezähnt. 8–12 mm breite Blütenkrone leuchtend blau, unterer Kronlappen heller, oft sogar weiß. **St**: Schuttplätze, Äcker und Gärten, wo er als verbreitetes Unkraut gilt, bis 1700 m. **Vb**: In fast ganz Europa. **Bl**: März bis Oktober, in milden Lagen auch länger.

Gamander-Ehrenpreis *(Veronica chamaedrys)*

M: Mehrjährige, 15–30 cm hohe Pflanze, mit zweizeilig behaarten Stengeln, diese niederliegend oder aufsteigend. Behaarte Blätter eiförmig-spitz, grob gekerbt, oben sitzend, unten kurzgestielt. Blüten mit himmelblauen, selten auch rosa oder weißen Kronblättern. **St**: Wiesen, lichte Wälder, Gebüsche. **Vb**: Ganz Europa. **Bl**: Mai bis August.

Bach-Ehrenpreis *(Veronica beccabunga)*

M: Mehrjährige, 20–60 cm hohe Pflanze. Kurz gestielte Blätter eiförmig bis breit-elliptisch, an der Spitze abgerundet, bis 4 cm lang. Tief hell- bis dunkelblaue Blüten in gestielten, gegenständigen Trauben in den Achseln der oberen Blätter. Krone 5–8 mm breit. **St**: Quellfluren, Ufer, Gräben, Bäche, Sümpfe, Röhricht fließender Gewässer. **Vb**: Ganz Europa. **Bl**: Mai bis August.

Finger-Ehrenpreis *(Veronica triphyllos)*

M: Einjährige Pflanze mit niederliegenden bis aufsteigenden, zwischen 5 und 15 cm langen Stengeln. Obere Blätter handförmig geteilt. Blüten mit dunkelblauen, 6–9 mm breiten Kronblättern, in lockeren, endständigen Trauben. Fruchtstiele in etwa so lang oder wenig länger als Kelch oder Tragblätter. **St**: Wiesen, Äcker, Gärten, Mauern, Ödland. **Vb**: Mittel- und Südeuropa. **Bl**: März bis Mai. **Allg**: heißt auch Dreiblättriger Ehrenpreis.

Wald-Ehrenpreis *(Veronica officinalis)*

M: Mehrjährige, 15–30 cm hohe niederliegende Pflanze mit rauhhaarigem Stengel und aufrechtem Blütenstand. Kurzgestielte, derbe Blätter verkehrt-schmal-eiförmig bis eiförmig oder breit-lanzettlich, gesägt oder gekerbt. Hellviolette, zuweilen weißliche Blüten in dichten, blattachselständigen Trauben. **St**: Trockene Wälder, Waldränder, Heiden. **Vb**: Ganz Europa. **Bl**: Juni bis August.

Quendelblättriger Ehrenpreis *(Veronica serpyllifolia)*

M: Mehrjährige Pflanze mit kurzkriechenden bis aufrechten Stengeln, bis 30 cm hoch. Stengelblätter eiförmig bis elliptisch oder rundlich, meist gesägt. Kleine, etwa 5 mm große Blüten weißlich bis bläulich mit dunkleren Adern, in verlängerten, lockeren Trauben, die bis zu 30 Blüten enthalten können. **St**: Wiesen, Triften, Äcker, Wegränder. **Vb**: Ganz Europa. **Bl**: Mai bis August.

Karlszepter
(Pedicularis sceptrum-carolinum)

Merkmale: Mehrjährige, auffällige Pflanze mit kräftigem, bis 80 cm hohem Stengel. Große, 10–30 cm lange Blätter, bis auf den Mittelnerv tief fiederteilig mit gekerbten Fiedern, die untersten Blätter in einer Rosette angeordnet, steif-aufrechter Stengel sonst wenig beblättert. Hellgelbe Blüten mit bis über 3 cm langer, hellgelber Krone, deren Unterlippe blutrot gerandet und durch die sich zusammenneigenden Lippen nahezu oder ganz am Schlund geschlossen. Stattlichste Art der Gattung.
Standort: Flach- und Zwischenmoore, Moor- und Sumpfwiesen, selten in nassen, lichten Wäldern. Nicht in höheren Lagen.
Verbreitung: Bis auf die Küstenregionen von Westnorwegen, Südschweden und Südfinnland in ganz Nord- und Nordosteuropa. In Mitteleuropa nur sehr zerstreut, in Bayern abnehmend, äußerst selten und vom Aussterben bedroht. Nur noch an wenigen Standorten.
Blütezeit: Juli bis August.

Gemeiner Augentrost
(Euphrasia rostkoviana)

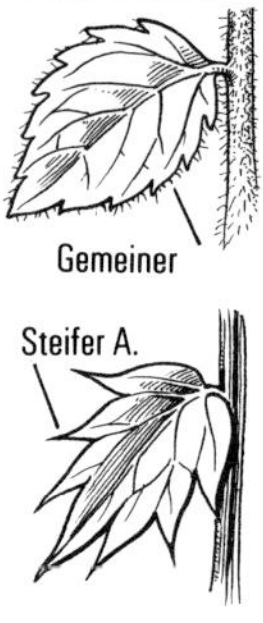

Merkmale: Einjährige, formenreiche, 5–25 cm hohe Art mit aufsteigendem, meist verzweigtem Stengel. Gegenständige Blätter eiförmig, oval oder länglich, gezähnt, bis 1 cm lang. Tragblätter wie auch der Kelch mit Drüsenhaaren. Blüten weiß, Oberlippe oft violett, Unterlippe violett geadert, mit gelbem Schlundfleck; Krone verlängert sich während des Blühens, ist zum Schluß bis 1,5 cm lang und überragt dann deutlich den Kelch.
Standort: Halbtrockenrasen, Wiesen, Weiden, Matten, bis über 2500 m.
Verbreitung: Fast ganz Europa. In Deutschland verbreitet und stellenweise – vor allem im Süden – sehr häufig.
Blütezeit: April bis Oktober
Allgemeines: Heilpflanze (Augenleiden); *schwach giftig.*

Sumpf-Läusekraut *(Pedicularis palustris)*

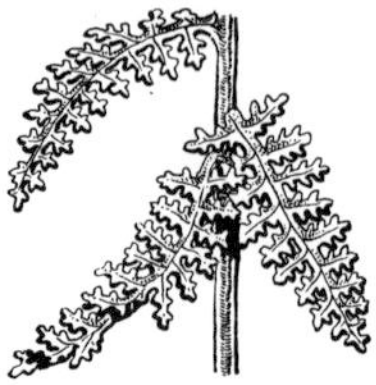

Merkmale: Zweijährige, bis 50 cm hohe Pflanze mit einzelnen, aufrechten, erst oberwärts verzweigten Stengeln. Kahle Blätter tief fiederteilig, 2–4 cm lang, mit gezähnten Abschnitten. Sitzende oder sehr kurzgestielte Blüten bilden einen dichten Blütenstand; sie finden sich einzeln in den oberen Blattachseln. Hellpurpurne Krone bis 2,2 cm lang mit stark gebogener Oberlippe und 2 stumpfen, nach außen gerichteten Zähnen. Blütenkelch tief zweilippig.
Standort: Sumpfwiesen, nasse Heiden, Flach- und Zwischenmoore, bis 1800 m.
Verbreitung: Fast ganz Europa, fehlt weitgehend im Mittelmeerraum und Südosteuropa. In Deutschland überall verbreitet, jedoch selten; sehr gefährdet.
Blütezeit: Mai bis Juni oder Juli.

Steifer Augentrost *(Euphrasia stricta)*

Merkmale: Einjährige, 10–30 cm hohe Pflanze. Stengel meist schon von der Basis an verzweigt, selten unverzweigt, mit bogig aufsteigenden Seitentrieben. Gegenständige Blätter meist eiförmig, auf jeder Seite mit 3–6 spitzen Zähnen. Hochblätter und Kelch ohne Drüsenhaare. 0,7 bis 1 cm lange Blüten weiß oder weißviolett, auf der Unterlippe mit gelbem Fleck. Kelch vergrößert sich zur Fruchtzeit nicht, er mißt etwa 5 mm.
Standort: Halbtrockenrasen, Trockenhänge, Waldränder, Gebüsch, Wiesen, Wegränder.
Verbreitung: Fast ganz Europa, fehlt auf den Britischen Inseln. In Deutschland verbreitet und oft häufig. Im Gebirge bis 2600 m.
Blütezeit: Mai bis September.
Allgemeines: Halbschmarotzer. Vor allem früher, heute seltener als Heilpflanze bei Augenkrankheiten verwendet. Enthält das Glykosid Aucubin, das auch im *Sumpf-Läusekraut* zu finden ist. Wird auch *Aufrechter Augentrost* genannt. *Schwach giftig.*

Kleiner Klappertopf *(Rhinanthus minor)*

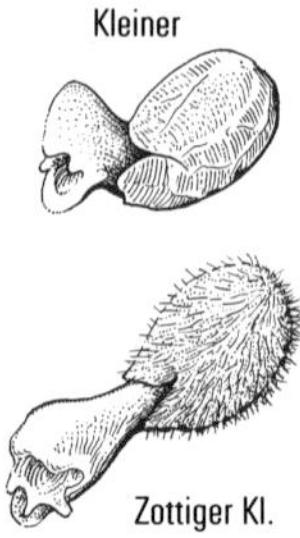

Merkmale: Einjährige, sehr formenreiche, 15–40 cm hohe einfache oder wenig verzweigte Pflanze mit schwach zweizeilig behaartem, mit oder ohne schwarze Strichelung versehenem Stengel. Länglich-lanzettliche Blätter mit rundlichen Zähnen am Rand; gleichmäßig gezähnte, spitz dreieckige Tragblätter mit scharfen Zähnen, wie der Kelch kahl. Blüten wie beim *Zottigen Klappertopf* einzeln in den oberen Blattachseln, mit gerader oder fast gerader Kronröhre, deren Schlund etwas geöffnet, Oberlippenzähnchen weißlich bis bläulich, breiter als lang.
Standort: Wiesen, Halbtockenrasen, seltener auch Flachmoore, bis 2000 m; kalkmeidend.
Verbreitung: Fast ganz Europa. In Deutschland verbreitet und stellenweise häufig.
Blütezeit: Mai bis September.
Allgemeines: *Schwach giftig.*

Großer Klappertopf
(Rhinanthus grandiflorus)

Merkmale: Einjährige, sehr formenreiche, 30–60 cm hohe Pflanze mit schwarzgestricheltem, kahlem oder nur schwach zweizeilig behaartem Stengel. Linealisch bis lanzettliche, stark gesägte Blätter bis 7 cm lang; ovale, langspitzige Tragblätter ungleichmäßig gezähnt, wie der Kelch kahl. Blüten mit schwach gekrümmter, etwa 2 cm langer Kronröhre, deren Schlund geschlossen; einzeln in den Achseln der oberen Stengelblätter. Halbschmarotzer.
Standort: Wiesen, sonnige Hänge, lichte, trokkene Wälder und Waldränder, Dünen, gern auf feuchten, lehmigen und nährstoffreichen Böden, bis 1300 m.
Verbreitung: Fast ganz Eruopa, meist häufig.
Blütezeit: Mai bis August.
Allgemeines: *Schwach giftig.*

Zottiger Klappertopf
(Rhinanthus alectorolophus)

Merkmale: Einjährige, sehr formenreiche, 10 bis über 50 cm hohe Pflanze mit einfachem oder verzweigtem, oben zottig behaartem Stengel. Länglich-lanzettliche bis ovale Stengelblätter scharf gesägt, zottig behaarte Tragblätter mit gleichmäßigen Zähnen. Gelbe Blüten mit 1,8 bis 2,3 cm langer, schwach gekrümmter Kronröhre, deren Schlund geschlossen; blauvioletter Zahn der Oberlippe länger als breit; Kelch lang zottig behaart.
Standort: Wiesen, Halbtrockenrasen, Äcker, Wegränder, bis 2300 m.
Verbreitung: Hauptsächlich Mitteleuropa. In Deutschland verbreitet, im Süden auch häufig, im Norden ganz fehlend.
Blütezeit: Mai bis September.
Allgemeines: Halbschmarotzer. Name nach den dürren Fruchtkapseln, in denen die Samen bei Wind klappern. Sehr formenreiche Pflanze, unterscheidet 6 Unterarten (je 3 Sommer- und Herbstrassen). *Schwach giftig.*

Schuppenwurz *(Lathraea squamaria)*

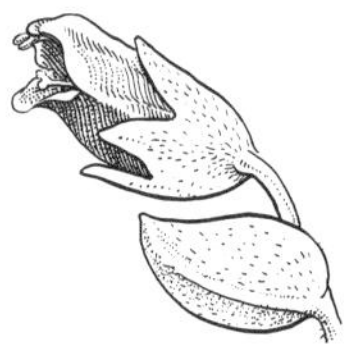

Merkmale: Mehrjährige, rosarote, seltener weißliche, 10–25 cm hohe Pflanze. Grüne Blätter fehlen gänzlich, statt dessen hat der anfangs niederliegende, sich später aufrichende Stengel bleiche, blattähnliche Schuppen. Ganzschmarotzerpflanze. Ihr Rhizom, das mehrere Kilogramm schwer werden kann, weist fleischige Niederblätter auf. Die rosenroten, 1–1,5 cm langen Blüten sind in dichter, einseitswendiger, anfangs nickender Traube angeordnet. Griffel zwischen Ober- und dreilappiger Unterlippe.
Standort: Schlucht- und Auenwälder, wo sie auf den Wurzeln von verschiedenen Laubbäumen schmarotzt (Ulme, Erle, Pappel, Buche, Hasel). Bis in 1600 Meter Höhe.
Verbreitung: Fast in ganz Europa.
Blütezeit: April bis Mai.

Kamm-Wachtelweizen
(Melampyrum cristatum)

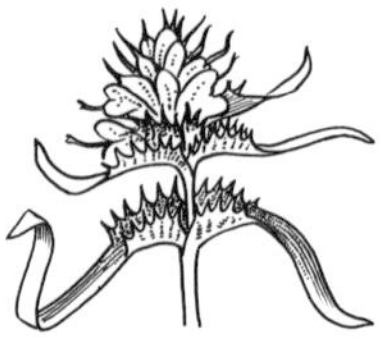

Merkmale: Einjährige, 15–30, zuweilen auch bis 50 cm hohe, verzweigte Pflanze mit weit abgespreizten Ästen. Linealisch-lanzettliche Blätter ganzrandig, die obersten am Grund gezähnt, alle sitzend. Tragblätter im Gegensatz zum *Acker-Wachtelweizen* in 4 Reihen angeordnet und längsgefaltet, außerdem rundlich-herzförmig und im unteren Teil kammartig gezähnt. Zweilippige, gelbe und purpurne Blüten in 4kantiger Ähre.
Standort: Gebüsche, lichte, trockene Wälder (gern Eiche, Kiefer) und Waldränder, Wiesen.
Verbreitung: Fast ganz Europa, fehlt in Teilen Westeuropas. In Deutschland zerstreut, nur im Norden und in den Alpen selten.
Blütezeit: Mai bis September.
Allgemeines: Halbschmarotzer. *Schwach giftig.*

Wiesen-Wachtelweizen
(Melampyrum pratense)

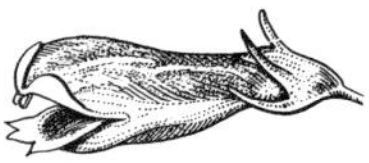

Merkmale: Einjährige, sehr formenreiche, 15–30 cm hohe, aufrechte Pflanze mit 4kantigem, reich verzweigtem Stengel. Ganzrandige Blätter linealisch-lanzettlich bis ei-lanzettlich, 3–6 cm lang. 1,2–2 cm lange Blüten mit gerader, gelblichweißer Kronröhre, diese mit nur halb geöffnetem Schlund. Kelchzähne lineal. Kelch erreicht kaum die halbe Länge der Kronröhre. Blüten in lockerer, einseitswendiger Ähre.
Standort: Laub-, Misch- und Nadelwälder, Gebüsche, Waldwiesen, Moore, Heiden, gern auf sandigen und lehmigen, sauren Böden, bis über 2000 m.
Verbreitung: Fast ganz Europa außer im Südosten. In Deutschland verbreitet, meist häufig.
Blütezeit: Mai bis September.
Allgemeines: *Schwach giftig.*

Acker-Wachtelweizen
(Melampyrum arvense)

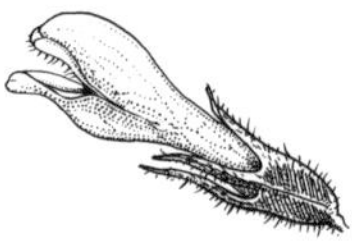

Merkmale: Einjährige, aufrechte, schwach verzweigte Pflanze, 10–30 cm hoch. Blätter linealisch-lanzettlich, die unteren ganzrandig, die oberen am Grund gezähnt. Purpurne, selten gelbgrüne Hochblätter ei-lanzettlich, mit grannenförmigen Zähnen im unteren Teil. Blüten in kegelförmiger oder walzlicher Ähre mit 2–2,5 cm langer Krone, deren Röhre gelblich, die Lippen rötlich, Oberlippe helmförmig gebogen. Flaumig behaarter Kelch fast so lang wie die Kronröhre.
Standort: Äcker, Wegränder, Gebüsche, sonnige Hecken, gern auf kalkhaltigen Böden.
Verbreitung: Fast ganz Europa, im Norden bis Südschweden. In Deutschland nur im Süden verbreitet, im Norden wie in den Alpen selten.
Blütezeit: Mai bis August.
Allgemeines: *Schwach giftig.*

Wald-Wachtelweizen
(Melampyrum silvaticum)

Merkmale: Einjährige, 15–25 cm hohe Pflanze mit aufrechtem oder aufsteigendem Stengel. Blätter wie die des *Wiesen-Wachtelweizen*. 6–10 mm lange Blüten mit goldgelber, aufwärts gekrümmter Krone, diese mit ganz geöffnetem Schlund. Kelchzähne dreieckig-lanzettlich. Kelch erreicht wenigstens zwei Drittel der Länge der Kronröhre. Blüten in einseitswendiger Ähre, vom Blütenstandstiel aufrecht abstehend.
Standort: Laub-, Misch-, Nadelwälder, Gebüsch, Bergwiesen, Heiden, gern auf lehmigem und saurem Boden, bis über 2000 m.
Verbreitung: In weiten Teilen Europas. In Deutschland im Süden und in den höheren Lagen der Mittelgebirge verbreitet, sonst selten.
Blütezeit: Mai bis August.
Allgemeines: *Schwach giftig.* □

Violette Sommerwurz
(Orobanche purpurea)

Merkmale: Ein- bis mehrjährige Pflanze mit kräftigem, meist unverzweigtem Stengel, dieser an der Spitze meist violett, seltener auch blaugrau überlaufen, reichlich mehlstaubigdrüsig. Bis 3 cm lange, purpurblaue, am Grund gelblichweiße Blütenkrone, am Saum violett und mit rötlicher Aderung.
Standort: Ödland, Triften, bis 800 m. Schmarotzer auf *Schafgarbe, Gemeinem Beifuß* und *Stengelloser Kratzdistel.*
Verbreitung: Hauptsächlich Süd- und Mitteleuropa. In Deutschland zerstreut im Süden, selten bis fehlend im Norden; gefährdet.
Blütezeit: Juni bis Juli.
Allgemeines: Alle *Sommerwurz*-Arten werden als Ganzparasiten oder Vollschmarotzer bezeichnet, weil sie ohne ihren Wirt nicht leben können. Vom unteren, knollenförmigen Teil ihres Sprosses aus entsenden sie zahlreiche Wurzeln, die mit denen der Wirtspflanze durch Saugorgane in Verbindung stehen und für die lebensnotwendigen Nährsubstanzen sorgen.

Kleine Sommerwurz *(Orobanche minor)*

Merkmale: Einjährige Pflanze mit rötlichgelbem, unverzweigtem Stengel, der bis zu 50 cm hoch werden kann. Die gelblichweiße Blütenkrone erreicht in der Regel eine Länge von 1,2 cm, selten bis 1,8 cm. Die zweilappige Oberlippe weist einen gerade vorstehenden Lappen auf. Die Staubfäden sind an der Spitze meist vollständig kahl und nur an der Basis spärlich behaart.
Standort: Hauptsächlich Kleefelder, sonst Wiesen, Halbtrockenrasen und Gebüsch. Schmarotzt in erster Linie auf *Wiesen-* und *Mittlerem Klee,* seltener dagegen auf *Luzerne, Futter-Esparsette* und *Großem Vogelfuß.*
Verbreitung: Mittel- und Südeuropa. In Deutschland zerstreut im Süden, im Norden selten, bis Nordrhein-Westfalen und Süd-Niedersachsen, oft nur eingeschleppt; gefährdet.
Blütezeit: Mai bis Juli. □

Labkraut-Sommerwurz
(Orobanche vulgaris)

Merkmale: Einjährige Pflanze mit 10–60 cm hohem, gelblichem oder lila überlaufenem Stengel, der zahlreiche bräunliche Schuppen aufweist. Krone der nach Nelken duftenden Blüten 2–3,5 cm lang, gelblich bis hellbraun oder bräunlichviolett, mit hellen Drüsenhaaren auf der Oberlippe.
Standort: Triften, magere Wiesen, bis 1000 m. Schmarotzt auf *Labkräutern* und anderen *Rötegewächsen.*
Verbreitung: Fast ganz Europa, fehlt weitgehend im Norden. In Deutschland nur im Süden zerstreut vorkommend; gefährdet.
Blütezeit: Juni bis Juli.
Allgemeines: Durch ihre Tätigkeit als Schmarotzer schädigen die *Sommerwurz*-Arten ihre Wirtspflanzen mehr oder weniger stark. Den Menschen berührt dies nicht, solange es sich um »wilde« Pflanzen handelt. Werden aber Kulturpflanzen angezapft, versucht man mit allen Mitteln, den lästigen Schmarotzer auszurotten.

Großer Wasserschlauch
(Utricularia vulgaris)

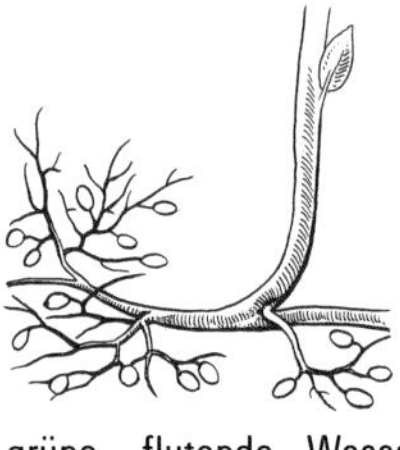

Merkmale: Frei schwimmende, untergetaucht lebende, ausdauernde Pflanze, bei der nur die Blütenstengel aus dem Wasser ragen. Keine echten Wurzeln, nur grüne, flutende Wassersprossen. Fiederförmige, in haarförmige Abschnitte zerteilte Blätter mit kleinen Fangbläschen oder -schläuchen besetzt. Der hohe Stengel trägt bis zu 15, meist aber nicht mehr als 10 Blüten in einer Traube. Kelch und die kurzen Blütenstiele rötlichbraun, die bis 2 cm große Blüte leuchtend gelb. Fängt Kleinstlebewesen ein.
Standort: Meist stehende, nährstoffreiche Gewässer, Teiche, Gräben und Sümpfe.
Verbreitung: Fast ganz Europa, zerstreut, selten vorkommend, im Bestand merklich abnehmend; gefährdet. **Blütezeit:** Juni bis Anfang September. □

Gemeine Kugelblume *(Globularia elongata)*

Merkmale: Staude von 5–30 cm, selten bis 50 cm Höhe, mit aufrechtem, bis zum Blütenstand beblättertem Stengel. Sitzende Stengelblätter lanzettlicher geformt als die langgestielten, in einer Rosette angeordneten Grundblätter. Deutlich spatelförmig mit ausgerandeter Spitze. Winzige Blüten mit zweilippiger und tief 5spaltiger Blütenkrone und 4 Staubblättern, paarweise verschieden lang. Endständige Blüten bilden von Hüllblättern umgebene kugelige (Name) Köpfchen.
Standort: Trockenwiesen, gern auf steinigen, flachgründigen Böden, die Kalk enthalten.
Verbreitung: Zerstreut in Mittel- und Südeuropa, seltener im Norden. In Deutschland zerstreut im Südwesten.
Blütezeit: Mai bis Juni.
Allgemeines: In großer Dosis *giftig.* □

Großer Wegerich *(Plantago major)*

Merkmale: Mehrjährige, 10–30 cm hohe Pflanze. Kahle Blätter in grundständiger Rosette mit 3–9 parallelen Nerven, zwischen 10 und 15 cm lang, verschmälern sich plötzlich in den Stiel, der so lang ist wie die Blattspreite. Wegen der breiteiförmigen Blätter auch *Breit-Wegerich* oder *Breitblättriger Wegerich* genannt. Die linealisch-walzenförmige Ähre ist so lang wie der Blütenstandsstiel, dem sie aufsitzt; sie kann also 15 cm Länge aufweisen. Blüten unscheinbar grünlichgelb, langgestielte Staubgefäße zunächst purpurlila, später gelblich.
Standort: Schuttplätze, Wege und Wegränder, Weiden, Dämme, Geröll, gern auf stickstoffreichen Böden, bis über 2300 m.
Verbreitung: In ganz Europa weit verbreitet und sehr häufig.
Blütezeit: Juni bis Oktober.

Mittlerer Wegerich *(Plantago media)*

Merkmale: Mehrjährige, 15–40 cm hohe Pflanze. Kurz gestielte Blätter in einer grundständigen, meist dem Boden dicht anliegenden Rosette, locker behaart, breit-eiförmig, sich in den kurzen breiten Stiel verschmälernd. Weißliche Blüten mit lilafarbenen Staubfäden in einer nur 2–6 cm langen, walzenförmigen Ähre, die im Gegensatz zum *Großen Wegerich* viel kleiner als der Schaft ist. Mit ihm bildet der *Mittlere Wegerich* nicht selten Kreuzungen.
Standort: Magerwiesen, Halbtrockenrasen, Wegränder, gern auf trockenen, kalkhaltigen Böden, wo er kleinere Bestände bilden kann, bis 1800 m.
Verbreitung: Fast ganz Europa. Im Norden Deutschlands selten oder zerstreut, sonst verbreitet, aber nur stellenweise häufiger.
Blütezeit: Mai bis September.

Spitz-Wegerich *(Plantago lanceolata)*

Merkmale: Mehrjährige, 10–40 cm hohe Pflanze. Schmal-lanzettliche, höchstens zerstreut behaarte Blätter ganzrandig, unten allmählich in den Stil verschmälernd, mit deutlichen, 5–7 parallelen Nerven, stehen in einer grundständigen Rosette. 5kantiger, aufrechter Stengel mit eiförmiger bis zylindrischer Ähre. Blüten mit bräunlicher Krone und sehr langen Staubfäden mit gelben Staubbeuteln, die später auch bräunlich sein können.
Standort: Wiesen, Weiden, Wegränder, Feldraine, Schuttplätze, Äcker, bis 1800 m.
Verbreitung: In ganz Europa weit verbreitet und sehr häufig.
Blütezeit: April bis Oktober.
Allgemeines: In früheren Zeiten noch mehr als Heilpflanze geschätzt und verwendet als in heutiger Zeit. □

Kugel-
blumengew.

Wegerich-
gewächse

Ackerröte *(Sherardia arvensis)*

Merkmale: Einjährige, 5–30 cm hohe Pflanze mit 4kantigen, aufsteigenden oder niederliegenden Stengeln, die mehr oder weniger rauh behaart sind. Blätter in 4er- oder 6er-Quirlen, lanzettlich-spitz, am Rand mit borstigen Wimpern. Hellviolette Blüten in kopfigen Trugdolden, sternförmig umgeben von 8–10 Hochblättern; Kronröhre mit 4 ausgebreiteten Zipfeln, doppelt so lang wie der Kelch. Name bezieht sich auf Blütenfarbe.
Standort: Getreideäcker mit lockerem, warmem und kalkhaltigem Untergrund, dort jedoch durch Unkrautvertilgungsmittel weitgehend verdrängt. Jetzt mehr auf grasigen Plätzen, auf Ödland und Schutt, bis 1000 m.
Verbreitung: Fast ganz Europa, in Deutschland nur noch zerstreut, seltener werdend, in den Alpen fehlend.
Blütezeit: Mai bis Oktober.

Gemeines Kreuzlabkraut *(Cruciata laevipes)*

Merkmale: Mehrjährige, 20–50 cm hohe Pflanze mit steifhaarigen bis zottig behaarten Stengeln und Blattstielen. Mehr oder weniger elliptische oder eiförmige Blätter mit jeweils 3 Nerven, gelbgrün und 1–2 cm lang; angeordnet in 4er-Quirlen. Gelbe Blüten duftend, mit kleinen Hochblättern in den Blattachseln. Die Blütenquirle bilden insgesamt einen ährenförmigen Blütenstand.
Standort: Lichte Wälder und Waldränder, Auenwälder, Ufer, Hecken, Zäune, Schutt, Wiesen, bis 1600 m.
Verbreitung: Mitteleuropa, im Norden bis Dänemark, im Westen bis auf den Britischen Inseln, Südeuropa. In Deutschland verbreitet, im Norden nur in den Tälern von Elbe und Weser.
Blütezeit: April bis Juni.
Allgemeines: Wurzeln liefern rote Farbe.

Blaugrünes Labkraut *(Galium glaucum)*

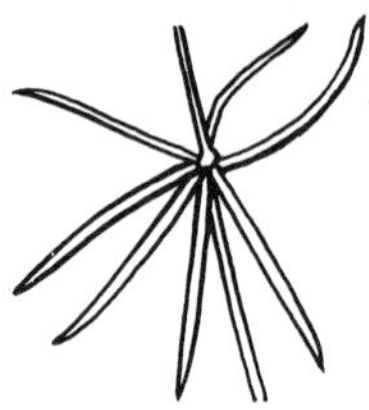

Merkmale: Mehrjährige, 30–60, seltener bis 80 cm hohe Pflanze mit kräftigem, aufrechtem Wuchs. Verzweigter, an den Knoten verdickter Stengel mit 4 Längsrippen. Entfernt gestellte Blattquirle mit schmal-linealischen bis nadelförmigen Blättern, auf der Oberseite dunkelgrün, auf der Unterseite bläulich, einnervig, am Rand umgerollt. Lockerer, schirmförmiger Blütenstand mit weißen, vierteiligen Blütenkronen, jeweils etwa 0,5 cm breit. Frucht rauh.
Standort: Auf sonnenbeschienenen, steinigen Hängen und Kalkmagerrasen, an Gebüschrändern. Gern auf sandigen, kalkhaltigen Böden.
Verbreitung: Mittel- und Südeuropa. Selten bis zerstreut in der Südhälfte Deutschlands.
Blütezeit: Mai bis Juli.
Allgemeines: Gehörte früher zur Gattung Meier oder Meister (**Labmeister**).

Waldmeister *(Galium odoratum)*

Merkmale: Mehrjährige, 10–30 cm hohe Pflanze mit kriechendem Wurzelstock und aufrechten, dünnen, glatten Stengeln. Lanzettliche bis elliptische Blätter stachelspitzig, beiderseits frischgrün, zu 6–8 im Quirl. Weiße, im Durchmesser bis 5 mm große Blüten mit trichteriger Krone in langgestielten, endständigen Trugdolden. Die Pflanze duftet beim Welken sehr stark.
Standort: Schattige, krautreiche Laub- und Mischwälder, auf nährstoff- und mullreichen, lockeren Böden, gern auf Kalk.
Verbreitung: Ganz Mittel- und Westeuropa, im Norden bis Mittelschweden und Westnorwegen; auch auf den Britischen Inseln. Fehlt in Südwesteuropa, südlich sonst bis Sizilien und Nordgriechenland. In Deutschland verbreitet, teilweise selten, aber auch häufig.
Blütezeit: April bis Mai.

Sumpf-Labkraut *(Galium palustre)*

M: Mehrjährige Pflanze mit 15–40 cm langen, 4kantigen Stengeln, die mit abwärts gerichteten Stachelborsten besetzt sind. Dunkelgrüne, vorne abgerundete Blätter linealisch-länglich, in meist 4zähligen Quirlen. Weiße Blüten mit 4zipfeliger Krone und roten Staubbeuteln; angeordnet in end- und seitenständigen, lockeren Trugdolden. **St**: Sümpfe, Gräben, Naßwiesen, Röhricht. **Vb**: Fast ganz Europa. **Bl**: Mai bis August.

Klebkraut *(Galium aparine)*

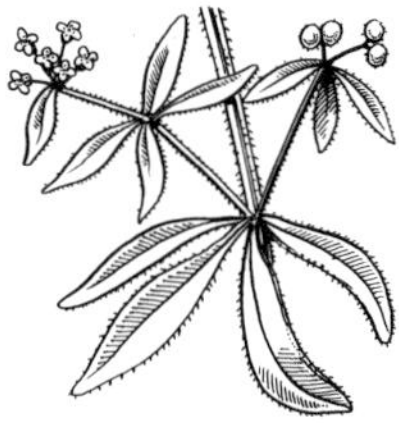

M: Mehrjährige Pflanze mit 4kantigen Stengeln. Die Stengel können bis über 150 cm lang werden. Linealisch bis breit-lanzettliche Blätter stachelspitz, rauh behaart, zu 6–8 im Quirl angeordnet. Unscheinbare weißliche Blüten zu 2–5 in blattachselständigen Trugdolden. Früchte hakigborstig. **St**: Wegränder, Äcker, Schutt, Hekken, Gebüsche, Zäune, Gärten, Weinberge, Wälder. **Vb**: Ganz Europa. **Bl**: Mai bis Oktober.

Wiesen-Labkraut *(Galium mollugo)*

M: Mehrjährige, 25–100 cm hohe, formenreiche Pflanze mit 4kantigem, aufsteigendem Stengel. 2–8 mm breite, linealisch-lanzettliche Blätter flach oder nur sehr wenig umgebogen, zu 4–8 in Quirlen angeordnet. Weiße Blüten in endständigen, rispenartigen Blütenständen, mit grannenartig, haarfein zugespitzten Kronzipfeln. **St**: Wiesen, Wegränder, Gebüsche, Waldränder. **Vb**: Ganz Europa. **Bl**: Mai bis September.

Echtes Labkraut *(Galium verum)*

M: 15–70, zuweilen auch bis 100 cm hohe, mehrjährige Pflanze mit aufrechtem, stumpf-4kantig bis rundem Stengel. 1,5–2,5 cm lange, linealisch, stachelspitze Blätter am Rand zurückgerollt, in 8- bis 12blättrigen Quirlen. Gelbe Blüten meist angenehm duftend, in endständiger, reichblütiger Rispe. **St**: Wegränder, Trockenrasen und Halbtrockenrasen, Trockenwiesen, Hecken. **Vb**: Ganz Europa. **Bl**: Juni bis September.

Wald-Labkraut *(Galium silvaticum)*

M: Mehrjährige, 30–140 cm hohe Pflanze mit aufrechtem, kahlem, stielrundem Stengel. Dunkelgrüne, unterseits bläuliche Blätter, lanzettlich, 0,4 bis 1 cm breit, In 6–8zähligen Quirlen. Vor dem Aufblühen nickende Blütenstiele mit weißen, selten gelblichweißen Blüten, in sehr lokkerer ausgebreiteter Rispe. **St**: Laub- und Mischwälder, feuchte Bergwälder, Kahlschläge, gern auf Kalk. **Vb**: Hauptsächlich Mitteleuropa. **Bl**: Juli bis September.

Felsen-Labkraut *(Galium hercynicum)*

Merkmale: Mehrjährige, dichtrasig wachsende Pflanze mit niederliegenden, auch nichtblühenden Trieben. Verkehrt-eiförmige, am Rand meist rauhe Blätter in Quirlen zu 6, seltener zu 7 oder 8 angeordnet. Weiße Blüten in kurz gestielten, büscheligen Blütenständen.
Standort: Heiden, Rasen, Moore, lichte Wälder, steinige Triften, vornehmlich auf kalkfreien Böden, bis 1500 m.
Verbreitung: Hauptsächlich Mitteleuropa. In Deutschland verbreitet in den Mittelgebirgen und im Norden, sonst zerstreut bis selten.
Blütezeit: Juni bis August.
Allgemeines: Heißt auch *Harzer-Labkraut*. □

Moschuskraut *(Adoxa moschatellina)*

Merkmale: Mehrjährige, unscheinbare Pflanze mit aufrechten, 5–15 cm hohen Stengeln. Über der Mitte Blattquirl oder 2 gegenständige Blätter. Langgestielte Grundblätter doppelt dreizählig, kurzgestielte Stengelblätter dreizählig, nach Moschus riechend (Name). Hellgrüne Blüten in langgestieltem, fast würfelförmigem Köpfchen; das Endblütchen weist eine 4teilige Krone und einen 2teiligen Kelch auf; die seitlichen Blüten haben eine 5teilige Krone sowie einen 3teiligen Kelch. Blüten riechen etwas faulig.
Standort: Auwälder, feuchte Laub- und Schluchtwälder, Gebüsche, auf lockerem, stickstoffhaltigem und lehmigem Boden.
Verbreitung: Fast ganz Europa, im Süden bis Mittelspanien, Italien und Südjugoslawien. In Deutschland verbreitet bis zerstreut, selten.
Blütezeit: März bis Mai. □

Echter Baldrian *(Valeriana officinalis)*

Merkmale: Kräftige, mehrjährige, auffallend große Pflanze, 50–150 cm hoch, mitunter noch höher. Geriefter Stengel mit gefiederten Blättern, die 5–12 Paare schmallanzettliche, ganzrandige oder gesägte Fiedern aufweisen, die oberen Blätter sitzend, die unteren gestielt, etwa 20 cm lang. Dichter, schirmförmiger Blütenstand mit zahlreichen rosaroten Blüten, die jeweils 3 Staubblätter enthalten und zwittrig sind. Pflanze ohne oder mit kurzen, unterirdischen Ausläufern.
Standort: Wiesen, Wälder und Waldränder, Gebüsche, Gräben, Ufer, auf feuchtem, nährstoffreichem Untergrund, bis 2000 m.
Verbreitung: Fast ganz Europa, in Deutschland verbreitet oder zerstreut.
Blütezeit: Juni bis August.
Allgemeines: Heilpflanze, aus deren Wurzel ein Nervenberuhigungsmittel gewonnen wird.

Gemeiner Feldsalat *(Valerianella locusta)*

Merkmale: Einjährige, 5–20 cm hohe, zierliche Pflanze mit gabelig verzweigten Stengeln. Blätter bis 7 cm lang, die unteren spatelförmig, länglich, die oberen lanzettlich-spitz. Unscheinbare, winzige bläulichweiße Blüten mit nur 2 mm großer Krone; angeordnet in endständiger Trugdolde.
Standort: Äcker, grasige Plätze aller Art, Wiesen, Halbtrockenrasen, Wegränder, Mauern, Felsen, Gärten, Weinberge.
Verbreitung: Ganz Europa. In Deutschland verbreitet, stellenweise recht häufig, in anderen Gebieten dagegen selten oder auch fehlend. Daneben kultiviert und oft verwildert.
Blütezeit: April bis Mai.
Allgemeines: Bevor man ihn mehr und mehr anbaute und als schmackhaften Salat schätzen lernte, war er bekannter unter dem Namen *Rapünzchen.*

Kleiner Baldrian *(Valeriana dioica)*

Merkmale: Mehrjährige, zierliche Pflanze von kaum 30 cm Höhe mit kriechenden, dem Stengelgrund entspringenden, beblätterten Ausläufern. Eiförmige Grundblätter, gestielt; gefiederte, mit großer Endfieder versehene mittlere und obere Stengelblätter, sitzend. Die in dreiteiligen, schirmförmigen Trugdolden stehenden Blüten sind meist zweihäusig; rötliche männliche Blüten, 5 mm im Durchmesser in lockeren Köpfen; weiße weibliche Blüten, 2 mm messend, in dichteren Köpfen.
Standort: Nasse Wiesen und Flachmoore (deshalb auch *Sumpf-Baldrian* genannt), Gräben und Ufer, sowie nasse Wälder, bis 1800 m. Gern auf nährstoffreichen Böden.
Verbreitung: In weiten Teilen Europas, außer manchen Randgebieten.
Blütezeit: Mai bis Juni. □

Moschus-
krautgew.

Baldrian-
gewächse

Behaarte Karde *(Dipsacus pilosus)*

Merkmale: Zweijährige, 60–120 cm hohe, aufrechte, verzweigte Pflanze mit mehr oder weniger borstenhaarigem und stacheligem Stengel und Blättern, diese am Grund nicht verwachsen, die untersten langgestielt, oval, in der Regel ganzrandig, zuweilen auch mit 2 kleineren Seitenfiedern, die oberen oval-elliptisch, kurzgestielt und oft dreiteilig. Weiße oder gelblichweiße Blüten in dichten, kugeligen, 2–2,5 cm breiten Ähren, vor dem Aufblühen nickend. Borstig gewimperte Tragblätter, lang zugespitzt. Hüllblätter wenig länger als die Blüten.
Standort: Lichte Wälder, Auwälder, Flußufer, feuchte Wald- und Wegränder, Zäune, Hecken.
Verbreitung: Mittel- und nördliches Südeuropa. In Deutschland zerstreut bis selten, im Norden meist fehlend.
Blütezeit: Juli bis August.

Wilde Karde *(Dipsacus silvester)*

Merkmale: Auffallend große, 70–150 cm hohe, zweijährige Pflanze mit stacheligem Stengel. Im 1. Jahr rosettige, breit-lanzettliche Grundblätter mit hellen, unten verdickten Stacheln. Sie sind zur Blütezeit im 2. Jahr wieder abgestorben. Statt dessen erhebt sich der Blütenstengel mit gegenständigen, am Grund tütenförmig verwachsenen Stengelblättern, deren Hauptnerven ebenfalls mit Stacheln besetzt sind. Blüten lila, in einer eiförmigen Ähre. Beginnen in der Mitte zu blühen und bilden dabei einen Ring. Weil sich die Blüten gleichmäßig zur Spitze wie auch zum Grund der Ähre hin öffnen, findet man nicht selten Pflanzen mit zwei Ringen offener Blüten.
Standort: Wege, Ufer, Ödland.
Verbreitung: Fast ganz Mittel- und Südeuropa. In Deutschland zerstreut, im Norden selten. **Blütezeit:** Juli bis August.

Acker-Witwenblume *(Knautia arvensis)*

Merkmale: Mehrjährige, behaarte Pflanze, schwach verzweigt, 30–120 cm hoch. Sitzende, graugrüne Stengelblätter tief fiederteilig mit länglichen Lappen, nach oben zu einfach, zweireihige Hüllblätter eiförmig oder lanzettlich. Gestielte Grundblätter meist ganzrandig, überwinternd. Langgestielte, blauviolette Blüten in halbkugeligen, im Durchmesser bis 4 cm großen Köpfchen mit strahlenden, deutlich größeren Randblüten und ungleichen Kronlappen.
Standort: Trockene Rasen und Wiesen, Äcker, Wegränder, Gebüsch, bis 1500 m.
Verbreitung: Ganz Europa bis auf den äußersten Südosten. In Deutschland verbreitet, stellenweise sehr häufig.
Blütezeit: Mai bis September oder Oktober.
Vermehrung: Bestäubung durch Bienen und Tagfalter, Fruchtverbreitung durch Ameisen.

Wald-Witwenblume *(Knautia silvatica)*

Merkmale: Mehrjährige, 30 bis über 100 cm hohe Pflanze. Von der *Acker-Witwenblume* leicht durch die Blätter zu unterscheiden, die ganzrandig oder entfernt gesägt, länglich-lanzettlich bis länglich-eiförmig sind. Stengel abstehend behaart. Violette Blüten in von grüner Hochblatthülle umgebenen, 3–4 cm großen Köpfen, Einzelblüten mit 4teiliger Krone, äußere Blüten ein wenig größer als die inneren. Kelch mit 8 Borsten.
Standort: Berg-, Schlucht-, Laub-, Misch- und Auwälder, schattige Waldränder und Wiesen, buschige Abhänge, Hochstaudenfluren bis 2100 m, gern auf nährstoffreichen, lehmigen und feuchten Böden.
Verbreitung: Hauptsächlich Mitteleuropa. Verbreitet im südlichen, selten im mittleren Deutschland, im Norden fehlend.
Blütezeit: Juni bis September.

Gemeiner Teufelsabbiß
(Succisa pratensis)

Merkmale: Mehrjährige, 15–100 cm hohe, schwach verzweigte Pflanze mit aufrechten oder aufsteigenden Stengeln. Kurzer Wurzelstock, der, weil er wie abgebissen aussehen soll, der Pflanze ihren seltsamen Namen gab. Untere gestielte Blätter meist ganzrandig und oval oder elliptisch, obere kleiner und lanzettlich, sitzend. Dunkelblaue oder blauviolette, selten weiße oder rosa Blüten zunächst in halbkugeligen, später in kugeligen Köpfchen. Randblüten nicht größer als die inneren Blüten.
Standort: Wiesen- und Flachmoore, seltener in feuchten Wäldern, bis 1400 m.
Verbreitung: Fast ganz Europa, fehlt im Südosten. In Deutschland zerstreut bis verbreitet.
Blütezeit: Juli bis September.
Allgemeines: Früher als Heilpflanze genutzt.

Gelbes Grindkraut *(Scabiosa ochroleuca)*

Merkmale: Zwei- oder mehrjährige, aufrechte, schwach verzweigte Pflanze, 20–60 cm hoch. Behaarte Blätter am Stengelgrund fiederspaltig oder tief gekerbt, nach oben zu ein- oder zweifach gefiedert mit linealisch-lanzettlichen, zuweilen nochmals geteilten Abschnitten. Gelbe Blüten mit fuchsroten Kelchborsten, äußere Blüten etwa doppelt so groß wie die inneren, in 2 cm großen Köpfen. Lanzettlich-spitze Hochblätter wie bei dem *Tauben-Grindkraut* kürzer als die Blüten. Auch *Gelbe Skabiose* genannt.
Standort: Steppenrasen, trockene Wiesen und andere grasige Plätze, Dämme, Weg- und Waldränder, gern auf steinigem Untergrund.
Verbreitung: Mitteleuropa und Teile Südeuropas. In Deutschland nur sehr zerstreut im Süden; potentiell gefährdet.
Blütezeit: Juli bis September.

Graues Grindkraut *(Scabiosa canescens)*

Merkmale: Mehrjährige, bis 60 cm hohe Pflanze. Lanzettliche Grundblätter im Gegensatz zum *Gelben* oder zum *Tauben-Grindkraut* alle ungeteilt, nahezu ganzrandig, daran leicht zu erkennen. Blüten in der Regel hellblau, Kelchborsten gelblich, ungefähr doppelt so lang wie der Saum des Außenkelchs.
Standort: Trockene Wiesen und Rasen, lichte Kiefernwälder, gern an sonnigen Stellen, auf kalkhaltigen Böden.
Verbreitung: In weiten Teilen Europas, im Norden bis Südskandinavien, auf den Britischen Inseln fehlend. In Deutschland zerstreut im Süden (mit Ausnahme von Württemberg), sonst nur selten; gefährdet.
Blütezeit: Juli bis September.
Allgemeines: Wird wegen seiner duftenden Blüten auch *Wohlriechendes Grindkraut* genannt. Die Gattung *Grindkraut* ist auch unter der Bezeichnung *Skabiose* bekannt (von lat. scabies = Krätze, Grind).

Tauben-Grindkraut *(Scabiosa columbaria)*

Merkmale: Mehrjährige, sehr variable, 20–60 cm hohe Pflanze mit dünnen, aufrechten, verzweigten Stengeln. Gegenständige Stengelblätter ein- oder zweifach fiederspaltig mit linealischen Abschnitten, gestielte Grundblätter fiederspaltig oder einfach und verkehrt eiförmig. Halbkugelige, 2–3 cm breite Blütenköpfchen auf anliegend behaarten Stielen, im Gegensatz zur ähnlichen *Acker-Witwenblume*, deren Stiele abstehend behaart sind. Weiterhin an den schwärzlichen Borsten zwischen den zahlreichen Blüten zu erkennen.
Standort: Wiesen, Trockenrasen, Kalkmagerrasen, Gebüsch, lichte Kiefernwälder, bis 1800 m.
Verbreitung: Süd- und Mitteleuropa. In Deutschland auf Kalk verbreitet, sonst selten.
Blütezeit: Juni bis Oktober. □

Zweihäusige Zaunrübe *(Bryonia dioica)*

Merkmale: Mehrjährige Kletterpflanze mit zerbrechlichem, bis 300 cm langem Stengel. Zweihäusig, mit männlichen und weiblichen Blüten auf verschiedenen Pflanzen. 5lappige Blätter ähnlich denen der *Weißen Zaunrübe*, aber mit meist ganzrandigen Abschnitten. Grünlichweiße Blüten in blattachselständigen Doldenrispen, die männlichen langgestielt, die weiblichen kurzgestielt. Narben im Gegensatz zur *Weißen Zaunrübe* nicht kahl, sondern rauhaarig. Reife Beeren scharlachrot.
Standort: Zäune, Hecken, Schuttplätze, Waldränder und Lichtungen, Gebüsch, gern auf kalkhaltigen und lehmigen Böden.
Verbreitung: Süd- und Mitteleuropa, im Westen bis auf den Britischen Inseln. Im Süden Deutschlands verbreitet bis zerstreut.
Blütezeit: Juni bis September.
Allgemeines: *Sehr giftig.*

Rundblättrige Glockenblume
(Campanula rotundifolia)

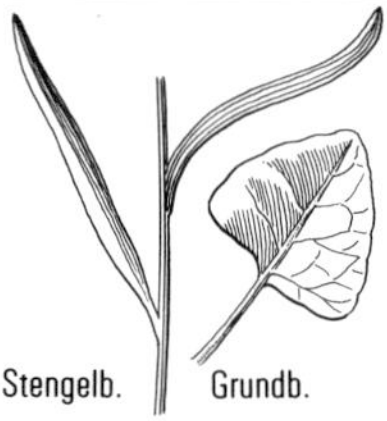

Merkmale: Mehrjährige, aufrechte, lockerrasige Pflanze, 10–50 cm hoch. Langgestielte, herznierenförmige bis rundliche Grundblätter zur Blütezeit bereits verwelkt; sitzende, linealisch-lanzettliche Stengelblätter meist kahl. Stengel am Grund feinflaumig behaart. Nickende, 1,5–2 cm lange, blaue Blüten in armblütigen Rispen, als Knospen aufrecht stehend.
Standort: Halbtrocken- und Magerrasen, Wiesen, Wegränder, trockene Wälder, Heiden, Dünen, Felsspalten, bis 2500 m.
Verbreitung: Fast ganz Europa.
Blütezeit: Juni bis September.
Vermehrung: Durch Samen. In erster Linie bestäuben Bienen die Blüten. Weil Staubblätter zuerst reifen, die Narben jedoch erst später, wird eine Selbstbestäubung ausgeschlossen.

Weiße Zaunrübe *(Bryonia alba)*

Merkmale: Mehrjährige, rankende Pflanze mit 200–300 cm langem Stengel und spiraligen Ranken. Einhäusig, mit männlichen und weiblichen Blüten auf einer Pflanze. 5lappige Blätter mit dreieckigen oder eiförmigen, unregelmäßig gezähnten oder scharf gesägten Abschnitten. Blüten grünlichweiß, Krone etwa 1 cm im Durchmesser. Reife Beere schwarz.
Standort: Zäune, Hecken, Gebüsch, Wegränder.
Verbreitung: Stammt ursprünglich aus Südosteuropa, inzwischen auch in anderen Teilen Südeuropas wie auch in Mitteleuropa eingebürgert. In Deutschland nur sehr zerstreut bis selten, größtenteils fehlend.
Blütezeit: Juni bis Juli.
Allgemeines: *Sehr giftig.* Für Erwachsene sind 40, für Kinder schon 15 Beeren tödlich. ☐

Wiesen-Glockenblume *(Campanula patula)*

Merkmale: Zweijährige, 20–60 cm hohe, aufrechte Pflanze, im Gegensatz zur ähnlichen *Rapunzel-Glockenblume* ohne fleischig verdickte Wurzeln. Lanzettliche, längliche oder spatelige Grundblätter in den kurzen Stiel verschmälert, lanzettliche Stengelblätter sitzend. Blauviolette Blüten mit 1,5–2,5 cm langer Krone, bis zur Hälfte 5spaltig; schmal-lanzettliche Kelchzipfel deutlich kürzer als die Kronröhre. Blüten in meist armblütiger, lockerer Rispe, bei Sonnenschein weit geöffnet und aufrecht, bei trübem Wetter und nachts geschlossen und nickend. Krone dunkel geadert.
Standort: Wiesen, Wegränder, lichte Waldstellen, Gebüsch, bis 1400 m.
Verbreitung: Fast ganz Europa. In Deutschland verbreitet bis zerstreut, im Norden selten.
Blütezeit: Mai bis August.

Kürbis-
gewächse

Glocken-
blumengew.

Rapunzel-Glockenblume
(Campanula rapunculus)

Merkmale: Ein- bis mehrjährige, 40–80 cm hohe Pflanze mit rübenähnlicher Wurzel. Lanzettliche bis eiförmige Blätter zum Grund hin verschmälert. Hellblauviolette, 1,5–2,5 cm lange, trichterförmige Krone weniger als bis zur Hälfte gespalten; Kelchzipfel fast so lang wie die Kronröhre.
Standort: Wiesen, Halbtrockenrasen, Gebüsche, Weg- und Waldränder, bis 700 m.
Verbreitung: Fast ganz Europa, in Nordeuropa zum Teil fehlend, zum Teil eingebürgert.
Blütezeit: Mai bis August.
Allgemeines: Wurzeln und Sprossen eßbar.

Acker-Glockenblume
(Campanula rapunculoides)

M: Mehrjährige, 30–60, zuweilen auch bis 100 cm hohe Pflanze mit stumpfkantigem Stengel. Grundblätter herzförmig dreieckig, spitz gekerbt und gestielt, obere Stengelblätter lanzettlich und sitzend. 2–3 cm lange, hellviolette Blüten, am Rand gewimpert, in einseitswendiger Traube. **St:** Äcker, Gebüsch, Wälder. **Vb:** Fast ganz Europa. **Bl:** Juni bis September.

Nesselblättrige Glockenblume
(Campanula trachelium)

M: Mehrjährige, 50–100 cm hohe, steifhaarige Pflanze mit aufrechtem Stengel. Langgestielte Grundblätter herzförmig bis dreieckig-eiförmig, bis 10 cm lang, ähneln denen der *Brennessel* (Name), obere Blätter schmaler, kurz gestielt oder sitzend. Blauviolette Blüten 3–4 cm lang. **St:** Lichte Laub- und Mischwälder. **Vb:** Fast ganz Europa. Auf Kalk häufig, sonst zerstreut. **Bl:** Juli bis September.

Geknäuelte Glockenblume
(Campanula glomerata)

M: Mehrjährige, weichhaarige Pflanze, 10–60 cm hoch. Ovale bis eilanzettliche Blätter stumpf gezähnt, die unteren mit herzförmigem oder abgerundetem Grund langgestielt, die oberen schmaler und sitzend. Bis 3 cm lange Blüten mit blauer Krone, sitzend am Stengelende und in den Blattachseln. **St:** Wiesen, Gebüsch. **Vb:** Fast ganz Europa. **Bl:** Juni bis September.

Breitblättrige Glockenblume
(Campanula latifolia)

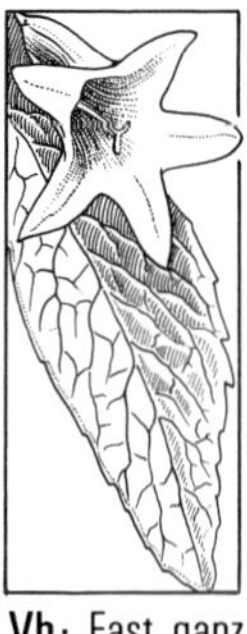

M: Mehrjährige, bis über 100 cm hohe Pflanze mit stielrundem oder stumpfgerilltem, fast kahlem Stengel. Eilängliche, beiderseits weichhaarige Blätter unregelmäßig gesägt, verschmälern sich in den kurzen, geflügelten Stiel. Violette Blüten bis 4 oder gar 5 cm lang, einzeln in den Blattachseln stehend. **St:** Krautreiche Wälder, feuchtes Gebüsch. **Vb:** Fast ganz Europa. **Bl:** Juni bis August.

Pfirsichblättrige Glockenblume
(Campanula persicifolia)

M: Mehrjährige Pflanze mit 50–100 cm hohem Stengel. Grundblätter eilänglich, in den Stiel verschmälert, Stengelblätter lineal-lanzettlich, sitzend, höchstens 1 cm breit. Weitglockige Blüten bis zu 4 cm lang und ebenso breit, himmelblaue Krone mit breiten, spitzen Zipfeln, in armblütiger Traube. **St:** Lichte Wälder und Waldränder. **Vb:** Fast ganz Europa. **Bl:** Juni bis August.

Gemeiner Frauenspiegel
(Legousia speculum-veneris)

Merkmale: Einjährige Pflanze, 10–30 cm hoch. Blätter verkehrt-eiförmig oder länglich mit nur schwach gewelltem Rand. Blütenstand in einer lockeren Rispe mit sitzenden Blättern am stark verzweigten Stengel. Blütenkrone bis 2,5 cm breit, weit ausgebreitet, kaum Ähnlichkeit mit anderen *Glockenblumen*gewächsen, weil die typische Glockenform fehlt. Kronblätter violett, im Innern weiß. Kelchzipfel linealisch, in etwa so lang wie die Kronblätter und der Fruchtknoten.
Standort: Brachland, Getreidefelder, kalkreiche Äcker, Wegränder, Sandplätze.
Verbreitung: Hauptsächlich Süd- und Mitteleuropa. In Deutschland vor allem im Süden mit Ausnahme der Alpen verbreitet, im Norden selten oder fehlend, vielerorts abnehmend.
Blütezeit: Juni bis August.

Ährige Teufelskralle *(Phyteuma spicatum)*

Merkmale: Mehrjährige, bis 60 cm hohe, unverzweigte Pflanze. Grundblätter herzförmig, doppelt gesägt, langgestielt. Stengelblätter unten gestielt, nach oben zu sitzend, linealisch-lanzettlich. Blüten gelblich oder grünlichweiß, selten hellblau, krallenartig gebogen (Name) vor allem vor dem Aufblühen. Angeordnet in einem eiförmigen, später in einem länglichen, ährenförmigen Blütenstand. Auch *Ährige Rapunzel* genannt.
Standort: Krautreiche Laub- und Mischwälder, auf humus- und nährstoffreichen, feuchten Böden, auch auf Bergwiesen bis 2100 m.
Verbreitung: In weiten Teilen Europas, in Skandinavien eingebürgert. Fehlt auf den Britischen Inseln, in Portugal sowie im äußersten Südosten Europas. In Deutschland verbreitet, nach Nordwesten zu seltener.
Blütezeit: Mai bis Juli.

Schwarze Teufelskralle *(Phyteuma nigrum)*

Merkmale: Bis 50 cm hohe, ausdauernde Pflanze. Grundblätter langgestielt, herzförmig oder rundlich, etwa halb so breit wie lang, Rand gekerbt-gesägt. Stengelblätter in der Mitte an der Basis verschmälert. Blüten tief violett-schwarzblau, sehr auffällig im Unterschied zur eher »getarnten« *Ährigen Teufelskralle*. Blütenstand zylindrisch mit sehr vielen krallenartig nach oben gebogenen Einzelblüten.
Standort: Laub- oder Laubmischwälder mit humusreichem, feuchtem Boden. Häufiger auf Bergwiesen bis 1200 m.
Verbreitung: Mitteleuropa, in Deutschland vor allem in den Mittelgebirgen, in der Ebene sehr selten oder ganz fehlend, sonst verbreitet bis zerstreut, im Alpenraum fehlend.
Blütezeit: Mai bis Juli.
Vermehrung: Durch Samen. Kerbtiere, vor allem Fliegen, dienen als Bestäuber.
Allgemeines: Seit dem Altertum bekannt und schon frühzeitig kultiviert.

Berg-Sandglöckchen *(Jasione montana)*

Merkmale: Zweijährige, niederliegende oder aufsteigende, behaarte Pflanze ohne Ausläufer. Höhe zwischen 20 und 50 cm. Stengel reich verzweigt mit wechselständigen, schmal-eiförmigen, am Rand gewellten Blättern. Blütenköpfchen blau und rundlich, 1,5–2,5 cm breit.
Standort: Sandige Heiden, Magerrasen, Brachland, auf kalkarmem oder kalkfreiem Untergrund. Daß es auf solch spärlichen und kargen Böden überleben kann, liegt an den bis zu 100 cm tief ins Erdreich ragenden Wurzeln. Sie versorgen die Pflanze auch in Trockenzeiten mit genügend Wasser, selbst wenn sie auf Dünen wächst. **Verbreitung:** In fast ganz Mitteleuropa, außer Teilen der Alpen. Im Süden nur in Italien. Im Norden bis Südskandinavien. In Deutschland zerstreut bis verbreitet.
Blütezeit: Juni bis September. □

Wasserdost *(Eupatorium cannabinum)*

Merkmale: Einfacher Stengel, 50–150 cm hoch, oft rötlich, reich beblättert. Handförmige Blätter mit elliptischen, am Rand gezähnten Lappen. Sie ähneln denen des Hanfs, deshalb auch *Wasserhanf* genannt. Längliche Blütenköpfe bis 1 cm lang, rosa, selten weiß, 4–6blütig. Aus der Blütenkrone schauen die Narben weit heraus. Blütenstand eine Doldenrispe, die nur aus Röhrenblüten besteht (ohne Zungenblüten).
Standort: Auenwälder und feuchte Waldränder, in Ufernähe von Gräben und Bächen.
Verbreitung: Ganz Europa.
Blütezeit: Juli bis September/Oktober.
Vermehrung: Durch Samen. Blüten werden ständig von einer Unzahl verschiedener Kerbtiere besucht, vor allem Schwebfliegen dienen als Bestäuber.
Allgemeines: Früher beliebte Heilpflanze.

Kanadische Goldrute *(Solidago canadensis)*

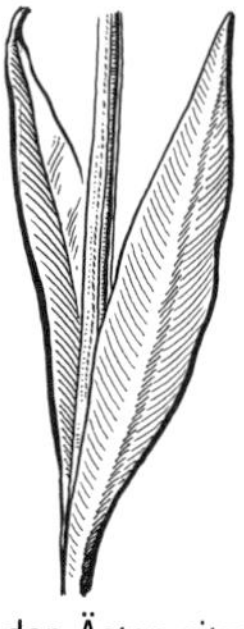

Merkmale: Mehrjährige, kräftige und sehr große Pflanze von 50–250 cm. Stengel dicht kurzhaarig, ebenso die Blattunterseiten. Blätter zwischen 10 und 15 cm, lanzettlich und besonders nach vorne zu gezähnt. Goldgelbe, zylindrische Blütenköpfe mit unscheinbaren Zungen- und gleichlangen Röhrenblüten. Die einseitig auf den Ästen sitzenden Blüten bilden einen insgesamt rispenförmigen Blütenstand. Die Rispenäste sind mehr oder weniger aufrecht oder sie biegen sich unter der Blütenlast nach unten.
Standort: Auwälder, Waldränder, Ufer, Schuttfluren, Ödplätze.
Verbreitung: Heimat ist Nordamerika, inzwischen in fast allen Teilen Europas eingebürgert. In Deutschland teilweise schon recht häufig. Sich ausbreitend.
Blütezeit: Juli bis Oktober.

Echte Goldrute *(Solidago virgaurea)*

Merkmale: Mehrjährige, kahle oder schwach behaarte Pflanze mit wenig verzweigten, 30–80, auch über 100 cm hohen Stengeln. Blätter am Stengelgrund verkehrt-eiförmig oder elliptisch, meist gezähnt, verschmälern sich in den Stiel, obere Blätter sitzend, ganzrandig und lanzettlich. Gelbe Blüten in zahlreichen Körbchen mit 6–12 Zungenblüten, die ausgebreitet sind und länger als die linealischen, grünlichgelben Hüllblätter, bilden insgesamt eine reich verzweigte Rispe.
Standort: Lichte Wälder, Gebüsche, Heiden, Felsen, Weiden; bevorzugt trockene Stellen, weil die Wurzeln bis 100 cm tief in den Boden reichen können. Bis in 2500 Meter Höhe.
Verbreitung: In ganz Europa, fehlt jedoch weitgehend im Mittelmeerraum. In Deutschland verbreitet oder auch zerstreut.
Blütezeit: Juli bis Oktober.

Gänseblümchen *(Bellis perennis)*

Merkmale: Sehr niedrige, kaum über 10 cm hohe, ausdauernde Pflanze. Grundblätter spatelförmig oder auch verkehrt-eiförmig, in einer Rosette. Anliegend behaarter Stengel mit einer 1–3 cm großen Blüte. Randblätter zungenförmig (Zungenblüten), weiß, zuweilen rötlich. Innere Blütenblätter röhrenförmig, zweigeschlechtlich im Gegensatz zu den äußeren nur weiblichen Zungenblüten. Blüten öffnen sich schon frühmorgens, schließen sich aber außer am Abend auch bei Regen und trüber Witterung. Können sich sogar nach der Sonne ausrichten.
Standort: Wiesen aller Art, Rasen, Wegränder, Weiden, von der Ebene bis über 2000 m.
Verbreitung: In ganz Europa häufig.
Blütezeit: Außergewöhnlich lang, von März, mitunter auch Februar, bis November.
Vermehrung: Bestäubung durch Kerbtiere.

Berg-Aster *(Aster amellus)*

Merkmale: Mehrjährige, 20–50 oder 60 cm hohe Pflanze mit zumindest oberwärts behaartem Stengel, dieser erst oben verzweigt. Dreinervige Blätter unterseits kurzbehaart, nicht dicklich; untere Stengelblätter elliptisch und meist gezähnt, obere Stengelblätter lanzettlich und in der Regel ganzrandig. Blüten in einzelnen, am Ende der Äste stehenden Körbchen, schwach nach Vanille duftend; Körbchen innen mit gelben Röhrenblüten, außen mit einer Reihe blauvioletter, selten weißer oder rötlicher Zungenblüten, im Durchmesser 3–5 cm groß. Spatelförmige, behaarte Hüllblätter dachig angeordnet.
Standort: Trockene Rasen, Heidewiesen, lichte, trockene Gebüsche und Wälder.
Verbreitung: Mittel- und Südeuropa. In der südlichen Hälfte Deutschlands verbreitet.
Blütezeit: Juli bis Oktober.

Gemeines Katzenpfötchen *(Antennaria dioica)*

Merkmale: Mehrjährige, 5–25 cm hohe Pflanze mit unverzweigtem Stengel, am Grund verholzt, sowie mit kriechenden Ausläufern. Oberseits meist kahle, unterseits weißfilzig behaarte, einnervige Blätter, am Stengelgrund spatelig bis verkehrt eiförmig, bis 4 cm lang, in einer Rosette angeordnet, obere Stengelblätter linealisch bis lanzettlich, dem Stengel mehr oder weniger angedrückt. Blütenköpfe zu 3–12 in endständiger Traube; weibliche Blüten der eingeschlechtlichen Pflanze rosa oder rot, in schlankeren Köpfen als die männlichen rosa oder weißen Blüten.
Standort: Lichte trockene Wälder und Gebüsch, Heiden, Halbtrockenrasen, Matten.
Verbreitung: Fast ganz Europa, stellenweise selten; gefährdet. **Blütezeit:** Mai bis Juli.

Gemeiner Feinstrahl *(Erigeron strigosus)*

Merkmale: Zweijährige, 40 bis über 100 cm hohe, aufrechte Pflanze mit behaartem, oben verzweigtem Stengel. Untere Blätter oval bis breitlanzettlich, grob gesägt, obere Stengelblätter lanzettlich, sitzend, nur schwach gesägt. In lockeren Schirmrispen angeordnete Blütenköpfe bis 1,5 cm breit, mit gelben Röhrenblüten und weißen, nur selten bläulichen Zungenblüten (beim sehr ähnlichen *Zweijährigen Feinstrahl* sind die Zungenblüten rötlich-lila, selten weiß).
Standort: Auwälder, Hecken, Wegränder, Schuttplätze, Dämme, Äcker, Ufer, Kiesgruben.
Verbreitung: Ursprünglich in Nordamerika beheimatet, heute hauptsächlich in Mitteleuropa, aber auch schon in anderen Teilen Europas.
Blütezeit: Juni bis Oktober.
Allgemeines: Vielen besser bekannt unter dem Namen *Einjähriges Berufskraut.*

Sand-Strohblume *(Helichrysum arenarium)*

Merkmale: 10–40 cm hohe, mehrjährige, weißwollige Pflanze mit aufrechtem oder aufsteigendem Stengel, nicht verzweigt. Grundständige Blätter gestielt, spatelförmig, in einer Rosette stehend, sitzende Stengelblätter linealisch, stumpf. Gelbe bis orange Blütenköpfe kugelig, ohne Strahlenblüten, in dichten, endständigen Doldentrauben. Neben dem Blütentrieb entstehen aus dem Wurzelstock in der Regel noch mehrere, lockere Blattrosetten.
Standort: Wegränder, Kiefernwälder, Heiden, Dünen, gern auf sandigen Böden.
Verbreitung: Mittel- und Osteuropa, zum Teil Südosteuropa, im Norden bis Dänemark und Südschweden. Verbreitet im Norden und Osten Deutschlands, sonst zerstreut oder selten; gefährdet.
Blütezeit: Juli bis Oktober.

Wald-Ruhrkraut *(Gnaphalium silvaticum)*

Merkmale: Mehrjährige, aufrechte, kräftige Pflanze, 10–80, oft nur bis 50 cm hoch, kaum verzweigt im Gegensatz zum sonst recht ähnlichen *Sumpf-Ruhrkraut.* Einnervige Blätter oberseits fast oder ganz kahl, unterseits filzig, Grundblätter lanzettlich, mittlere Stengelblätter ebenfalls, aber kürzer und niemals gestielt. Blütenköpfchen zu 3–7 meist in zahlreichen Knäueln eine endständige, verlängerte Ähre oder Traube bildend. Hüllblätter hautrandig.
Standort: Wälder, Waldwege, Kahlschläge, magere Wiesen und Rasen, Heiden, gern auf humusreichen und kalkarmen Waldböden wie auch auf sandig-lehmigen Böden, bis 2000 m.
Verbreitung: Fast ganz Europa.
Blütezeit: Juli bis September.

Sumpf-Ruhrkraut *(Gnaphalium uliginosum)*

Merkmale: Einjährige, 5–20 cm hohe Pflanze mit vom Grund an ästig verzweigtem, bräunlichem Stengel, ausgebreitet oder aufsteigend. Bis 5 cm lange Blätter länglich oder schmal-lanzettlich, sitzend, oben und unten filzig behaart. Hüllblätter bräunlich, zur Spitze hin dunkler. Etwa 4 mm große Blütenköpfchen gelblich, in dichten Knäueln, von den Hochblättern weit überragt.
Standort: Feuchte Wiesen, Äcker, Weiden und Torfstiche, Ufer und Gräben, Wegränder, kaum in Sümpfen; bis 1300 m.
Verbreitung: In fast ganz Europa.In Deutschland weit verbreitet.
Blütezeit: Juni bis Oktober.
Allgemeines: Früher gehörte auch das *Edelweiß* (heute eigene Gattung) zur Gattung *Ruhrkraut.*

Dürrwurz-Alant *(Inula conyza)*

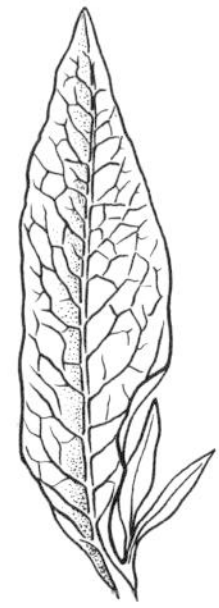

Merkmale: Zwei- oder mehrjährige, 40–80 cm hohe Pflanze. Blätter eiförmig bis elliptisch, ähneln denen des *Fingerhuts,* nur die oberen sitzend. 1 cm breite Blütenköpfe mit kleinen, in der Hülle versteckten oder fehlenden Zungenblüten; innere Hüllblätter oft purpurn, äußere grün, abstehend; in Doldentrauben.
Standort: Lichte Wälder und Waldränder, Kahlschläge, Gebüsche, Trockenhänge, bis 1000 m.
Verbreitung: Mittel- und Südeuropa. In Deutschland zerstreut bis selten, im Norden fehlend, ebenso in höheren Lagen der Mittelgebirge.
Blütezeit: Juli bis September.
Allgemeines: Diente früher als Heilpflanze.

Deutscher Alant *(Inula germanica)*

Merkmale: Mehrjährige, 20–50 cm hohe Pflanze. Länglich-lineale bis ei-lanzettliche, sitzende Blätter mit breit-herzförmigem, stengelumfassendem Grund, auf der Unterseite locker oder wollig langbehaart, drüsig. Blütenköpfe mit wenigen, 1–3 mm langen Zungenblüten, diese länger als die Hülle.
Standort: Kalkmagerrasen, sonnige Abhänge und Gebüschsäume.
Verbreitung: Fehlt in Westeuropa, auf den Britischen Inseln sowie in Nordeuropa ganz, kommt in Mittel-, Ost- und Südosteuropa vor. In Deutschland nur an wenigen Stellen, beispielsweise in Ost-Rheinland-Pfalz und im Odenwald, selten. Nach Osten zu etwas häufiger; gefährdet.
Blütezeit: Juli bis August.
Allgemeines: Heilpflanze. Zwei weitere, früher auch in Deutschland heimische Arten sind inzwischen bei uns ausgestorben: der *Schwert-Alant* sowie der *Graue* oder *Schweizer Alant.*

Behaarter Alant *(Inula hirta)*

Merkmale: 15 bis über 40 cm hohe, mehrjährige Pflanze mit abstehend steifhaarigem Stengel. Sitzende, eiförmige Blätter beiderseits meist rauhhaarig, mit deutlichen Netznerven. Gelbe Blütenköpfe 2–5 cm breit, in der Regel einzeln, seltener zu 2 oder 3.

Standort: Lichte Wälder, vor allem Kiefern- und Eichenwälder, buschige Hügel, sonnige Hecken, gern auf trockenen, kalkhaltigen Böden. Hauptsächlich an warmen Stellen.

Verbreitung: Hauptsächlich Mitteleuropa. In Teilen Süd- und Mitteldeutschlands zerstreut bis selten; gefährdet.

Blütezeit: Juni bis Oktober.

Allgemeines: Auch *Rauher Alant* genannt. Keine Heilpflanze im Gegensatz zum *Echten Alant*, der unter vielen anderen Namen bekannt ist wie *Edel-, Darm-* oder *Glockenwurz, Odinskopf* und *Helenenkraut*. Von ihm wird die Wurzel arzneilich verwendet.

Gemeines Ochsenauge *(Buphthalmum salicifolium)*

Merkmale: Steif-aufrechte, mehrjährige Pflanze mit kaum verzweigtem, 20–50 cm hohem Stengel. Seidenhaarige, ei-lanzettliche Blätter ganzrandig oder fein gezähnt, stengelumfassend; sie können bis 12 cm lang werden. 3–6 cm breite Blütenköpfe außen mit Zungen-, innen Röhrenblüten, dottergelb, einzeln und endständig an langen, beblätterten Trieben. Fruchtknoten ohne Haarkrone.

Standort: Kalkmagerrasen, lichte Wälder (vor allem Eichen- und Kiefernwälder), Waldränder, Steppenhänge, Felsen, Heiden, bis etwa 2000 m Höhe.

Verbreitung: Mittel- und Südeuropa, hauptsächlich in den Gebirgen. In Deutschland in den Alpen verbreitet, sonst im Süden zerstreut, nördlich bis zum Main.

Blütezeit: Juni bis September.

Nickender Zweizahn *(Bidens cernua)*

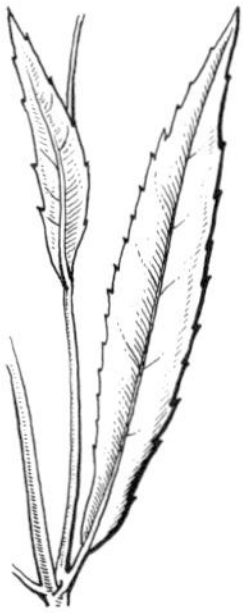

Merkmale: Einjährige, kahle, aufrechte Pflanze, die nur 10 cm messen kann, andererseits an günstigen Stellen auch fast 100 cm Höhe erreicht. Blätter einfach (im Gegensatz zum *Dreiteiligen Zweizahn* nicht unterteilt), lanzettlich, grobgezähnt, sitzend, am Grund paarweise miteinander kurzverwachsen. Kugelige, bis 3 cm breite Blütenköpfchen nickend (Name). Die Zungenblüten können auch fehlen. Längliche, abstehende, äußere Hüllblätter deutlich länger als die inneren.

Standort: Teichränder, Gräben, Ufer, Moore, auf schlammigen oder sumpfigen Böden, bis 1100 m.

Verbreitung: Fast ganz Europa, außer Teilen Südeuropas. In Deutschland verbreitet oder auch nur zerstreut.

Blütezeit: Juli bis September.

Täuschender Zweizahn *(Bidens connata)*

Merkmale: 20 bis 100 cm hohe, einjährige Pflanze mit aufrechten, verzweigten Stengeln. Blätter wie beim Nickenden Zweizahn nicht unterteilt, sondern einfach (deshalb auch als *Einfachblättriger Zweizahn* bekannt), Blattspreite in den geflügelten Stiel verschmälert. Blütenköpfe im Gegensatz zum *Nickenden Zweizahn* aufrecht, nur etwa 1,5 cm im Durchmesser.

Standort: Siedelt sich mit Vorliebe an Ufern von Seen, Teichen und Gräben an, ist ebenfalls in Flußtälern und entlang großer Kanäle zu finden, selten auch in Hafenanlagen.

Verbreitung: Heimat des *Täuschenden Zweizahns* ist Nordamerika. Kommt eingeschleppt und eingebürgert hauptsächlich in Mittel- und Westeuropa vor (mit Ausnahme der Britischen Inseln). In Deutschland sehr zerstreut im Norden, selten im mittleren Gebiet, sonst fehlend.

Blütezeit: August bis Oktober.

Allgemeines: Andere, bei uns eingeschleppte Arten sind *Laubiger* und *Schwarzfrüchtiger Zweizahn.*

Acker-Hundskamille *(Anthemis arvensis)*

Merkmale: Einjährige, verzweigte, 10–50 cm hohe Pflanze ohne aromatischen Geruch. Blätter zwei- oder dreifach fiederteilig mit länglichen, spitzen Zipfeln, ähnlich denen der *Echten Kamille*, die allerdings zu einer anderen Gattung *(Kamille)* gehört. Auf dem kegelförmigen Blütenboden Spreublätter, lanzettlich, ganzrandig und stachelspitz, als feine Schüppchen erkennbar. Langgestielte Blütenköpfe von 2–3,5 cm Durchmesser. Ganze Pflanze kahl bis flaumig-wollig.
Standort: Äcker (Name), Ödland, Wegränder, bis 1000 m. Gern auf sauren Böden.
Verbreitung: Ganz Europa, in Deutschland überall häufig.
Blütezeit: Juni bis September.
Allgemeines: Keinerlei Heilwirkungen. Enthält ätherische Öle.

Sumpf-Schafgarbe *(Achillea ptarmica)*

Merkmale: Mehrjährige, aufrechte, 20–60 oder auch 100 cm hohe Pflanze mit behaartem kantigem Stengel, erst oben verzweigt. Kahle, bis 8 cm lange Blätter schmal-lanzettlich oder linealisch und fein gesägt, sitzend. Blütenköpfchen 1,2–1,7 cm im Durchmesser mit 8–13 Zungenblüten, weiß und weit ausgebreitet.
Standort: Nasse Wiesen, Gräben, Ufer, Sümpfe, Flachmoore, Auwälder, bis 700 m.
Verbreitung: Fast ganz Europa bis Südskandinavien im Norden sowie Nordspanien und Norditalien im Süden. Fehlt in Südosteuropa. In Deutschland verbreitet bis zerstreut.
Blütezeit: Juli bis September.
Allgemeines: Keine Bedeutung mehr als Heilpflanze.

Färber-Hundskamille *(Anthemis tinctoria)*

Merkmale: Zwei- oder auch mehrjährige, aufsteigende bis aufrechte Pflanze. Verzweigter, 20–50 cm hoher Stengel mit doppelt fiederteiligen Blättern (kammförmige Fiedern), die unterseits kurz und anliegend weißwollig behaart sind. 2–4 cm breite Blütenköpfe mit halbkugeligem Boden, gelben Röhren- und Zungenblüten (selten fehlend) und lanzettlichen, stachelspitzen Spreublättern, filzige Hüllblätter dachziegelartig angeordnet.
Standort: Felssteppen und Steppenhänge, Trockenrasen, Weinberge, buschige Orte, gern auf kalkreichen Böden, bis 1000 m.
Verbreitung: Fast ganz Europa, eingebürgert in Großbritannien. Im Nordwesten Deutschlands selten, sonst zerstreut.
Blütezeit: Juni bis September.
Allgemeines: Die Blüten wurden früher zum Färben verwendet.

Gemeine Schafgarbe *(Achillea millefolium)*

Merkmale: Mehrjährige, aromatisch duftende, bis 80 cm hohe Pflanze mit meist einfachem, kantigem Stengel. Längliche bis lanzettliche Blätter regelmäßig gefiedert mit Ausnahme des Mittelnervs. In doldenartigen Blütenständen stehen die bis 6 mm breiten Blüten mit 3–5 zungenförmigen Randblüten, weiß oder rosa.
Standort: Wiesen, Ödland, Gebüsch, Rasen, Wegränder, Feldraine, Dämme, Halbtrockenrasen, gern auf stickstoffhaltigen Böden, bis 2500 m.
Verbreitung: Ganz Europa.
Blütezeit: Juni bis Oktober.
Vermehrung: Durch Samen. Wird von verschiedenen Kerbtier-Arten bestäubt; vegetativ durch Ausläufer.
Allgemeines: Bis heute eine bedeutende Heilpflanze.

Behaartes Knopfkraut *(Galinsoga ciliata)*

Merkmale: Einjährige, 10–70 cm hohe, verzweigte Pflanze mit oberwärts abstehend zottig grauweiß behaartem Stengel, im Gegensatz zum oberwärts nur wenig und kurz behaarten Stengel des *Kleinblütigen Knopfkrauts.* Eiförmige, spitze Blätter entfernt grob gezähnt, die oberen schmaler. Kleine, 5 mm große Blütenköpfchen mit gelben Scheibenblüten und 4 oder 5 weißen, flachen, dreizähnigen Strahlenblüten auf rotdrüsigen Stielen.
Standort: Äcker, Gärten, Schuttplätze, Ufer.
Verbreitung: Fast in ganz Europa eingebürgert. In Deutschland verbreitet.
Blütezeit: April bis Oktober.

Strahllose Kamille *(Matricaria matricarioides)*

M: Einjährige, steife und ästige Pflanze, stark duftend, 5–40 cm hoch. Kahle Blätter zwei- oder dreifach gefiedert mit linealischen, spitzen Abschnitten. Blütenköpfe grünlichgelb, in Form eines Kegels, mit 4zähnigen Röhrenblüten, Strahlenblüten fehlend. Kahle, längliche, aber stumpfe Hüllblätter mit trokkenhäutigem, breitem Rand. **St:** Schuttplätze, Ödland, Trittrasen. **Vb:** Fast ganz Europa. **Bl:** Juni bis August.

Echte Kamille *(Matricaria chamomilla)*

M: Einjährige, aufrechte, aromatisch duftende Pflanze, 15–50 cm hoch. Zwei- bis dreifach gefiederte Blätter mit schmal-linealischen, spitzen Abschnitten. Blütenköpfchen mit goldgelben Röhrenblüten und weißen Zungenblüten. Wichtigstes Erkennungsmerkmal bildet der kegelförmige und hohle Köpfchenboden. **St:** Ödland, Getreidefelder, Wegränder, Schutt. **Vb:** Fast ganz Europa. Seltener werdend. **Bl:** Mai bis September.

Duftlose Kamille *(Matricaria inodora)*

M: Einjährige, aufrechte Pflanze, 25–80 cm hoch, fast geruchlos. Erst oberwärts verzweigter Stengel mit zwei- bis dreifach gefiederten Blättern, lange, dünne Abschnitte unterseits gefurcht. Weist einen halbkugeligen, markigen Köpfchenboden auf. Blütenköpfchen mit 20–30 weißen Zungenblüten, die nicht herabgeschlagen, sondern meist etwas aufgerichtet sind. **St:** Ödland, Äcker. **Vb:** Ganz Europa. **Bl:** Juni bis Oktober.

Rainfarn *(Chrysanthemum vulgare)*

M: 60–120 cm und höher werdende mehrjährige Pflanze. Neben der Größe sehr auffällig durch zahlreiche, goldgelbe Blütenköpfchen. Sie stehen in einer flachen, dichten Doldenrispe. Zungenblüten fehlen ganz. Aufrechter, gerader Stengel nach oben zu ästig. Blätter doppelt fiederspaltig. **St:** Auwälder, Wegränder, Hecken, Schutthalden. **Vb:** In ganz Europa weit verbreitet. **Bl:** Juli bis September.

Wiesen-Wucherblume
(Chrysanthemum leucanthemum)

M: Mehrjährige Pflanze 20–80 cm hoch. Blätter am Stengelgrund gestielt, nach oben zu sitzend, spatelförmig bis länglich-lanzettlich, gesägt, mittlere Stengelblätter halbstengelumfassend. Blütenköpfe bis 6 cm breit, Röhrenblüten gelb. Zungenblüten weiß, Hüllblätter grün mit braunem Rand. **St:** Wiesen, Wegränder, Grasplätze. **Vb:** Fast ganz Europa. **Bl:** Mai bis Oktober.

Gemeiner Beifuß *(Artemisia vulgaris)*

M: Mehrjährig, 60–120, selten bis 150 cm hoch. Langgestielte, 5–8 cm messende Grundblätter gefiedert, Stengelblätter umfassen halb den Stengel, ein- bis zweifach gefiedert mit lanzettlichen, tief gesägten Abschnitten, alle oberseits dunkelgrün, unterseits weißwollig. Gelblich bis rotbraune eiförmige Blütenköpfe etwa 4 mm, äußere Hülle filzig. **St:** Wegränder, Ödland, Gebüsch. **Vb:** Fast ganz Europa. **Bl:** Juli bis Oktober.

Wermut *(Artemisia absinthium)*

M: Mehrjährige, 30–50 cm hohe, bitter schmeckende Pflanze, am Grunde verholzend. Geriefter, graufilziger Stengel mit unten dreifach gefiederten und oben zweifach fiederschnittigen Blättern mit lanzettlichen Zipfeln. Gelbe Blütenköpfe, nickend, mehr oder weniger kugelig. Blüten bilden einen reichästigen Blütenstand. Ganze Pflanze seidig-filzig behaart. **St:** Schuttplätze, Ödland. **Vb:** Fast ganz Europa. **Bl:** Juli bis September.

Huflattich *(Tussilago farfara)*

M: Kleine, mehrjährige Pflanze, Blütenschaft 5–15 cm hoch, zur Reifezeit verdoppelt er sich, trägt keine Blätter, sondern behaarte, schuppenförmige Hochblätter. Die großen Grundblätter (10–30 cm) sind rundlich-herzförmig, unterseits graufilzig. Sie erscheinen erst nach der Blüte. Röhrenblüten und Zungenblüten gelb oder gelborange. **St:** Äcker, Bahndämme, Kiesgruben. **Vb:** Nahezu ganz Europa. **Bl:** März bis April.

Weiße Pestwurz *(Petasites albus)*

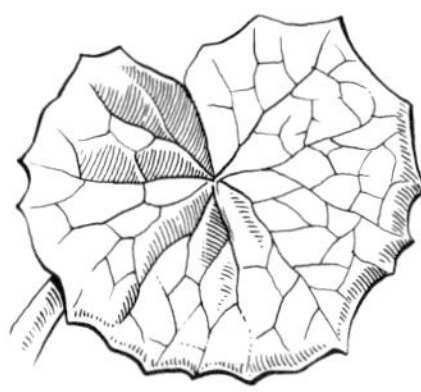

M: Der *Roten Pestwurz* ähnlich, aber schon durch ihre gelblichweißen Blüten von der rotblühenden Art zu unterscheiden. Stengel mit bleichen Schuppenblättern besetzt, oben mit einer dichten Blütentraube. Blätter nach der Blüte erscheinend, rundlich-herzförmig. **St:** Waldbäche, Quellfluren und andere schattige, feuchte Stellen in Bergwäldern. **Vb:** Fast ganz Europa, im Nordwesten fehlend. **Bl:** März bis Mai.

Rote Pestwurz *(Petasites hybridus)*

Merkmale: Mehrjährige Pflanze, zur Blütezeit 20–30 cm hoch. Die Blütenstände mit den weiblichen Blüten erreichen zur Fruchtzeit 80–100 cm Höhe. Blätter grundständig und langgestielt, erscheinen erst gegen Ende der Blütezeit. Haben mit 60 cm Breite und 100 cm Länge Ausmaße, die keine andere heimische Wildpflanze vorweisen kann. Blätter auf der Oberseite grün, kurzhaarig, auf der Unterseite graufilzig, nach und nach verkahlend. Blattnerven deutlich hervortretend an der Einbuchtung zu beiden Seiten des Blattstiels. Rötliche Blüten dichtstehend in eiförmigem Blütenstand, männliche Blüten ungefähr doppelt so groß wie die länger gestielten weiblichen.

Standort: Bachufer, feuchte Wiesen und Wälder. Bis in Höhen von 1500 Meter.

Verbreitung: Fast ganz Mittel- und Südeuropa. Eingebürgert in Nordeuropa. In Deutschland verbreitet. Oft truppweise wachsend.

Blütezeit: März bis Mai.

Vermehrung: Durch Bestäubung und Samen sowie durch den sehr großen Wurzelstock.

Gemeines Greiskraut *(Senecio vulgaris)*

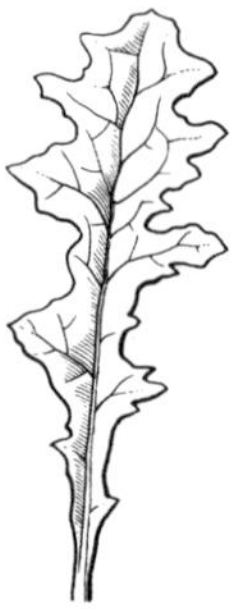

Merkmale: Einjährige, 10–30, nur selten bis 50 cm hohe Pflanze. Buchtig gelappte bis fiederspaltige, ringsum gezähnte Blätter meist stengelumfassend mit geöhrtem Grund. Im Gegensatz zu allen anderen Arten der Gattung weisen die 1 cm langen Blütenköpfe keine Zungenblüten auf. Außenhülle aus schwärzlichen Blättchen bestehend, 21 Hüllblätter.
Standort: Äcker, Gärten, Schuttplätze, auf unterschiedlichen, gern aber auf stickstoffhaltigen Böden, bis über 2000 m.
Verbreitung: Ganz Europa, in Deutschland sehr häufig.
Blütezeit: März bis Oktober.
Vermehrung: Durch Samen. Meist Selbstbestäubung, Fruchtverbreitung durch den Wind.
Allgemeines: Frühere Heilpflanze. *Giftig.*

Jakobs-Greiskraut *(Senecio jacobaea)*

Merkmale: Zwei- bis mehrjährige, aufrechte, kräftige Pflanze mit kantig gerilltem, oft bräunlich-rötlich überlaufenem Stengel, 30 bis über 100 cm hoch, im Gegensatz zum ähnlichen *Raukenblättrigen Greiskraut* nicht mit kriechendem Wurzelstock. Fiederspaltig und tief gezähnte Stengelblätter unterseits etwas spinnwebenartig behaart, zur Blütezeit meist schon verwelkte Grundblätter; mehr leierförmig. Gelbe Blütenköpfe in doldenartiger Rispe angeordnet. Außenhülle oft nur ein- oder zwei-, zuweilen auch dreiblättrig, das *Raukenblättrige Greiskraut* weist demgegenüber 4–6 Außenhüllblätter auf.
Standort: Trockenwiesen, Halbtrockenrasen, lichte Wälder, Wald- und Wegränder.
Verbreitung: Fast ganz Europa.
Blütezeit: Juni bis Oktober.
Allgemeines: Frühere Heilpflanze. *Giftig.*

Wald-Greiskraut *(Senecio silvaticus)*

Merkmale: Einjährige, 15–50 cm hohe, kahle bis zerstreut wollhaarige Pflanze, im Gegensatz zum ähnlichen *Klebrigen Greiskraut* weder drüsigklebrig noch unangenehm riechend. Fiederteilige Blätter mit gezähnten Teilblättchen. Gelbe Blüten in 5 mm breiten Körbchen, innen Röhren-, außen Zungenblüten, diese meist zurückgerollt, Hüllblätter etwa 5mal so lang wie die angedrückten Außenhüllblätter (beim *Klebrigen Greiskraut* sind die Hüllblätter doppelt so lang wie die locker abstehende Außenhülle). Blütenstand eine lockere Rispe.
Standort: Lichte Laub- und Mischwälder, Waldränder und Kahlschläge, bis 1800 m.
Verbreitung: In weiten Teilen Europas. In Deutschland zerstreut bis verbreitet.
Blütezeit: Juli bis September.
Allgemeines: *Giftig.*

Wasser-Greiskraut *(Senecio aquaticus)*

Merkmale: Mehrjährige, 15–60 cm hohe, aufrechte Pflanze. Stengel mit aufwärts strebenden Ästen. Gelbgrüne, fiederteilige Blätter mit nach vorne zeigenden, 3 oder 4 schmalen Fiederpaaren und einer größeren Endfieder, untere Blätter in der Regel ungeteilt. Gelbe Blüten in 2–3 cm breiten Köpfen, angeordnet in doldenartiger, fast blattloser Rispe. Zungenblüten 1 bis 1,2 cm lang.
Standort: Moor- und Naßwiesen, Auwälder, Quellen, Gräben, Ufer stehender und fließender Gewässer. Wächst häufig in kleineren oder etwas größeren Beständen.
Verbreitung: In fast allen Teilen Europas, außer im äußersten Südosten. In Deutschland zerstreut bis verbreitet, stellenweise häufig, in manchen Gebieten, vor allem in höheren Lagen der Mittelgebirge und Alpen, ganz fehlend.
Blütezeit: Juni bis Oktober.

Frühlings-Greiskraut *(Senecio vernalis)*

Merkmale: Einjährige, 15–50 cm hohe Pflanze. Stengel und Blätter spinnwebenartig-wollig, mehr oder weniger zottig behaart. Im Umriß längliche Blätter fiederteilig mit gezähnten Abschnitten, die unteren gestielt, die oberen sitzend, am Grund breit geöhrt. Blüten in 2–3 cm breiten Köpfen.
Standort: Schuttplätze, Äcker, Ödland, Wege und Wegränder, Bahndämme, Kiefernschonungen, gern auf sandigen und lehmigen Böden, kommt meist truppweise und sogar massenhaft vor.
Verbreitung: Ursprünglich aus Ost- und Südosteuropa stammend, inzwischen in weiten Teilen Mittel- und Nordeuropas eingebürgert. Auf den Britischen Inseln fehlend. In Deutschland vom vorigen Jahrhundert an eingewandert und weitgehend eingebürgert, teils häufig.
Blütezeit: Mai bis Oktober.

Hain-Greiskraut *(Senecio nemorensis)*

Merkmale: Mehrjährige, 60–150 cm hohe, aufrechte Pflanze, wie beim ähnlichen *Fuchs-Greiskraut* mit einem kurzen, fast holzigen Wurzelstock. Unterseits (zumindest auf dem Mittelnerv) behaarte, lanzettliche bis länglich-eiförmige Blätter knorpelig gezähnt, etwa 3mal so lang wie breit, die mittleren und oberen Stengelblätter mit verbreitertem, abgerundetem Grund sitzend oder auch halbstengelumfassend. Die Blütenköpfe bestehen aus 5–8 Zungen- und 14–20 Röhrenblüten, die meist 10 kurz behaarten Hüllblätter bilden eine etwas glockige Hülle.
Standort: Feuchte, schattige Laub- und Bergmischwälder, Kahlschläge, Hochstaudenfluren.
Verbreitung: Hauptsächlich Mittel- und Südeuropa. In Deutschland nur in den Mittelgebirgen verbreitet, sonst zerstreut bis selten.
Blütezeit: Juli bis September.

Sumpf-Greiskraut *(Senecio paludosus)*

Merkmale: Mehrjährige, steif aufrechte, 50 bis über 200 cm hohe Pflanze mit gerieftem, bis oben beblättertem Stengel. Lineal-lanzettliche Blätter stark sägezähnig mit nach vorne weisenden Zähnen, oberseits kahl und glänzend, unterseits anfangs filzig-spinnwebig behaart, später verkahlend, bis zu 14 cm lang. Gelbe Blüten in 3–4 cm breiten Köpfen, zu 10 bis 30 angeordnet in reichblütiger, doldenartiger Rispe.
Standort: Feuchte oder nasse Wiesen, Ufer, Röhricht, Verlandungszonen stehender und fließender Gewässer, Bruchwälder, bis 600 m.
Verbreitung: In der Hauptsache Mitteleuropa, auch auf den Britischen Inseln. In Deutschland zerstreut im Süden, nach Norden zu seltener, in weiten Gebieten fehlend; gefährdet.
Blütezeit: Juni bis August.

Fuchs-Greiskraut *(Senecio fuchsii)*

Merkmale: Mehrjährige, 60–150 cm hohe, aufrechte Pflanze. Kahle oder fast kahle Blätter lanzettlich, fein gesägt, die mittleren und oberen nicht mit verbreitertem Grund, etwa 5mal so lang wie breit, sitzend. Die in doldenartiger Rispe angeordneten, 2–3 cm breiten Blütenköpfe weisen 5 Zungen- und 6–15 Röhrenblüten auf, die meist 8 kahlen Hüllblätter bilden eine walzliche Hülle.
Standort: Bergmischwälder, Kahlschläge, Hochstaudenfluren, gern an schattigen und feuchten Stellen. Bis über 2000 Meter anzutreffen, im Gegensatz zum ähnlichen *Hain-Greiskraut*, das nur bis 900 m hochsteigt.
Verbreitung: Hauptsächlich Mitteleuropa. In Deutschland verbreitet in den höheren Lagen der Alpen und Mittelgebirge, sonst zerstreut bis selten, fehlt wie das *Hain-Greiskraut* in Norddeutschland.
Blütezeit: Juli bis September.
Allgemeines: Unter den meisten *Greiskraut*-Arten ist Bastardbildung häufig, so daß die Bestimmung hierbei oft schwierig ist.

Gemeine Eberwurz *(Carlina vulgaris)*

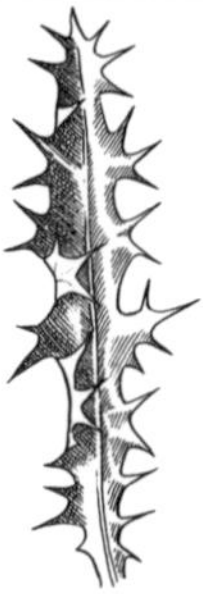

Merkmale: Ein- oder zweijährige, 50–60 cm hohe, steife Pflanze. Aufrechter, dorniger Stengel mit mehreren Blütenköpfen. Grundblätter in einer Rosette, zur Blütezeit bereits abgestorben. Mittlere Stengelblätter halbstengelumfassend, bis 10 cm lang, schwach gelappt mit stacheligem Rand. Äußere Hüllblätter grün, dornig und wollig behaart, innere strohgelb, 1–2 cm lang. Blütenköpfe 2–3,5 cm breit, ausschließlich aus gelbbraunen Röhrenblüten bestehend.
Standort: Mager- und Trockenrasen, Kiefernwälder, trockene und sonnige Heiden und Hänge. Bis in Höhen von 1700 Meter.
Verbreitung: In fast ganz Europa, fehlt in Portugal. In Deutschland auf Kalk verbreitet, auf anderen Böden und im Norden nur zerstreut bis selten. In Heidesandgebieten fehlend.
Blütezeit: Juli bis September.

Kugeldistel *(Echinops sphaerocephalus)*

Merkmale: Mehrjährige, kräftige, steif aufrechte Pflanze, 50–150, nicht selten sogar bis 200 cm hoch. Distelartige Blätter, im Umriß lanzettlich, fiederspaltig und dornig, unterseits weiß-wollig-filzig. Köpfchen bestehen aus von mehrblättriger Hülle umgebener Einzelblüte und sind zu einem kugeligen, 4–8 cm breiten Kopf vereinigt, von oben nach unten aufblühend.
Standort: Schuttplätze, Dämme, Ufer, Ödland, gern an steinigen, trockenen Stellen.
Verbreitung: Ursprünglich Südeuropa und Asien, inzwischen in weiten Teilen Mittel- und Nordeuropas eingebürgert. In Deutschland nur selten verwildert oder eingebürgert.
Blütezeit: Juli bis August.
Allgemeines: Als Zierpflanze in Gärten, als Bienenweide in freier Natur angepflanzt, deshalb auch *Bienen-Kugeldistel* genannt. Noch viel unbeständiger oder nur vorübergehend eingeschleppt, kommt die seltene *Ruthenische Kugeldistel* vor, die gerne Schuttplätze besiedelt.

Filzige Klette *(Arctium tomentosum)*

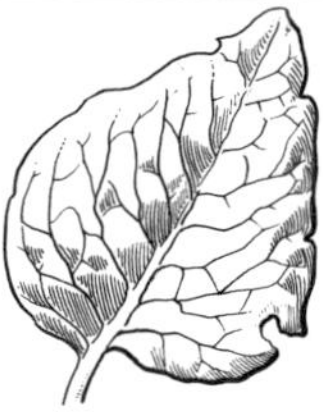

Merkmale: Zweijährige, 60–120 cm hohe, verzweigte Pflanze. Breit ei-herzförmige, unterseits dicht grauweiß-filzig bis wollig behaarte Blätter, alle gestielt, die Stiele der Grundblätter oft rötlich und wie die der *Großen Klette* markig. Purpurne Blüten in kugeligen 1,5–3 cm breiten Köpfen. Äußere grüne Hüllblätter mit hakig gebogener Spitze, innere rote mit gerader, kurzer Spitze, miteinander dicht spinnwebig-wollig verbunden.
Standort: Schuttplätze, Wegränder, Zäune, Gebüsch, Ufer, gern auf kalkhaltigen und stickstoffreichen, lehmigen Böden, bis 1500 m.
Verbreitung: Fast ganz Europa. In manchen Gebieten Deutschlands selten, sonst zerstreut.
Blütezeit: Juli bis September.
Vermehrung: Durch Samen. Bestäubung durch Bienen sowie Tag- und Nachtfalter.

Große Klette *(Arctium lappa)*

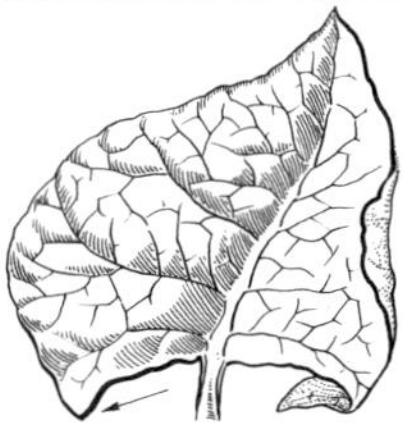

Merkmale: Zweijährige, 80–150, zuweilen auch bis 200 cm hohe, sehr kräftige Pflanze mit verzweigten, aufrechten, oft rötlich überlaufenen Stengeln. Sehr große, bis 50 cm lange, gestielte Blätter eiherzförmig, unterseits weißgrau-filzig. Rote Blüten in langgestielten, im Durchmesser 3–5 cm großen Köpfen. Bis zur Spitze grüne, kahle Hüllblätter etwa gleich lang wie oder etwas länger als die Blüten, vorne hakig gekrümmt. Blütenköpfe in rispenartiger Trugdolde angeordnet. Frucht 6 bis 8 mm lang.
Standort: Schuttplätze, Wege und Wegränder, Gebüsch, Zäune, Flußschotter, Bahndämme, gern auf stickstoffreichen und lehmigen Böden, bis 1300 m.
Verbreitung: Fast ganz Europa, im Norden bis Südskandinavien. In Deutschland zerstreut bis verbreitet. **Blütezeit:** Juli bis September.

Krause Distel *(Carduus crispus)*

Merkmale: Zweijährige, aufrechte, verzweigte Pflanze, 50–120 cm hoch. Stengel kraus und breit geflügelt. Oberseits fast kahle, unterseits spinnwebig-wollig behaarte Blätter lanzettlich, weich-dornig, fiederspaltig oder tief doppelt gezähnt, die oberen sitzend, die unteren gestielt. 1–1,5 cm breite hellrote bis purpurne Blütenköpfe zu 3–5 auf kraus-geflügelten, kurzen Stielen. Innere Hüllblätter länger als äußere. Frucht spitzenwärts etwas verbreitert.
Standort: Wegränder, Ufer, Auwälder, Hekken, Gräben, gern an feuchten, beschatteten Stellen. Kommt bis in Höhen von 1000 m vor, während die ähnliche *Weg-* oder *Stachel-Distel* bis 1600 m hoch zu finden ist.
Verbreitung: Fast ganz Europa, fehlt auf den Britischen Inseln. In Deutschland im Süden verbreitet, im Norden zerstreut vorkommend.
Blütezeit: Juli bis September.
Allgemeines: Die Bastardbildung zwischen den bei uns vorkommenden Arten *(Nickende, Alpen-, Weg-, Schmalköpfige, Berg-, Krause Distel)* ist häufig, wird aber oft übersehen.

Kohl-Kratzdistel *(Cirsium oleraceum)*

Merkmale: Mehrjährige, 50–150 cm hohe, aufrechte Pflanze mit gefurchtem, wenig beblättertem Stengel. Weiche, kahle, stachelig gewimperte Blätter fiederspaltig oder ungeteilt, lanzettlich; bleiche Hochblätter breit-eiförmig. Gelblichweiße Blüten in eiförmigen, bis 4 cm langen Köpfen, diese endständig und zu mehreren gehäuft.
Standort: Feuchte und nasse Wiesen, Flachmoore, Auwälder, Bachufer, Gräben, auf nährstoffreichen, lehmigen Böden, bis 2000 m.
Verbreitung: Hauptsächlich Mitteleuropa, im Norden bis Südskandinavien, im Süden bis Südfrankreich, Norditalien und Bulgarien. In Deutschland verbreitet, im Nordwesten zerstreut und gebietsweise recht selten.
Blütezeit: Juni bis September.
Allgemeines: Wurde früher, vor allem wohl in Notzeiten, als Kohlgemüse gekocht (Name).

Nickende Distel *(Carduus nutans)*

Merkmale: Zweijährige, 30–100 cm hohe, aufrechte Pflanze mit weißfilzigem Stengel. Krause, lanzettliche Blätter tief fiederspaltig mit dornigen, dreieckigen, 2- bis 5spaltigen Abschnitten, breit geflügelt am Stengel herablaufend. Purpurrote Blüten in großen, 2–7 cm breiten, nahezu kugeligen, langgestielten Köpfen, diese mehr oder weniger nickend (Name). Lanzettlich-spitze Hüllblätter über dem eiförmigen Grund eingeschnürt, mit zurückgekrümmter, stacheliger Spitze. Stengel meist einköpfig.
Standort: Wiesen, Magerweiden, Schuttplätze, Wegränder, Böschungen, Ödland, Heiden, gern auf kalkhaltigen, sandigen oder steinigen Böden, bis über 2000 m.
Verbreitung: Fast ganz Europa, im Norden bis Südskandinavien. In Deutschland verbreitet.
Blütezeit: Juli bis September.

Eselsdistel *(Onopordum acanthium)*

Merkmale: Zweijährige, sehr kräftige, bis 200 cm hohe Pflanze mit breit geflügeltem, stacheligem und filzigem Stengel. Blätter elliptisch bis lanzettlich, ungleich buchtig-stachelig gelappt, am Stengel herablaufend. Einzelne, endständige, hellpurpurne Blütenköpfe zwischen 3 und 5 cm lang und fast ebenso breit. Die 2–4 mm breiten Hüllblätter laufen in einer starren, stacheligen Spitze aus. Blüten mit bis zu 2 cm langer Krone; Frucht vierkantig.
Standort: Ödland, Wegränder, Schuttplätze, an sonnigen, warmen und trockenen Stellen.
Verbreitung: Hauptsächlich Mittel- und Südeuropa, in Nordeuropa teilweise eingebürgert. In Deutschland meist nur sehr zerstreut oder selten, in weiten Teilen, vor allem in höheren Lagen, fehlend; gefährdet.
Blütezeit: Juli bis September.

Gemeine Kratzdistel *(Cirsium vulgare)*

Merkmale: Zweijährige, kräftige Pflanze, 60 bis über 130 cm hoch. Oberseits rauhhaarige, unterseits graufilzige, länglich-lanzettliche Blätter mit deutlich stachelig gezähnten Abschnitten, in langem, gelbem Stachel endend, daher auch *Lanzett-Kratzdistel* genannt, Blätter am Stengel herablaufend. Purpurrote bis violette Blütenköpfe bis 4 cm breit und bis 8 cm lang, Hülle eiförmig.
Standort: Wegränder, Ödland, Schuttplätze, Ufer, Kahlschläge, gern auf kalkhaltigen, stickstoff- und nährstoffreichen Böden.
Verbreitung: Ganz Europa. In Deutschland verbreitet, meist häufig.
Blütezeit: Juli bis Oktober.
Vermehrung: Durch Samen. Wird von verschiedenen Kerbtieren, hauptsächlich von Hummeln, aber auch Käfern bestäubt. Daneben kommt ebenfalls Selbstbestäubung vor.

Acker-Kratzdistel *(Cirsium arvense)*

Merkmale: Mehrjährige, 60–130 und sogar über 150 cm hohe Pflanze mit stark verästeltem und reich beblättertem Stengel, von dem auch nichtblühende Äste ausgehen. Blätter ungeteilt oder buchtig gezähnt, seltener fiederspaltig, im Umriß länglich-lanzettlich, am Rand meist gewellt und stachelig, nicht am dornenlosen und ungeflügelten Stengel herablaufend. Blaßrosa bis violette Blüten in 1–1,5 cm breiten, rispig angeordneten Köpfen.
Standort: Äcker, Weinberge und Gärten, dort ein lästiges, kaum zu vertreibendes Unkraut. Auch an sehr trockenen Stellen, an Wegen, auf Schutt und Ödland, weil der weitkriechende und bis 200 cm tief wachsende Wurzelstock stets genügend Feuchtigkeit beschaffen kann.
Verbreitung: In ganz Europa sehr häufig.
Blütezeit: Juli bis September.

Stengellose Kratzdistel *(Cirsium acaule)*

Merkmale: Mehrjährige, dem Boden meist angedrückt wachsende Pflanze mit sehr kurzem, nur wenige Zentimeter hohem Stengel, der nur selten einmal eine Höhe von 20 cm erreicht. Die weniger gebräuchliche Bezeichnung *Erd-Kratzdistel* wäre daher richtiger. Buchtig fiederspaltige, stachelig gezähnte Blätter alle in grundständiger Rosette. Blüten in 3–5 cm breiten, endständigen Köpfen, diese meist einzeln, seltener auch zu 2 oder 3, purpurrot.
Standort: Trockene Wiesen und Rasen, Halbtrockenrasen, Weiden, Böschungen, Heiden, gern auf kalkhaltigem Boden, bis 2000 m.
Verbreitung: Fast ganz Europa, fehlt in Südosteuropa. Im mittleren Deutschland verbreitet bis zerstreut, sonst seltener, in manchen Gebieten ganz fehlend.
Blütezeit: Juli bis September.

Sumpf-Kratzdistel *(Cirsium palustre)*

Merkmale: Zweijährige, 30–200 cm hohe Pflanze mit dornig geflügeltem, bis oben beblättertem Stengel; Äste aufrecht abstehend, wie die Blätter spinnwebig behaart. Lanzettliche Blätter fiederlappig mit schmalen, dornigen Abschnitten, am Stengel herablaufend. Eiförmige, purpurne Blütenköpfe 1–1,5 cm lang, in kurzgestielten Knäueln. Frucht 2 bis 3 mm lang.
Standort: Nasse Wiesen, Flachmoore, Bruch- und Auwälder, nasse Kahlschläge, Ufer, Gräben, Quellen, gern auf torfigem Boden oder auch auf Schlamm, bis 1700 m.
Verbreitung: Fast ganz Europa, fehlt nur im äußersten Südosten. In Deutschland verbreitet und häufig.
Blütezeit: Juli bis September.
Allgemeines: Die jungen Sprosse als Salat eßbar.

Färber-Scharte *(Serratula tinctoria)*

Merkmale: Mehrjährige, bis 100 cm hohe, oben verzweigte Pflanze. Stengel fein gerieft, aufrecht. Im Umriß lanzettliche Blätter einfach bis unterschiedlich fiedrig geteilt oder scharfgesägt, schartig (Name). Rötlichpurpurne Blüten (nur Röhrenblüten) in doldentraubig angeordneten, schmal-eiförmigen, 1,5–2 cm langen Köpfen. Hüllblätter mit purpurroter Spitze, dachziegelartig angeordnet.
Standort: Nasse Wiesen, Sümpfe, Heiden, lichte Laub- und Mischwälder, Gebüsche, Gräben, gern auf lehmigem Boden, bis 800 m.
Verbreitung: Fast ganz Europa. In Deutschland zerstreut bis selten, besonders im Norden und Nordwesten, im Süden verbreiteter, nimmt im Bestand mehr und mehr ab; gefährdet.
Blütezeit: Juli bis September.
Allgemeines: Liefert einen gelben Farbstoff.

Kornblume *(Centaurea cyanus)*

Merkmale: Einjährige, aufrechte Pflanze mit verzweigtem, bis 90 cm hohem Stengel, kantig und weich behaart. Blätter lanzettlich und 2–5 mm breit, die untersten am Grunde gezähnt oder fiederspaltig, die mittleren und oberen Stengelblätter nicht herablaufend. Einzelne, im Durchmesser 2–3 cm große Blütenköpfe mit himmelblauen Röhrenblüten am Rand, die ausgebreitet und sehr viel größer als die purpurnen, fruchtbaren Scheibenblüten in der Mitte sind. Randblüten dienen zur Anlockung von Kerbtieren.
Standort: Kornfelder (in denen sie früher als lästiges Unkraut galt und heute ausgerottet ist), anderes Kulturland und Schuttplätze.
Verbreitung: Fast ganz Europa, zunehmend seltener. Vielerorts schon ausgerottet.
Blütezeit: Juni bis September.

Gemeine Flockenblume *(Centaurea jacea)*

Merkmale: Mehrjährige, sehr formenreiche, 30–60, zuweilen auch bis 100 cm hohe Pflanze. Rauhhaarige Blätter am Stengelgrund gelappt, nach oben zu lanzettlich und sitzend, während sich die unteren in den Stiel verschmälern. Die einzelnen, 1–2 cm großen Blütenköpfe tragen strahlenförmige, deutlich vergrößerte Randblüten.
Standort: Wiesen (deshalb auch *Wiesen-Flokkenblume* genannt), Weiden, Magerrasen, Gebüsche, Wegränder, Feldraine, eher an trockenen als an feuchten Stellen, bis 1900 m.
Verbreitung: Fast ganz Europa, im Mittelmeerraum seltener, fehlt in Irland, in England jedoch schon eingebürgert. In Deutschland verbreitet, im allgemeinen sehr häufig.
Blütezeit: Juni bis Oktober.
Vermehrung: Nur durch Samen. Hauptsächlich von Bienen bestäubt.

Skabiosen-Flockenblume *(Centaurea scabiosa)*

Merkmale: Mehrjährige, formenreiche Pflanze mit meist verzweigtem, 30 bis über 100 cm hohem Stengel. Dunkelgrüne Blätter beiderseits spärlich rauh behaart, fiederspaltig mit breit-lanzettlichen Abschnitten. Grüne Hüllblätter mit braunschwarzem Rand im Gegensatz zur *Gemeinen Flokkenblume*, deren Hüllblätter hellere zerschlitzte oder gefranste Anhängsel aufweisen. Langgestielte Blütenköpfe im Durchmesser stets über 2 cm, manchmal bis 4, in Ausnahmefällen bis 6 cm.
Standort: Magerrasen, Weg- und Waldränder, Gebüsch, gern an sonnigen Stellen und auf kalkhaltigen Böden, bis über 2000 m.
Verbreitung: Fast ganz Europa, fehlt in Portugal und in Südosteuropa. In Deutschland verbreitet bis zerstreut, im Nordwesten selten.
Blütezeit: Juni bis Oktober.

Rainkohl *(Lapsana communis)*

Merkmale: Einjährige, aufrechte Pflanze mit verzweigtem, 10–90 und sogar 120 cm hohem Stengel. Grundblätter mit großem dreieckig-eiförmigem Endlappen und kleineren Seitenlappen, Stengelblätter einfach, ei-lanzettlich, buchtig gezähnt oder gelappt. Hellgelbe Blüten bestehen nur aus Zungenblüten, diese zu 8–15 in einem kleinen endständigen Körbchen von etwa 2 cm Durchmesser, zusammen eine lockere Rispe bildend. Blüten öffnen sich nur bei Sonnenschein, schließen sich schon am Nachmittag und bleiben bei trübem Wetter ganz geschlossen. Früchte mit 20 Längsrippen.
Standort: Äcker, Ödland, Kahlschläge, Lichtungen, Schuttplätze, Wegränder, bis 1500 m.
Verbreitung: Fast ganz Europa. In Deutschland verbreitet, wird als Unkraut angesehen und bekämpft. **Blütezeit:** Mai bis September.

Lämmersalat *(Arnoseris minima)*

Merkmale: Einjährige, 10 bis über 20 cm hohe, kahle, aufrechte Pflanze; enthält keinen Milchsaft. Unterseits behaarte, am Rande gewimperte Blätter verkehrt-eiförmig bis keilig verkehrt-eilänglich, alle grundständig und dem Erdboden mehr oder weniger angedrückt. Gelbe Blüten in 7–10 mm messenden Köpfen, mit kurzen Zungenblüten, Blütenschaft unter den Blüten keulenartig verdickt, diese seltener einzeln, häufig zu 2–4, ausnahmsweise auch mehr, in lockerer Traube.
Standort: Äcker, Feldraine, Wegränder, Ödland, gern auf sandigen Böden, meidet kalkhaltigen Untergrund.
Verbreitung: Fast in ganz Europa. In Deutschland nicht sehr verbreitet, im Norden zerstreut und auf Sand etwas häufiger; zum Süden hin seltener werdend, in den Alpen ganz fehlend; stark gefährdet.
Blütezeit: Juni bis September.
Allgemeines: Daß der *Lämmersalat* in seinem Bestand so sehr zurückgegangen ist, liegt u. a. auch an der Verwendung von Kunstdünger.

Gemeine Wegwarte *(Cichorium intybus)*

Merkmale: Sparrig-ästige, mehrjährige Pflanze, bis 120 cm hoch. Grundblätter schrotsägeförmig (ähneln denen des *Löwenzahns*), unterseits mit Borstenhaaren bestanden, vor allem auf den Blattnerven. Stengelblätter nach oben hin länglich-lanzettlich, am Rand schwach gezähnt. Blütenköpfe meist sitzend, 3–4 cm groß, blau, in seltenen Fällen auch rosa oder ganz weiß. Grüne Hüllblätter drüsenhaarig. Die nur aus Zungenblüten bestehenden Blütenköpfe breiten sich bei Sonnenschein weit aus, bei trübem Wetter bleiben sie geschlossen.
Standort: Wegränder (Name), Äcker, Wiesen, Ödland, Schuttplätze, auf trockenem Boden.
Verbreitung: Fast ganz Europa, hauptsächlich Westeuropa. Im Norden Deutschlands zerstreut, sonst verbreitet. Fehlt in den Alpen.
Blütezeit: Juli bis September.

Gemeines Ferkelkraut
(Hypochoeris radicata)

Merkmale: Mehrjährige, 25–80 cm hohe, kaum verzweigte Pflanze. Blaugrüner Stengel oft einfach, blattlos oder mit kleinen Schuppenblättern. In einer grundständigen Rosette angeordnete Blätter, selten kahl, meist zerstreut-borstig und schrotsägeförmig gezähnt. Gelber Blütenkopf 2,5–4 cm im Durchmesser mit tiefgezähnten Zungenblüten am Rand, unterseits grünlich-graurot bis fast graublau. Stengel unter dem Blütenkopf nur wenig verdickt.
Standort: Wegränder, Trockenrasen, magere Weiden und Rasen, bis 1400 m.
Verbreitung: In fast ganz Europa. In Deutschland zerstreut bis verbreitet.
Blütezeit: Mai bis September, manchmal nur bis August.
Allgemeines: Früher Heilpflanze.

Rauher Löwenzahn *(Leontodon hispidus)*

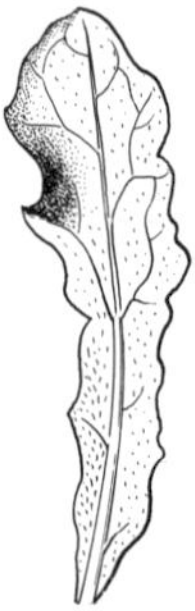

Merkmale: 10–40 cm hohe, mehrjährige, aufrechte Pflanze, sehr formenreich. Blätter buchtig gezähnt, mit 2- bis 4spaltigen Gabel- und Sternhaaren, zuweilen auch kahl oder graugrün, in einer grundständigen Rosette. Stengel nicht wie beim *Herbst-Löwenzahn* verzweigt, mit einem 2–4 cm breiten Blütenkopf, der vor dem Aufblühen meist nickend, nach der Blüte mit der Stengelspitze etwas eingerollt ist. Stengel unter dem Blütenkopf deutlich verdickt, mitunter 1–2 Schuppenblätter. Blüten öffnen sich schon am frühen Morgen, schließen sich am Nachmittag.
Standort: Wiesen, Moore, Heiden, Matten, Wegränder, Felsen, Schutt, bis 2400 m.
Verbreitung: Fast ganz Europa, überall verbreitet oder gar häufig.
Blütezeit: Juni bis Oktober.
Allgemeines: Blätter dienten früher als Salat.

Wiesen-Bocksbart *(Tragopogon pratensis)*

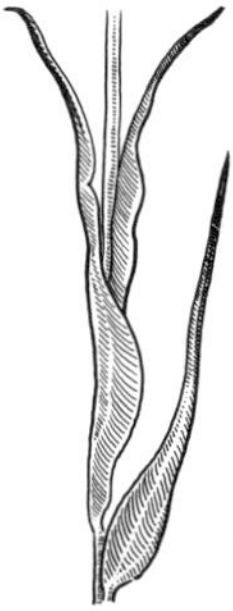

Merkmale: Zwei- oder mehrjährige, 30–70 cm hohe Pflanze mit milchhaltiger, spindeliger Pfahlwurzel. Stengel aufrecht, mehr oder weniger stark verzweigt. Auffallendes Erkennungsmerkmal sind die bläulichgrünen, ganzrandigen, schmal-lanzettlichen und vorn zugespitzten kahlen Blätter, die den Stengel scheidig umfassen. Deutliche parallele, helle Blattnerven. 3–5 cm große Blütenköpfchen aus Zungenblüten, schmal-lanzettliche Hüllblätter über die Randblüten hinausragend.
Standort: Wiesen, vor allem Fettwiesen, auf nährstoffreichem Boden, bis 2000 m, seltener auf Ödland, Trockenwiesen und Schutt.
Verbreitung: Fast ganz Europa. In Deutschland verbreitet. In Heidesandgebieten selten.
Blütezeit: Mai bis Ende Juli, Anfang August.
Allgemeines: Blätter und Wurzeln eßbar.

Gemeines Bitterkraut *(Picris hieracioides)*

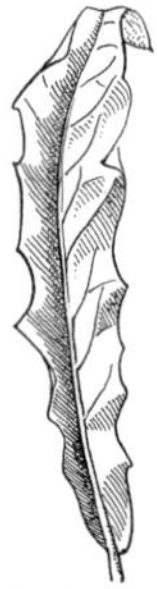

Merkmale: Zwei- oder auch mehrjährige, trotz der gelben Blütenkörbchen wenig auffallende, sehr formenreiche Pflanze. Stengel rauh behaart, bis oben zum Blütenstand, mehr oder weniger verzweigt, 30–60 cm hoch. Blätter ungeteilt, ganzrandig oder buchtig gezähnt, mittlere und obere stengelumfassende Blätter mit welligem Rand und schwach verbreitertem Grund, untere Blätter gestielt, Stengel und Blätter auf beiden Seiten zerstreut bis reichlich mit steifen Borstenhaaren versehen. 2–3 cm große Blütenköpfchen in einer Scheindolde oder Rispe. Äußere Hüllblätter kleiner als die inneren.
Standort: Wiesen, Wald- und Wegränder, Ödland, Feldraine, Weingärten, Trockenrasen.
Verbreitung: Fast ganz Europa. In Deutschland verbreitet, gebietsweise selten.
Blütezeit: Juli bis Oktober.

Gemeine Kuhblume *(Taraxacum officinale)*

Merkmale: Bis 50 cm hohe, mehrjährige Pflanze mit einer auffälligen Rosette von sehr unterschiedlich ausgeprägten Blättern. Diese können – schon allein aufgrund verschiedener Standorte – stark gelappt, gezähnt oder fiederspaltig sein mit dreieckigen Lappen. Blütenköpfe zwischen 3 und 6 cm groß, äußere Hüllblätter stets zurückgeschlagen, in etwa so schmal wie die inneren und wie diese schmal-linealisch. Stengel hohl und kahl, enthält reichlich Milchsaft, der auf der Haut braune Flecken hervorruft. Pfahlwurzel sehr lang und dick.
Standort: Wiesen, Weiden, Wegränder, Äcker, auf Matten der Alpen bis fast 3000 m.
Verbreitung: Ganz Europa. In Deutschland überall sehr häufig.
Blütezeit: April bis Juli.
Allgemeines: Altbekannte Heilpflanze.

Niedrige Schwarzwurzel
(Scorzonera humilis)

Merkmale: Mehrjährige, 10–40 cm hohe, fast kahle Pflanze; nur Stengel und Blütenhülle wollig behaart. Stengel am Grund ohne faserigen Schopf, lediglich mit einigen vertrockneten Blattresten. Grundständige, grasgrüne Blätter lanzettlich, Stengel ohne oder mit schuppenförmigen Blättern. Hellgelbe Blüten am Rand doppelt so lang wie die Hülle.
Standort: Moorwiesen, feuchte Heiden, Föhrenwälder und Waldränder; kalkmeidend.
Verbreitung: Mitteleuropa, im Norden bis Südskandinavien; Südeuropa. In Deutschland zerstreut bis selten, z.T. fehlend; gefährdet.
Blütezeit: Mai bis Juli.
Allgemeines: Neben der *Niedrigen Schwarzwurzel* und der *Purpur-Schwarzwurzel* kommen bei uns noch die *Österreichische* und die *Garten-* oder *Spanische Schwarzwurzel* vor. In Südeuropa wird die *Garten-Schwarzwurzel* häufig angebaut, in Deutschland seltener. Die Wurzeln liefern nicht nur ein gutes Gemüse, sondern dienen zuweilen noch als Heilmittel.

Kohl-Gänsedistel *(Sonchus oleraceus)*

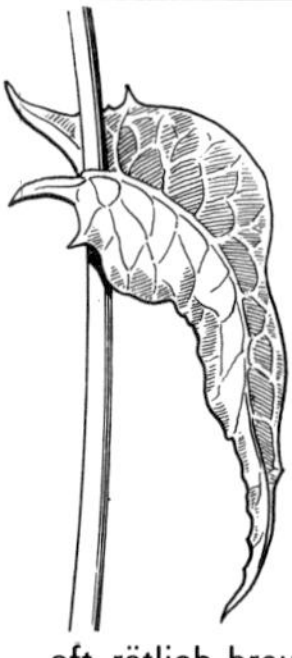

Merkmale: Einjährige, 30–90 cm hohe Pflanze; enthält wie alle Arten der *Gänsedistel* viel Milchsaft, der aus den Geweben quillt, wenn man die Pflanze verletzt. Stengelblätter glanzlos, weich, meist fiederteilig, am Grund mit zugespitzten, vorgestreckten Öhrchen. Hellgelbe Blüten in 2–2,5 cm großen Körbchen; die äußeren unterseits oft rötlich-braun gestreift.
Standort: Äcker, Schuttplätze, Wegränder.
Verbreitung: In weiten Teilen Europas. In ganz Deutschland verbreitet, sehr häufig.
Blütezeit: Juni bis Oktober.
Allgemeines: Wie andere *Gänsedistel*arten früher als Heil- und Salatpflanze verwendet. Von den 11 in Europa vorkommenden *Gänsedistel*arten findet man 4 auch bei uns. Neben den 3 hier vorgestellten Arten trifft man mit viel Glück die *Sumpf-Gänsedistel* an.

Acker-Gänsedistel *(Sonchus arvensis)*

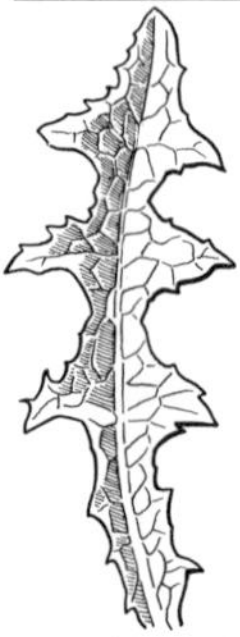

Merkmale: Einjährige, 50–150 cm hohe, unten kahle, oben mit gelben Drüsenhaaren besetzte Pflanze. Erst im Bereich des Blütenstandes verzweigter Stengel, unten mit kriechendem Wurzelstock. Glänzend-grüne Blätter lanzettlich, fiederspaltig oder schrotsägeförmig, stachelig gezähnt. Körbchen nur aus Zungenblüten bestehend, in lockerer Doldenrispe; öffnen sich nur bei sonnigem Wetter, vor allem vormittags, und schließen sich am frühen Nachmittag wieder.
Standort: Äcker, Gärten, Schuttplätze, Dünen, Weinbergen, Wegrändern, auf nährstoff- und stickstoffhaltigen Böden.
Verbreitung: Fast ganz Europa. In Deutschland verbreitet und ziemlich häufig, außer im Gebirge, wo sie nur zerstreut vorkommt.
Blütezeit: Juli bis Oktober.
Allgemeines: Heißt auch *Feld-Saudistel.*

Dornige Gänsedistel *(Sonchus asper)*

Merkmale: Einjährige, 30–80 cm hohe Pflanze mit ästigem, hohlem, aufrechtem Stengel. Dunkelgrüne, derbe, glänzende Blätter meist ungeteilt, am Grund mit abgerundeten, anliegenden Öhrchen, am Rand stachelig gezähnt; untere Blätter oft gestielt, obere stengelumfassend. Die nur aus Zungenblüten bestehenden Körbchen sind in einer lockeren Doldentraube angeordnet. Frucht mit 3 Längsrippen.
Standort: Äcker und Gärten, wo sie als lästiges Unkraut angesehen wird, daneben Schuttplätze, Ödland, Wege; auf nährstoffreichen und stickstoffhaltigen Böden.
Verbreitung: Ganz Europa. In Deutschland verbreitet, stellenweise sehr häufig, auch in höheren Lagen, bis über 1000 m.
Blütezeit: Juni bis Oktober.
Allgemeines: Heißt auch *Rauhe Gänsedistel.*

Blauer Lattich *(Lactuca perennis)*

Merkmale: Mehrjährige, 20–60 cm hohe Pflanze mit hohlem, kahlem, oben verzweigtem Stengel, ohne Ausläufer. Fiederteilige, blaugrüne Blätter mit lanzettlichen Abschnitten, die oberen stengelumfassend. Blaue bis lilafarbene Blüten in 2,5–4 cm breiten Köpfen, Hülle zylindrisch, deren Blätter mit schmalem weißem Rand. Blütenköpfe zu mehreren in ausgebreiteter, lockerer Rispe. Frucht mit Schnabel bis 1,5 cm lang. **Standort:** Trockenrasen, steinige, trokkene Hänge, Mauern, Felsen, Böschungen, Weinberge, gern an warmen, sonnigen Stellen, auf kalkhaltigen Böden, bis 1700 m.
Verbreitung: In weiten Teilen Mittel- und Südeuropas, fehlt im äußersten Südosten. Im mittleren Deutschland und im Südwesten sehr zerstreut, sonst selten, im Norden fehlend.
Blütezeit: Mai bis Juli.

Wiesen-Pippau *(Crepis biennis)*

Merkmale: Zweijährige, 30 bis über 100 cm hohe Pflanze mit aufrechtem, verzweigtem Stengel. Längliche Blätter fiederteilig oder buchtig gezähnt, am Grund verschmälert oder nur angedeutet pfeilförmig, im Gegensatz zum recht ähnlichen *Grünen* oder *Kleinköpfigen Pippau*, dessen Stengelblätter mit pfeilförmigem Grund stengelumfassend sind. Gelbe Blütenköpfe zwischen 2 und 3,5 cm breit, behaarte Hülle glockenförmig, in lockerer Rispe angeordnet. Früchte ungeschnäbelt.
Standort: Wiesen, vor allem Fettwiesen, Weiden, Wegränder, Äcker, buschige Hänge, gern auf lehmigen und nährstoffreichen Böden, bis 1500 m.
Verbreitung: Fast ganz Europa. Im südlichen und mittleren Deutschland verbreitet, in höheren Lagen meist häufig, im Norden zerstreut.
Blütezeit: Mai bis September.

Mauerlattich *(Mycelis muralis)*

Merkmale: Mehrjährige, 40–80, zuweilen auch bis 100 cm hohe Pflanze mit aufrechtem, oberwärts verästeltem, sparrig-rispigem Stengel. Dünne, unterseits bläulichgrüne Blätter oft rot überlaufen, die unteren gestielt, die oberen sitzend, leierförmig-fiederspaltig mit großem Endabschnitt und eckigen, gezähnten Seitenlappen. Kleine, zahlreiche Körbchen rispig angeordnet, Blüten blaßgelb, meist Zungenblüten.
Standort: Mauern, feuchte Wälder, Gebüsch, gern auf nährstoffreichen, lockeren Böden, bis 1700 m.
Verbreitung: Fast ganz Europa. In Deutschland verbreitet und in der Regel häufig, nur im Nordwesten etwas seltener.
Blütezeit: Juli bis September.
Allgemeines: Wird genauer auch *Zarter Mauerlattich* genannt.

Roter Hasenlattich *(Prenanthes purpurea)*

Merkmale: Mehrjährige, 50–150 cm hohe, aufrechte Pflanze mit oberwärts ästigem Stengel. Kahle, blaugrüne Blätter lanzettlich bis länglich, die unteren buchtig, die oberen ganzrandig, sitzend, mit herzförmigem Grund stengelumfassend. Leicht an den in lockerer Rispe stehenden Körbchen zu erkennen, die nur 3–5 violette bis rote Zungenblüten enthalten. Körbchen nickend.
Standort: Laub-, Misch- und Nadelwälder, schattige Bergwälder, besonders der montanen Region, Hochstaudenfluren, Matten, gern auf humusreichen, aber kalkarmen Böden, bis über 2000 m.
Verbreitung: Mittel- und Südeuropa. In Deutschland nur in höheren Lagen der Mittelgebirge und in den Alpen verbreitet bis zerstreut. In weiten Teilen fehlend.
Blütezeit: Juli bis September.

Wald-Habichtskraut
(Hieracium silvaticum)

Merkmale: Mehrjährige, äußerst formenreiche, 30–60 cm hohe Pflanze. Stengel oft blattlos, manchmal auch mit 1 oder 2 kleinen Blättern. Länglich-eiförmige, in bodennaher Rosette stehende Grundblätter, grob gezähnt, weich und dunkelgrün, mehr oder weniger gestielt. Gelbe Blüten (nur Zungenblüten) in 2 bis über 10 rispenartig angeordneten Köpfen. **Standort:** Laub-, Misch- und Nadelwälder, Wald- und Wegränder, Gebüsche, Mauern, daher früher häufiger als *Mauer-Habichtskraut* bezeichnet. **Verbreitung:** Ganz Europa. In Deutschland verbreitet und überall ziemlich häufig.
Blütezeit: Mai bis Juni. **Allgemeines:** Wie beim ähnlichen *Gemeinen Habichtskraut* kennt man auch beim *Wald-Habichtskraut* die erstaunliche Anzahl von 120 Unterarten.

Gemeines Habichtskraut
(Hieracium lachenalii)

Merkmale: Mehrjährige, 30–100 cm hohe, äußerst formenreiche Pflanze, wird nicht selten mit dem *Wald-Habichtskraut* verwechselt. Als Unterscheidungsmerkmal dienen die 3–5, selten auch bis 8 Stengelblätter; sie sind eiförmig bis ei-lanzettlich und grob gezähnt, die breitlänglich-lanzettlichen Grundblätter sind an beiden Enden zugespitzt, verschmälern sich allmählich in den Stiel. Am Rand mehr oder weniger gezähnt bis gesägt, dunkelgrün und unterseits oft rötlich. Gelbe Blüten in rispig angeordneten Körbchen.
Standort: Wälder, Gebüsche, Heiden, Felsen, Magerrasen, gern auf kalkarmen Böden, bis in die alpine Region. **Verbreitung:** Fast ganz Europa, fehlt in weiten Teilen Südeuropas. In Deutschland verbreitet und meist häufig. **Blütezeit:** Juni bis Juli.
Allgemeines: Da die Gattung *Habichtskraut* eine der formenreichsten des ganzen Pflanzenreichs darstellt, erfordert die exakte Bestimmung aller Arten besondere Kenntnisse.

Kleines Habichtskraut *(Hieracium pilosella)*

Merkmale: Mehrjährige, 8–25 cm hohe Pflanze, sehr formenreich. Langhaarige, unterseits grüngrau-weißfilzige Blätter, verkehrt- bis schmaleiförmig; Blätter an den verlängerten, dünnen Ausläufern dem Ende zu immer kleiner werdend. Hellgelbe Blüten (nur Zungenblüten) in einzelnen Körbchen auf blattlosem Stengel, die äußeren Blüten auf der Unterseite oft rötlich gestreift.
Standort: Trocken- und Halbtrockenrasen, Weiden, Wegränder, Heiden, Waldlichtungen, Felsspalten, bis 3000 m.
Verbreitung: Fast ganz Europa. In Deutschland überall verbreitet und meist sehr häufig.
Blütezeit: Mai bis Oktober.
Allgemeines: Auch *Mausohr* oder *Langhaariges Habichtskraut* genannt. Diente früher als Heilpflanze und wird in der Volksmedizin bei Magen- und Darmkrankheiten noch verwendet.

Dolden-Habichtskraut
(Hieracium umbellatum)

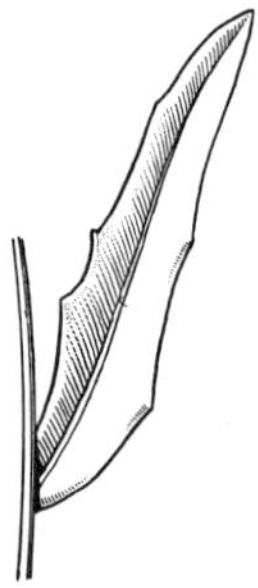

Merkmale: Mehrjährige, formenreiche Pflanze mit 50–150 cm hohem, reich beblättertem Stengel (ein Stengel kann bis zu 50 Blätter aufweisen), Grundblätter jedoch vollständig fehlend. Lineal-lanzettliche Blätter am Rand häufig zurückgerollt. Drüsenlose Hüllblätter abstehend, an der Spitze zurückgebogen im Gegensatz zum ähnlichen *Savoyer Habichtskraut*, nicht wie beim *Glatten Habichtskraut* unregelmäßig, sondern regelmäßig dachig angeordnet und alle stumpf. Gelbe Blütenköpfe in doldenartiger Schirmrispe.
Standort: Wiesen, Magerrasen, Heiden, lichte Wälder und Gebüsch, Dünen, bis 1600 m.
Verbreitung: Fast ganz Europa, in Südeuropa nur in den Gebirgen. In Deutschland verbreitet, mehr oder weniger häufig.
Blütezeit: Juli bis Oktober. □

Gemeiner Froschlöffel
(Alisma plantago-aquatica)

Merkmale: Über 100 cm große Staude mit aus dem Wasser herausragenden, löffelförmigen Blättern und einem Stengel, der einen insgesamt pyramidenförmigen Blütenstand trägt. Er besteht aus zahlreichen Blütenquirlen und kann mehr als 50 cm hoch werden. Die Einzelblüten haben viele Fruchtblätter, sechs Staubblätter, drei kronblattähnliche Teile und drei kleine Kelchsegmente. Vom *Schmalblättrigen Froschlöffel* durch lanzettliche, vom *Grasblättrigen Froschlöffel* durch bandförmige Blätter leicht zu unterscheiden.
Standort: Wasser, Röhricht, Überschwemmungsgebiete, Sümpfe, Gräben, Teichufer.
Verbreitung: In ganz Europa, außer Norwegen und Teilen Schwedens. Zerstreut.
Blütezeit: Juni bis September.

Pfeilkraut *(Sagittaria sagittifolia)*

Merkmale: 20–120 cm hohe, mehrjährige Staude. Blätter alle grundständig, aber je nach Wassertiefe unterschiedlich geformt: unter Wasser bandförmig und flutend; auf dem Wasser oval, rundlich und pfeilförmig (Name); über dem Wasser tiefpfeilförmig. An ihren langen, aufrechten Stielen, die wie der Stengel dreikantig sind, erreichen die Blätter in etwa die gleiche Höhe wie der Blütenstand. In dreizähligen Quirlen sitzen die eingeschlechtlichen Blüten um den Stengel, die männlichen oben, die größeren weiblichen unten. Die Blütenblätter sind weiß mit purpurnem Grund. Fruchtstände in kugeligen Köpfchen angeordnet.
Standort: Ufergürtel von Seen, Teichen usw.
Verbreitung: Mit Ausnahme der Gebirge und des Mittelmeerraumes in nahezu ganz Europa.
Blütezeit: Juni bis August. □

Igelschlauch *(Echinodorus ranunculoides)*

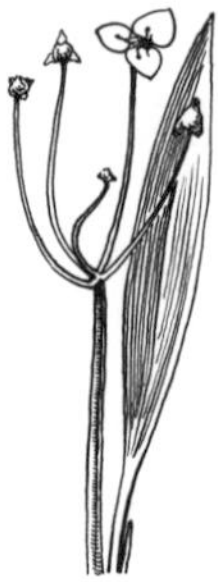

Merkmale: Mehrjährige, bis 30 cm hohe Pflanze mit zumindest oberwärts blattlosem Stengel. Die lanzettlichen bis schmal-linealen Blätter verschmälern sich in den langen Stiel, sie weisen 3 bis 5 Nerven auf. Weiße bis blaßrosafarbene, 1–1,5 cm lange Blüten, ungleich lang gestielt, in bis 12- oder seltener auch bis 20zähligen Dolden angeordnet, diese können einzeln oder zu wenigen übereinander stehen (häufig doppelt-quirlig). Man unterscheidet zwei Unterarten: bei der einen *(ssp. ranunculoides)* sind die Blütenstandstiele aufrecht, bei der anderen *(ssp. repens)* erscheinen sie als wurzelnde Ausläufer.
Standort: Ufer, Gräben, Gewässerschlamm.
Verbreitung: Hauptsächlich in küstennahen Bereichen Westeuropas; in Deutschland vom Aussterben bedroht.
Blütezeit: Juni bis August.

Schwanenblume *(Butomus umbellatus)*

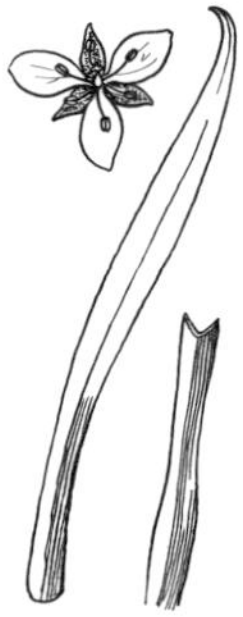

Merkmale: Mehrjährige, bis 150 cm hohe Wasserpflanze mit dreikantigen, grasartigen Blättern, die sich aus einer Grundrosette erheben und aus dem Wasser ragen. 1 cm breit und bis zu 100 cm lang. An ungleich langen Stielen sitzen die violett geaderten, rosa Blüten mit je 6 Blütenhüll- und neun Staubblättern.
Standort: Ufer stehender und fließender Gewässer, Röhricht, gern auf nährstoff- und mineralreichen Schlammböden.
Verbreitung: Fast ganz Europa bis Südschweden und Finnland, in den Alpen fehlend, ziemlich selten und nur vereinzelt anzutreffen.
Blütezeit: Juni bis August.
Vermehrung: Ungeschlechtlich mit Hilfe des Wurzelstocks, geschlechtlich durch Samen.
Allgemeines: Der Wurzelstock ist eßbar. □

Frosch-
löffelgew.

Schwanen-
blumengew.

Herbstzeitlose *(Colchicum autumnale)*

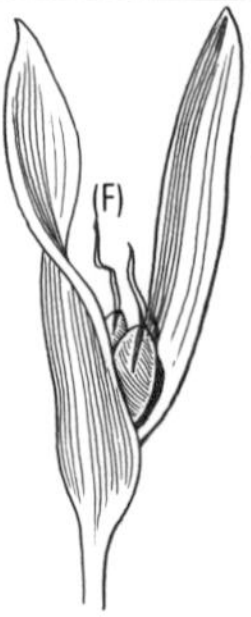

Merkmale: Zur Blütezeit ohne Blätter (ähnlich wie der Krokus). 3–5 cm lange Blütenhüllblätter unten zu einer bis 20 cm langen Röhre verwachsen, die sich aus einer tief in der Erde steckenden, bis 7 cm langen Knolle erhebt.
Standort: Feuchte Wiesen, Trockenrasen, besonders auf kalkreichen, lehmigen Böden.
Verbreitung: Fast ganz Mitteleuropa. Im Süden Deutschlands verbreitet.
Blütezeit: August bis Oktober.
Vermehrung: Welkt nach der Bestäubung im Herbst sehr rasch. Fruchtknoten überwintert im Boden. Im Frühjahr drängt die große, dreikantige Fruchtkapsel zusammen mit 5–6 fleischigen Blättern an die Oberfläche. Ende Juni gibt die Kapsel ihre Samen frei. Ihre klebrigen Anhängsel heften sich an die Hufe des Viehs und werden so verbreitet.
Allgemeines: Ganze Pflanze *sehr giftig.*

Beinbrech *(Narthecium ossifragum)*

Merkmale: Mehrjährig, bis 30 cm hoch, mit gebogenen, schwert- oder speerförmigen Grundblättern, die ebenfalls bis zu 30 cm lang werden können, in der Regel aber kürzer sind. Die Stengelblätter sind wesentlich kürzer als die Grundblätter, die sich mit dem Stengel aus einem kriechenden Wurzelstock erheben.
Standort: Nasse Heiden und Moore. Hauptsächlich im Tiefland.
Verbreitung: West- und Nordwesteuropa bis Dänemark, Norwegen und Schweden. In Deutschland im Nordwesten zerstreut oder selten; stark gefährdet.
Blütezeit: Juli bis August. In diesen Monaten verströmen die oft ausgedehnten Bestände an sonnigen Tagen einen wohlriechenden Duft.
Allgemeines: Auch als *Moorlilie* oder *Ährenlilie* bekannt.

Ästige Graslilie *(Anthericum ramosum)*

Merkmale: Mehrjährige Pflanze mit rispig verzweigtem Blütenstand (Artname). Blätter wesentlich kürzer als der Stengel, grasartig (Gattungsname), etwa 5 mm breit. Griffel länger, Staubblätter genauso lang wie die Blütenhülle. Ganze Pflanze wird 30–50 cm hoch.
Standort: Trockenrasen, Steppenheidewälder, Gebüsch, sonnige, trockene Hänge, gern auf kalkreichen Böden, bis 1800 m.
Verbreitung: Süd- und Mitteleuropa, im Nordwesten selten, im Norden ganz fehlend. Im mittleren und vor allem südlichen Deutschland zerstreut.
Blütezeit: Juni bis August.
Vermehrung: Durch Samen. Da die Blüten viel Nektar erzeugen, von zahlreichen Kerbtieren besucht, die als Bestäuber eine wichtige Rolle spielen.

Astlose Graslilie *(Anthericum liliago)*

Merkmale: Mehrjährige, zierliche, aufrechte Pflanze mit faserigem Wurzelstock. Blattloser und astloser, 30–60 cm hoher Stengel mit einfachem, unverzweigtem Blütenstand, eine Traube, deshalb auch *Traubige Graslilie* genannt. Schmal-linealische, fast grasartige Blätter bis 5 mm breit und in etwa so lang wie der Stengel, in grundständiger Rosette. Blüten mit weißen, 1,5–2 cm langen Hüllblättern, diese weitglockig und schmal-elliptisch, doppelt so lang wie die Staubblätter. Griffel so lang wie die Hüllblätter.
Standort: Trockenrasen, Steppenhänge, Steppenheidewälder, lichte Wälder, kalkmeidend.
Verbreitung: Süd- und Mitteleuropa, im Norden bis Südschweden. In Deutschland sehr zerstreut bis selten, im Norden fehlend.
Blütezeit: Mai bis Juli.

Wiesen-Gelbstern *(Gagea pratensis)*

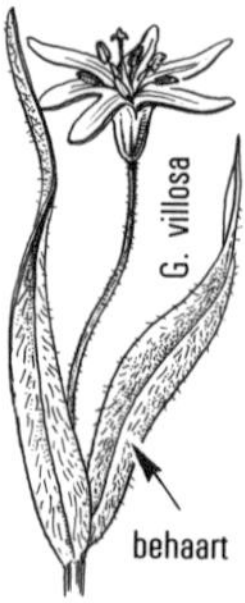

Merkmale: Zierliche, mehrjährige Zwiebelpflanze, 6–20 cm hoch. In der Regel nur ein einziges grundständiges, deutlich gekieltes und gewimpertes Blatt, bis 4 mm breit, dadurch unterscheidbar vom ähnlichen **Acker-Gelbstern** *G. villosa*, der meistens zwei grundständige Blätter aufweist. Beim ebenfalls ähnlichen Kleinen Gelbstern ist das kahle Grundblatt nur 1–2 mm breit. Stengel am Grund mit 1 oder 2 gleich großen Nebenzwiebeln. Gewimperte Stengelblätter am Blütenstand stark genähert. Grünlichgelbe bis goldgelbe Blüten.
Standort: Äcker, Wegränder, Grasplätze, Halbtrockenrasen, gern auf Löß- und Lehmböden.
Verbreitung: Fast ganz Europa außer Skandinavien und Großbritannien. Kommt in Deutschland nur sehr zerstreut bis selten vor.
Blütezeit: März bis April.

Türkenbund-Lilie *(Lilium martagon)*

Merkmale: Mehrjährige, 30 bis über 100 cm hohe, kräftige Pflanze mit großer, gelber oder goldgelber, eiförmiger Zwiebel, die viele Schuppen aufweist. Runder Stengel meist rotgefleckt, mit länglich-spatelförmigen oder ei-lanzettlichen Blättern, in der Mitte des Stengels quirlständig angeordnet, sonst wechselständig. Nickende, turbanähnliche Blüten in lockerer Traube; zurückgerollte Hüllblätter fleischfarben mit dunklen Flecken. 3–12 Blüten an einem Stengel, in seltenen Ausnahmen auch erheblich mehr (bis über 30 Blüten).
Standort: Wälder, vor allem Buchen-, Bergmisch- und Schluchtwälder, Hochstaudenfluren, Gebirgswiesen. Bis 2500 Meter.
Verbreitung: Hauptsächlich Mittel-, Ost- und Südosteuropa. In Deutschland zerstreut.
Blütezeit: Juli bis August.

Gemeiner Gelbstern *(Gagea lutea)*

Merkmale: Zierliche, mehrjährige Zwiebelpflanze, 20–30 cm hoch, keine Nebenzwiebeln. Ein einziges langes Grundblatt, 6–12 mm breit, an der Spitze kapuzenförmig auslaufend. Unter dem doldenähnlichen Blütenstand zwei blattartige Hochblätter, sehr viel kürzer als das Grundblatt. Stengel ansonsten blattlos.
Standort: Wiesen, in Bachnähe, Auwälder, Gebüsche, Laubwälder, Obstgärten.
Verbreitung: Fast ganz Europa außer Portugal und Irland. In Deutschland verbreitet oder zerstreut, bis 1600 m.
Blütezeit: März bis Mai.
Vermehrung: Als Frühblüher schöpft der aufsteigende Sproß seine Energie aus der Zwiebel, die seine ungeschlechtliche Vermehrung sichert. Geschlechtliche Fortpflanzung durch Samen. Bestäubung durch Kerbtiere.

Schachblume *(Fritillaria meleagris)*

Merkmale: Mehrjährige, 20–30 cm hohe Staude, Zwiebel fast kugelrund und haselnußgroß. Die meist 4 oder 5 Blätter sind graugrün, rinnig, schmal-lanzettlich und stehen wechselständig am runden Stengel. 3–4 cm lange, überhängende Blüten purpurbraun und schachbrettartig gemustert, selten mit weißlichgrüner Fleckung oder rotgescheckt. Ebenfalls selten sind zwei Blüten an einem Stengel. Stumpfe Blütenblätter an der Spitze umgebogen, am Grund eine Nektardrüse. **Standort:** Feuchte Wiesen, Flachmoore, Sümpfe. **Verbreitung:** Zerstreut in Mittel- und Südosteuropa. In Deutschland vom Aussterben bedroht.
Blütezeit: April bis Mai.
Allgemeines: Andere Bezeichnungen sind: *Schachbrettblume, Kiebitzei* oder *Kuckucksei.*

Bären-Lauch *(Allium ursinum)*

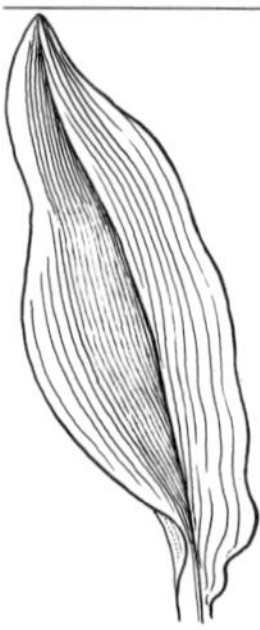

Merkmale: 20–50 cm hohe Zwiebelpflanze mit länglichen Zwiebeln und meist zwei grundständigen Blättern, die breiter (elliptisch-lanzettlich) als die anderer Laucharten sind. Sie ähneln den Blättern des *Maiglöckchens* und sitzen an einem 5 bis 15 cm langen Stiel. Der doldige Blütenstand trägt zwischen 5 und 20 Blüten.
Standort: Feuchte Wälder, (Laubmisch-, Buchen- und Auwälder), schattige Bachufer.
Verbreitung: Fast ganz Europa. Fehlt in Spanien (mit Ausnahme der Pyrenäen), Griechenland und im größten Teil Skandinaviens. In Deutschland verbreitet bis zerstreut.
Blütezeit: Mai bis Juni.
Allgemeines: Eßbar (Wilder Knoblauch). Seine Massenbestände verströmen einen intensiven Knoblauchgeruch.

Weinberg-Lauch *(Allium vineale)*

Merkmale: 30–60 cm groß. Bläulichgrüne, kahle Blätter beinahe stielrund und oberseits engrinnig. Dichte, kugelige Blütendolde mit nur wenigen Blüten, dafür in der Regel mehr Brutzwiebelchen. Die viel längeren Staubblätter überragen die stumpfen Perigonblätter fast um das Doppelte. Hin und wieder findet man Dolden, die ausschließlich mit Brutzwiebeln besetzt sind und keine Blüte tragen.
Standort: Weinberge (Name), Felder, Wegränder, Gebüsch, sonnige Hügel.
Verbreitung: In Süd- und Mitteleuropa bis nach Südskandinavien. In Deutschland verbreitet bis zerstreut, in den Alpen nur selten.
Blütezeit: Juni bis August.
Vermehrung: Durch Bestäubung oder Brutzwiebeln, die auf ungeschlechtlichem Weg neue Pflanzen hervorbringen können.

Gekielter Lauch *(Allium carinatum)*

Merkmale: Mehrjährige, 30–60 cm hohe Pflanze. Lineale Blätter flach, schwach rinnig bis gekielt. Blüten mit rosa bis dunkellila Perigonblättern, aus denen die Staubblätter weit herausragen im Gegensatz zum ähnlichen *Kohl-* oder *Gemüse-Lauch*, bei dem sie in etwa ebenso lang sind wie die grünlichweißen bis rötlichen Perigonblätter. Blütendolde mit sitzenden, grünlichen Brutzwiebeln, die beim sehr seltenen, schon vom Aussterben bedrohten *Schönen Lauch* fehlen.
Standort: Heide- und Moorwiesen, Mager- und Halbtrockenrasen, buschige Orte, lichte Wälder, auf steinigem oder felsigem Untergrund, bis 2000 m.
Verbreitung: Süd- und Mitteleuropa. Im Süden Deutschlands zerstreut.
Blütezeit: Juni bis August.

Kanten-Lauch *(Allium angulosum)*

Merkmale: Mehrjährige, 20–35, nicht selten auch bis 50 cm hohe Pflanze. Blattloser Stengel oberwärts kantig oder sogar scharfkantig. Flache, schmal-linealische Blätter im Gegensatz zu denen des *Weinberg-Lauchs* unterseits scharf gekielt. Blüten mit rosaroten Perigonblättern, in dichter Scheindolde, keine Brutzwiebeln.
Standort: Nasse Wiesen, Fluß- und Seeufer, in Binsenbeständen, gern auf humushaltigen und lehmigen, aber stickstoffarmen Böden.
Verbreitung: Mittel- und Südeuropa. Fehlt in England und Irland und in Nordeuropa von Dänemark an. In Deutschland verbreitet bis zerstreut, im Norden und Nordwesten ganz fehlend. Insgesamt nur selten; gefährdet.
Blütezeit: Juli bis September.
Allgemeines: Kann während der heißen Jahreszeit zeitweilige Austrocknung seiner Standorte ertragen und deshalb als Zeiger für wechselnden Grundwasserstand gelten.

Wald-Tulpe *(Tulipa silvestris)*

M: Mehrjährige, 30–60 cm hohe Pflanze. Blaugrüne, schmal-lanzettliche oder linealische Blätter meist zu 3, seltener auch zu 4; 1–2 cm breit und 15–30 cm lang. 4–6 cm lange Blüten innen leuchtend gelb, außen zuweilen grünlich oder rötlich, bei Sonnenschein weit geöffnet; ungleich lange Perigonblätter innen am Grund behaart. **St**: Weinberge, Wälder, Gebüsch, Hecken. **Vb**: Nahezu ganz Europa; stark gefährdet. **Bl**: April bis Mai.

Zweiblättriger Blaustern *(Scilla bifolia)*

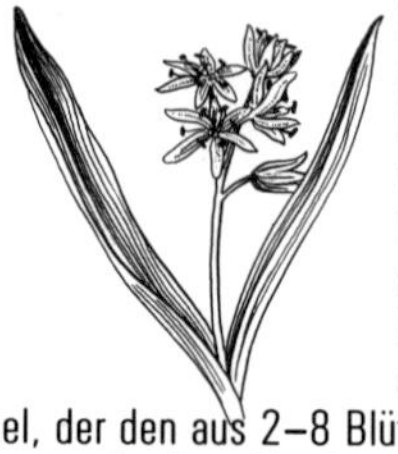

M: 10–20 cm große, ausdauernde Pflanze mit kugelig-eiförmiger Zwiebel. Meist 2 grundständige, bis 10 cm lange Blätter umfassen den runden Stengel, der den aus 2–8 Blüten bestehenden Blütenstand trägt. Die Blütenblätter bis 1,2 cm lang, meistens hellblau, selten auch rosa oder weißlich, sternförmig abstehend. **St**: Laub- und Auwälder, Gebüsch, Hecken. **Vb**: Mittel-, Ost- und Südosteuropa. **Bl**: März bis April.

Dolden-Milchstern
(Ornithogalum umbellatum)

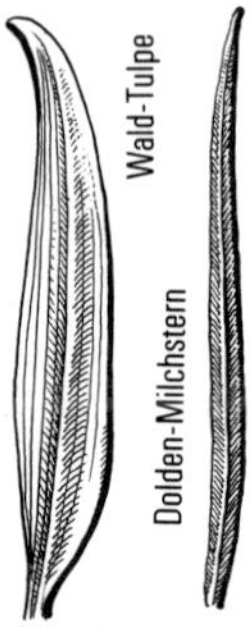

M: 10–30 cm hohe Zwiebelpflanze mit weißen Zwiebeln. Grundständige Blätter mit weißem Mittelstreifen, schmal-linealisch und rinnig, 2–6 mm breit. Stengel mit doldenartigem Blütenstand aus 5–20 oder 30 großen Einzelblüten. Tragblätter lanzettlich. Blütenhüllblätter bis 2 cm, bei Sonne ausgebreitet. **St**: Böschungen, Rasen, Weinberge. **Vb**: Süd- und Mitteleuropa. **Bl**: Mai bis Juni.

Schopfige Traubenhyazinthe
(Muscari comosum)

M: Runder Stengel 30–60 cm hoch. Blätter breit-linealisch, zwischen 0,5 und 1,5 cm breit. Blütenstand in Form einer zylindrischen Traube. Obere Blüten bilden einen Schopf. Sie sind unfruchtbar im Gegensatz zu den unteren Blüten.
St: Trocken- und Magerrasen, Weinberge. **Vb**: Ganz Südeuropa. In Deutschland stark gefährdet. **Bl**: Mai bis Juni.

Kleine Traubenhyazinthe
(Muscari botryoides)

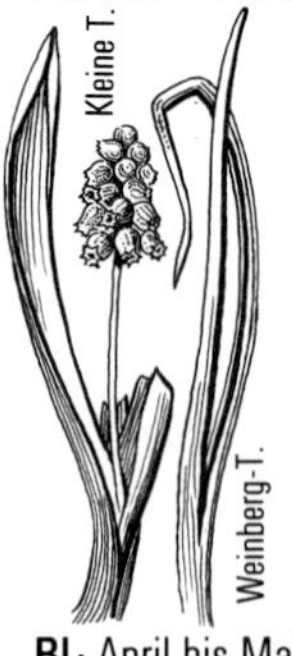

M: Kleine Zwiebelpflanze von 10–20 cm Größe. Blätter rinnig und schmal-linealisch, grundständig und bis 1 cm breit, meist steif aufrecht, in etwa so lang wie der Stengel. Blüten bilden eine längliche, eiförmige Traube. Einzelblüten himmelblau mit weißem Saum, alle überhängend. **St**: Lehm- und Kalkböden. **Vb**: Süd- und Mitteleuropa.
Bl: April bis Mai.

Weinberg-Traubenhyazinthe
(Muscari racemosum)

M: Mehrjährige, 10–30 cm hohe Pflanze, zur Blütezeit ohne Blätter. Dickliche, nahezu stielrunde Blätter, oberseits rinnig, länger als der Stengel, schlaff und zurückgebogen. Länglich-eiförmige, fast kugelige Blüten, dunkelblau und weiß gesäumt, duftend, in dichten Trauben, die 3–6 cm lang werden können. **St**: Weinberge, Äcker, Halbtrockenrasen. **Vb**: Heimat ist der Mittelmeerraum, inzwischen in weiten Teilen Mitteleuropas zerstreut eingebürgert oder verwildert, auch in Deutschland (besonders im Süden); gefährdet. **Bl**: April bis Mai.

Schattenblume *(Maianthemum bifolium)*

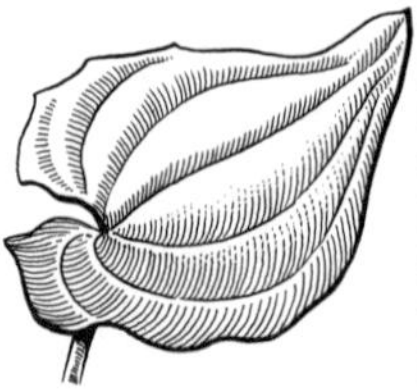

M: 5 bis 15 cm große Pflanze. Trägt nur zur Blütezeit 2 wechselständige Blätter, selten auch 3. Außerhalb der Blütezeit nur 3–6 cm langes, herz-eiförmiges und spitzes Blatt. Zwischen 8 und 15 winzige, vierzählige Blüten bilden eine weiße, endständige Traube. Stengel ist oben weiß behaart. **St**: Schattige Laub- und Nadelwälder. **Vb**: Fast ganz Europa. **Bl**: April bis Juli.

Maiglöckchen *(Convallaria majalis)*

M: 10–25 cm hohe, mehrjährige Pflanze mit aufrechtem Stengel, der die mehr oder weniger einseitswendige Blütentraube aus 5–10 Einzelblüten trägt. Blätter etwa so lang wie der Stengel, nicht selten auch länger. Häufig 2 breitlanzettlich, langgestielte Blätter. Oberfläche glänzend. **St**: Lichte Laubwälder, Gebüsch, im Gebirge auf Felsschutt und Matten, kalkliebend. **Vb**: Fast ganz Europa. **Bl**: Mai bis Juni. **Allg**: *Stark giftig.*

Quirlblättrige Weißwurz
(Polygonatum verticillatum)

M: Mehrjährige Pflanze, aufrechter, kantiger, bis zu 80 cm hoher Stengel. Schmal-lanzettliche Blätter blaugrün und unten auf den Blattadern behaart, zu 3–7 quirlständig um den Stengel. Zwischen 5 und 12 cm lang. Die grünlichweißen Blüten sitzen zu 1–4 in den Blattachseln. **St**: Schattige Berg- und Gebirgswälder. **Vb**: In fast ganz Europa. **Bl**: Mai bis Juni.

Wohlriechende Weißwurz
(Polygonatum odoratum)

M: Kleinste der drei heimischen *Weißwurz*arten, wird 15–40 cm hoch. Der scharfkantige, überhängende Stengel trägt den einseitswendig gebogenen Blütenstand. In seinen Blattachseln hängen an kurzen Stielen die 2 cm langen Blüten, zumeist einzeln, manchmal aber auch zu zweit. **St**: Steinige Hänge, Gebüsch, Waldränder. **Vb**: Ganz Europa mit Ausnahme von Irland und den Niederlanden. In Deutschland verbreitet bis zerstreut. **Bl**: Mai bis Juni.

Vielblütige Weißwurz
(Polygonatum multiflorum)

M: 30–80 cm hoch, Stengel stielrund, Blätter 5–12 cm lang, eiförmig, wechselständig und zweireihig. In den Achseln der oberen Tragblätter hängen die Blüten zu 2–5 wie in kleinen Büscheln. **St**: Schattige Laubwälder, Laubmischwälder, Gebüsch, gern auf kalkhaltigen Böden. **Vb**: Fast ganz Europa bis nach Südschweden, Südengland, Nordspanien, Sizilien und Griechenland. Auch in Deutschland weit verbreitet. **Bl**: April bis Juni.

Einbeere *(Paris quadrifolia)*

M: Unter den *Lilien*gewächsen eine Ausnahme, weil sie netznervige Blätter (statt parallelnervige) und vierzählige Blüten (statt dreizählige) hat. Vier, selten auch mehr, breiteiförmige Stengelblätter, 10 bis 12 cm groß, in Quirlstellung um den kahlen Stengel sitzend, an dessen Spitze eine Blüte mit 8 Hüll- und 8 Staubblättern, manchmal auch je 10 oder 12.
St: Laub-, Laubmisch- und Auenwälder, gelegentlich auch Nadelmischwälder. **Vb**: Fast ganz Europa. **Bl**: Mai bis Juni. **Allg**: *Giftig.* □

Schneeglöckchen *(Galanthus nivalis)*

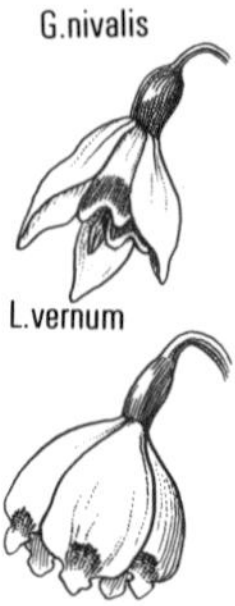

Merkmale: 10–20 cm große Zwiebelstaude mit rundem, aufrechtem, oben gebogenem Stengel, der immer nur eine hängende Blüte zeigt. Den unterständigen Fruchtknoten kann man besonders deutlich sehen. Gebogene Blattscheide zweilappig, grün mit weißem Rand, die grundständigen, blaugrünen Blätter sind linealisch und 4 mm breit.
Standort: Au- und Laubmischwälder, feuchte Wiesen, gern auf lehmigem Boden.
Verbreitung: In Mitteleuropa an natürlichen Standorten nur noch sehr selten, meist verwildert, häufiger in Südeuropa (außer Spanien und Portugal) und Südosteuropa. In Deutschland nur im Süden heimisch, im Alpenvorland, Donau- und oberen Rheingebiet, sonst zerstreut verwildert; potentiell gefährdet!
Blütezeit: Februar bis März, z.T. bis April.
Vermehrung: Durch Brutzwiebeln und Samen.

Sommer-Knotenblume *(Leucojum aestivum)*

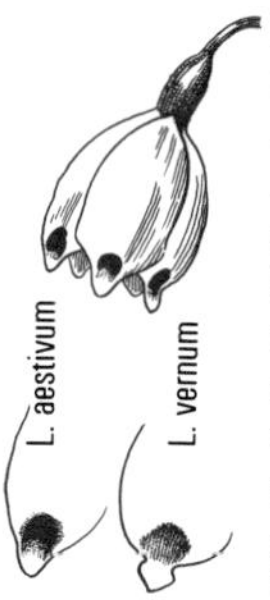

Merkmale: Ähnelt auf den ersten Blick der bekannteren *Frühlings-Knotenblume* oder *Märzenbecher*, ist aber kräftiger und wird zwischen 35 und 60 cm hoch; schon durch die doppelte Größe daher gut zu unterscheiden. Weiteres, wichtiges Erkennungsmerkmal sind die kleineren, 1–1,5 cm großen Blüten an ungleich langen Stielen, zwischen 3 und 7 an einem Stengel. Die 3–5 hellgrünen, breit-lanzettlichen Blätter sind etwa 1 cm breit.
Standort: Nasse oder feuchte Wiesen, Gräben, Auenwälder. Bis in 1300 Meter Höhe.
Verbreitung: Ursprünglich nur in Südeuropa heimisch, inzwischen in Mitteleuropa eingebürgert, auch in Großbritannien, nur in Nordeuropa fehlt sie ganz. In Deutschland verwildert, sehr selten. **Blütezeit:** April bis Mai.
Allgemeines: *Giftig.*

Frühlings-Knotenblume *(Leucojum vernum)*

Merkmale: 10–35 cm hoch, wobei der Stengel von einer einblättrigen, etwa 3,5 cm langen Blattscheide überragt wird. Die wohlriechenden Blüten hängen jeweils einzeln, selten zu zweit am blattlosen Stengel. Blütenhüllblätter gleich lang. 3–5 breit-linealische Blätter 1 cm breit. Die Kronblätter tragen an ihren Spitzen gelbgrüne Flecken. Verhältnismäßig große Zwiebel.
Standort: Au- und Laubmischwälder, feuchte, nicht zu nasse Wiesen, liebt nährstoffreiche, frische Böden. Bis in 1600 Meter Höhe.
Verbreitung: Mitteleuropa, außer in den Hochalpen, südlich bis Mittelitalien. Eingebürgert in Frankreich, England und Irland, überall nur zerstreut, auch in Deutschland, wo sie im Norden nur verwildert vorkommt; gefährdet!
Blütezeit: Februar, meist aber März bis April.
Vermehrung: Durch Zwiebeln und durch Samen, wobei in erster Linie Bienen und Tagfalter die Bestäubung übernehmen. Nach der Blüte senkt sich die befruchtete Samenanlage allmählich bis zum Boden ab. **Allg:** *Giftig.*

Gelbe Narzisse *(Narcissus pseudonarcissus)*

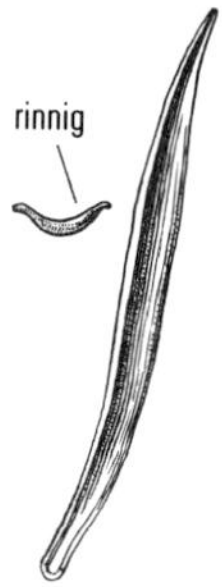

Merkmale: Mehrjährige, 15–40 cm hohe Pflanze. Blätter alle grundständig und fleischig, blaugrün, 1–2 cm breit, rinnig. Nickende Blüten einzeln, nur in wenigen Ausnahmen 2 Blüten an einem Stengel, auffallend groß, können ausgebreitet zwischen 5 und 10 cm messen. Die 6 Blütenblätter unten zu einer Röhre verwachsen, blaßgelb. Heller als die dottergelbe, becherförmige, 3–5 cm breite Nebenkrone mit krausem Rand.
Standort: Feuchte Wiesen, kalkarme Bergwiesen, lichte Wälder, Waldränder, Obstgärten, Bachufer. Bis in etwa 2000 Meter Höhe.
Verbreitung: Hauptsächlich Westeuropa und Teile Südwesteuropas sowie England. In Deutschland nur im Venn, der Eifel und im Hunsrück ursprünglich, sonst verwildert; gefährdet. **Blütezeit:** März bis April.
Allgemeines: *Giftig.* □

Schmerwurz *(Tamus communis)*

Merkmale: Krautige, mehrjährige, windende Kletterpflanze mit 150–400 cm langen Stengeln. Langgestielte ei-herzförmige, langspitzige Blätter mit glänzender, dunkelgrüner Oberfläche, auf der zwischen 3 und 9 gebogene Nerven zu erkennen sind; sie messen bis 10 cm. Unscheinbare, gelblichgrüne Blüten eingeschlechtlich, die männlichen zu mehreren in Büscheln, mit glockenförmiger Röhre und sternförmig ausgebreiteten Kronblättern; die weiblichen in hängenden Trauben oder einzeln, mit freien Kronblättern. Frucht eine rote, glänzende Beere. *Giftig.*
Standort: Schattige Wälder, besonders Eichenwälder, Gebüsche, Hecken, Waldränder.
Verbreitung: Mit Ausnahme des Nordens. Fast ganz Europa. In Deutschland selten.
Blütezeit: Mai bis Juni. □

Sibirische Schwertlilie *(Iris sibirica)*

Merkmale: Aufrechter hohler Stengel, 40–80 cm hoch, deutlich höher als die 2–6 linealischen Blätter. Blüten meist zu zweit, manchmal auch 3 oder 4 an einem Stengel. An der breiten Basis weißblau geadert, verengen sich ohne Übergang in den langen gelbbraun geaderten Nagel. Hochblätter am Stengel braun.
Standort: Flachmoore, Sumpfwiesen, Gräben. Auf nährstoffreichen, kalkhaltigen Schlammböden sowie ausschließlich an unkultivierten Standorten. Erträgt im Frühjahr kurzzeitige Überschwemmungen. Kommt in gebirgigen Gegenden nur in den Tälern vor. Rückgang durch Bebauung, Trockenlegen, Düngen und Mähen der Wuchsorte.
Verbreitung: In Mitteleuropa westlich bis Rhein und Mosel, südlich bis in die Schweiz, bis zum Alpenrand, Jugoslawien und Albanien. Im Osten häufiger, im mittleren und nördlichen Deutschland selten, im Süden selten bis zerstreut abnehmend; stark gefährdet.
Blütezeit: Mai bis Juni.
Vermehrung: Durch Wurzelstock und Samen.

Sumpf-Schwertlilie *(Iris pseudacorus)*

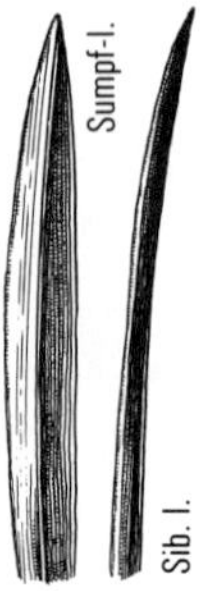

Merkmale: Mehrjährige, stattliche Pflanze, bis 120 cm hoch. Schwertförmige Blätter zwischen 1 und 3 cm breit, etwa so lang wie der Blütenstengel. Hellgelbe Blüten bis 10 cm, äußere Hüllblätter innen dunkel geadert (sogenannte Saftleitungsbahnen) und deutlich größer als die inneren.
Standort: Sümpfe, Gräben, Teichufer, Auwälder, im Schilf und im Verlandungsbereich stehender und fließender Gewässer. Bis in 1200 Meter Höhe.
Verbreitung: Fast ganz Europa außer in den Hochgebirgen und der nördlichen Hälfte von Skandinavien. In Deutschland verbreitet bis zerstreut, stellenweise häufig.
Blütezeit: Mai bis Juni, Anfang Juli.
Allgemeines: Die ganze Pflanze enthält einen schwach *giftigen* Gerbstoff. Gelegentlich als Heilpflanze verwendet.

Sumpf-Siegwurz *(Gladiolus palustris)*

Merkmale: Mehrjährige, 30–60 cm hohe Pflanze mit einer Knolle, deren Fasern netzartig miteinander verbunden sind. 2 oder 3, selten mehr, lange, nicht ganz 1 cm breite, linealische Stengelblätter. Im einseitswendigen, ährigen Blütenstand meistens zwischen 2 und 6 entfernt voneinander stehende Blüten von 3 cm Länge, fast zweilippig mit stark gekrümmter Röhre und federigen Narben. Auf den Enden der unteren Kronblätter weißer, dunkelrot umrandeter Längsstreifen.
Standort: Sumpfwiesen, Moore, Moorwälder, gern auf kalkreichen Böden.
Verbreitung: Hauptsächlich Mitteleuropa, im Norden bis Südskandinavien. In Deutschland zerstreut in den Alpen, selten im Vorland, im Süden und im Osten; vom Aussterben bedroht.
Blütezeit: Mai bis Juli.
Allgemeines: Galt im Mittelalter als Unheil abwendende Zauberpflanze. Landsknechte und Ritter steckten sie sich unter die Rüstung oder das Wams, bevor sie in einen Kampf zogen (Name). □

Schmerwurzgew.

Schwertliliengew.

Frauenschuh *(Cypripedium calceolus)*

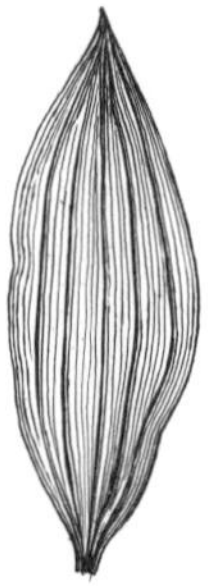

Merkmale: 20–50 cm hoch, aus einem horizontalen Wurzelstock wachsend. 3–5 breit-elliptische, stengelumfassende Blätter. Behaarter, ein wenig gebogener Stengel trägt meist 1 oder 2, selten 3 oder gar 4 Blüten, die zu den größten unserer Flora zählen und die größten Einzelblüten unter den europäischen *Orchideen* darstellen. Auffälligster Blütenteil gelbe, bis 4 cm große Lippe, die zu einem bauchigen Schuh (Name) umgeformt ist. Sie stellt eine Fliegenkesselfalle dar.
Standort: Auf kalkreichen Böden in schattigen Wäldern, vor allem Buchenwälder, Gebüsch.
Verbreitung: Mitteleuropa bis Südfrankreich und Jugoslawien, sonst im Mittelmeerraum fehlend. In Skandinavien bis zum Polarkreis, im mittleren und südlichen Deutschland zerstreut oder selten; stark gefährdet!
Blütezeit: Mai bis Juli.

Rotes Waldvöglein *(Cephalanthera rubra)*

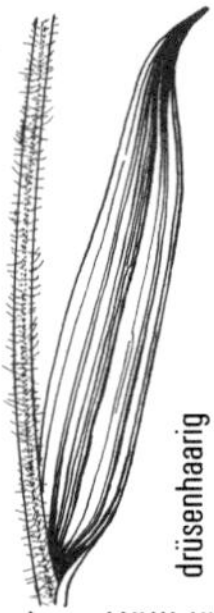

Merkmale: Kann höher als 50 cm werden. Stengel etwas kurvig gewachsen, im oberen Teil kurzbehaart, trägt lockeren Blütenstand aus bis zu 12, manchmal auch bis zu 15 Einzelblüten. Im Gegensatz zu den weißblühenden Arten immer weit geöffnet, mit nach außen geschlagenen oberen und seitlichen Hüllblättern. Lippe so groß wie die restlichen Hüllblätter. Fruchtknoten behaart. Stengel-Blätter lanzettlich-spitz, 6–12 cm lang.
Standort: Nur auf kalkhaltigem, lehmigem Untergrund in Laub- und Nadelmischwäldern.
Verbreitung: Mittel-, Ost- und teilweise Südeuropa. In Deutschland zerstreut.
Blütezeit: Juni bis Juli.
Vermehrung: Durch Samen. Wird von Bienen bestäubt.

Weißes Waldvöglein
(Cephalanthera damasonium)

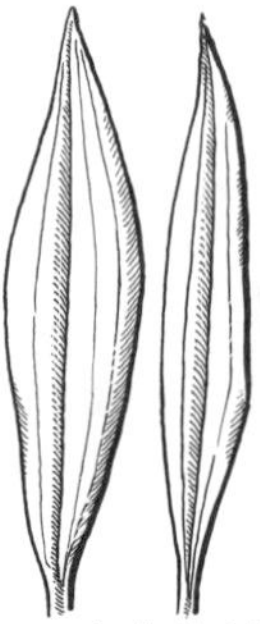

Merkmale: Runder, kurvig gewachsener Stengel bis 60 cm hoch. Laubblätter bis 10 cm lang, eiförmig-spitz. Tragblätter groß, besonders die der untersten Blüten und meist länger als die kahlen Fruchtknoten. Sehr lockerer Blütenstand mit nur wenigen, in der Regel 3–6 Blüten, ganz selten auch bis 8 oder gar 10. Blüten fast immer geschlossen, deshalb häufig Selbstbestäubung.
Standort: Hauptsächlich Buchenwald, gelegentlich andere Wälder, auf nährstoffreichen Lehmböden. Bis in 1300 Meter Höhe.
Verbreitung: Süd- und Mitteleuropa, westlich bis England, nördlich bis Dänemark und Südschweden. Zerstreut im mittleren und südlichen Deutschland, selten im Norden.
Blütezeit: Mai bis Juni.
Vermehrung: Durch Samen.

Schwertblättriges Waldvöglein
(Cephalanthera longifolia)

Merkmale: Mehrjährige, 20–50 cm hohe Pflanze mit schlankem, rundem Stengel, meist bis zur Blütenähre hinauf beblättert. Untere Blätter länglich, obere lanzettlich, alle sehr lang und spitz, schwertförmig (Name). Eiförmig bis schmal-lanzettliche Tragblätter mit Ausnahme der unteren kürzer als der Fruchtknoten. Milchigweiße Blüten in lockerer bis 20blütiger Ähre.
Standort: Lichte Wälder (Buchen, Eiche, Kiefer), gern auf Kalk. Bis 1400 m.
Verbreitung: Hauptsächlich Süd- und Mitteleuropa, im Norden bis Südskandinavien. In Deutschland zerstreut im Süden, im Norden selten oder ganz fehlend.
Blütezeit: Mai bis Juni.
Vermehrung: Geschlechtlich. Weil Kerbtiere leicht ins Innere der Blüten gelangen können, in der Regel durch Fremdbestäubung.
Allgemeines: Auch als *Langblättriges Waldvöglein* bekannt.

Echte Sumpfwurz *(Epipactis palustris)*

Merkmale: Bis 50 cm hoch, Stengel etwas kantig und oben kurzbehaart. Aufrecht vom Stengel abstehende Laubblätter unten elliptisch, nach oben zu lanzettlich. Blütenstand sehr locker, mehr oder weniger einseitswendig mit bis zu 15 hängenden Blüten. Lippe mit zwei gut zu unterscheidenden Teilen, dem vorderen breiten und dem hinteren schmaleren Abschnitt, der Nektar absondert. Beide durch einen tiefen Einschnitt voneinander getrennt.

Standort: Moore, Sumpfwiesen, Dünentäler, bis 1300 m.

Verbreitung: Mittel- und Nordeuropa mit Ausnahme von Nordskandinavien, Südeuropa bis Mittelitalien. In Deutschland nur zerstreut, nach Norden seltener; gefährdet.

Blütezeit: Juni bis August.

Breitblättrige Sumpfwurz
(Epipactis helleborine)

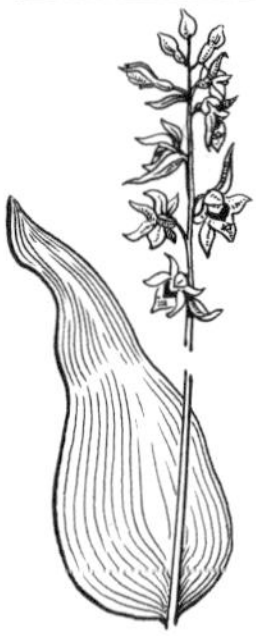

Merkmale: Kann 90 und sogar 100 cm hoch werden und ist damit die größte der heimischen Sumpfwurzarten. Stengel, ähnlich dem der *Braunen Sumpfwurz*, ein wenig kurvig gebogen und rötlich überlaufen. Blüten bilden eine lange und lockere, vielblütige Ähre und sind grünlich bis rosa oder rötlich. Obere und seitliche Hüllblätter blaßgrün mit rötlichem Anteil, Lippe rot oder rosa, mit violettem Einschlag. Lippen-Vorderteil spitz und eioder herzförmig. Die dunkelgrünen Blätter, unten fast rundlich oder breit-eiförmig, werden nach oben zu immer mehr lanzettlich.

Standort: Wälder (Eichen, Buchen), Gebüsch.

Verbreitung: Ganz Europa. In ganz Deutschland recht verbreitet.

Blütezeit: Juni bis September.

Braune Sumpfwurz
(Epipactis atrorubens)

Merkmale: Zwischen 60 und 80 cm hoch. Runder, oft kurvig gewachsener Stengel, rötlich und oben flaumig behaart. Laubblätter breit lanzettlich und spitz, nahezu stengelumfassend, steif abstehend. 8–18 Blüten bilden den lokker-ährigen Blütenstand, der stark nickt, solange die Blüten noch geschlossen sind. Geöffnet duften sie angenehm nach Kakao oder Vanille, daher auch der Name *Strandvanille*. Fruchtknoten flaumig. Lippe kürzer als übrige Blütenhülle, Vorderteil mit scharfer Spitze und zwei kräuselig gefalteten Hökkern. Im hinteren Abschnitt in einer flachen Schale Nektar.

Standort: Lichte Wälder und Waldränder.

Verbreitung: Zerstreut in fast ganz Europa, nach Norden seltener.

Blütezeit: Juni bis August.

Violette Sumpfwurz *(Epipactis purpurata)*

Merkmale: Mehrjährige, 30–80 cm hohe, kräftige Pflanze mit violett überlaufenem Stengel (Name). Am Grunde sitzende Scheidenblätter und Unterseiten der Laubblätter ebenfalls violett. Oberseiten graugrün. Mittlere Stengelblätter nur so lang oder kaum länger als die Stengelglieder, im Gegensatz zur recht ähnlichen *Breitblättrigen Sumpfwurz*, bei der sie viel länger werden. Blätter lanzettlich, höchstens 8 cm lang. Dichte, lange Ähre mit grünlichgelben Blüten. Die weiße Lippe enthält in ihrer Vertiefung viel Nektar.

Standort: Schattige Laub- und Nadelwälder.

Verbreitung: Mittel- und Westeuropa, im Norden bis Dänemark, in Holland und Belgien fehlend. In Deutschland nur sehr zerstreut; selten.

Blütezeit: August bis September.

Vermehrung: Durch Samen. Wird von Wespen bestäubt, zuweilen Selbstbestäubung.

Allgemeines: Auch unter dem Namen *Violettrote Sumpf-* oder *Stendelwurz* bekannt. Erträgt von allen 5 in Deutschland vorkommenden *Sumpfwurz*arten die stärkste Beschattung.

Dingelorchis *(Limodorum abortivum)*

Merkmale: Mehrjährige, 20–50, im Süden auch bis 80 cm hohe Pflanze ohne Blattgrün. Steifer, unten dicker Stengel mit fast horizontaler, tief im Boden liegender Grundachse; blau bis violett gefärbt, mit schuppenförmigen, violetten Blättern. Blüten ebenfalls violett, mit abwärts gerichtetem 1,5–2,5 cm langem Sporn, der auch weißlich sein kann. Die 3–4 cm langen Blüten stehen zu 4 bis 8 in einer lockeren Blütenähre. Öffnen sich nur bei sehr sonnigem, warmem Wetter. Einige Blütenknospen findet man an einer Ähre immer geschlossen vor.
Standort: Lichte Kiefernwälder, Weinberge, gebüschreiche Trockenrasen, steinige, trokkene Böschungen, gern auf Kalkböden.
Verbreitung: Hauptsächlich Südeuropa. In Deutschland selten; vom Aussterben bedroht.
Blütezeit: Mai bis Juli.

Kleines Zweiblatt *(Listera cordata)*

Merkmale: Mehrjährige, zierliche, unauffällige Pflanze, zwischen 5 und 15, selten bis 20 cm hoch. Wird häufig übersehen, weil der dünne, grünliche, häufig auch rötlich überlaufene Stengel tief im Moospolster versteckt steht. Am Grunde meist ein oder zwei Scheidenblätter, in der Mitte zwei glänzend grüne, herzförmige bis dreieckige Blätter. Blüten grünlich bis rötlichbraun, mit tiefgespaltener Lippe, die am Grund zwei deutliche, abstehende, spitze Seitenlappen trägt. Spindelförmiger Fruchtknoten nicht gedreht, bläht sich später zu einer nahezu kugeligen Frucht auf.
Standort: Feuchte Nadelwälder, Moore, Bergwälder bis 1800 m, meist zwischen Torfmoos.
Verbreitung: In Teilen Nord- und Mitteleuropas, auch auf Island; im Süden bis zu den Pyrenäen, Alpen und Karpaten. In Deutschland zerstreut im Süden, im Norden sehr zerstreut; selten.
Blütezeit: Mai bis August.
Allgemeines: Auch *Herzblättchen* genannt.

Großes Zweiblatt *(Listera ovata)*

Merkmale: Trotz 65 cm Höhe eine eher unscheinbare Orchidee. Dicker, aufrechter Stengel, oben behaart. Ein wenig über dem Boden spreizen sich die breit-eiförmigen Laubblätter ab, fast immer 2 (Gattungsname), ganz selten auch 3 oder 4, Länge zwischen 5 und 10 cm, ziemlich derb, hellgrün mit 3–5 hervortretenden Nerven. Ähre vielblütig und langgestreckt. Blüten verhältnismäßig klein und unscheinbar grün. Obere und seitliche Blütenhüllblätter vorgewölbt. Tief eingeschnittene, gelblichgrüne Lippe mit länglicher Nektarrinne.
Standort: Laub- und Auenwälder, Wald- und Bergwiesen, Gebüsch, feuchte Wiesen, gern auf kalkhaltigen, nährstoffreichen Lehmböden.
Verbreitung: Außer Portugal in ganz Europa.
Blütezeit: Mai bis Juli.

Nestwurz *(Neottia nidus-avis)*

Merkmale: 20–45 cm hoch, Pflanze ockerfarben, gelblichbraun, weil sie kein Blattgrün enthält und sich so als Moderpflanze (Saprophyt) ausweist – nicht Schmarotzer! Laubblätter zu schuppenartigen Blättern zurückgebildet. Kann auf den ersten Blick mit *Sommerwurz*-Arten verwechselt werden, ist aber an den typischen *Orchideen*blüten leicht zu erkennen, die zu 10–30 einen oben dichten, unten lockeren Blütenstand bilden, wobei sich in Stengelmitte nicht selten einige Einzelblüten befinden. Lippe bis fast zur Mitte in zwei abstehende Seitenlappen gespalten. Andere Hüllblätter bilden einen deutlichen Helm.
Standort: Kalk-Buchenwald.
Verbreitung: Fast ganz Europa bis auf den hohen Norden und Teile des Mittelmeerraums. In ganz Deutschland zerstreut.
Blütezeit: Ende Mai bis Anfang Juli.
Vermehrung: Ungeschlechtlich und geschlechtlich, mitunter Selbstbestäubung.
Allgemeines: Name *Nestwurz* und *Vogelnest* wegen des nest-ähnlichen Wurzelgeflechts.

Herbst-Wendelähre *(Spiranthes spiralis)*

M: 30 cm hoch. Stengel blaugrün, mit Drüsenhaaren und wenigen Scheidenblätter, Schuppen bis in halber Höhe des Stengels. Seitenständige Blattrosette am Grund mit eiförmigen Laubblättern. Zur Blütezeit abgestorben. An der langen, dichtblütigen und spiralig gedrehten Ähre stehen die weißen Blütchen. **St**: Magere Schafweiden, Heiden, Triften. **Vb**: Zerstreut in Süd- und Mitteleuropa. Gefährdet. **Bl**: August bis Oktober.

Widerbart *(Epipogium aphyllum)*

Merkmale: Nur 10–20 cm hoch. Kein Blattgrün, daher ganze Pflanze blaßgelb bis hellbraun, fast durchscheinend. Röhriger Stengel mit scheidigen Schuppen, nach oben hin oft rosafarben oder violett. 2–5, meistens 3 oder 4 Blüten bilden den Blütenstand. Unter den mitteleuropäischen *Orchideen* einzigartig: Fruchtknoten dreht sich beim Öffnen der Blüte nicht. Blütenlippe steht deshalb nach oben. **Standort**: Schattige Wälder mit humusreichen Böden, Nadel- und Mischwälder. **Verbreitung**: Mitteleuropa, in Deutschland selten; gefährdet. **Blütezeit**: Juli bis August.

Hundswurz *(Anacamptis pyramidalis)*

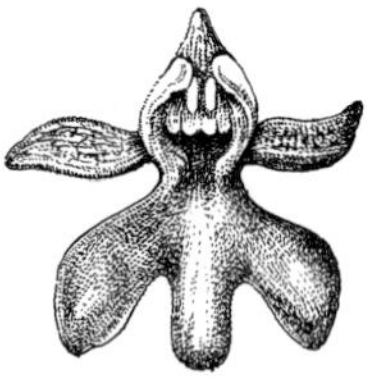

M: Zwischen 20 und 50, bis 60 cm hohe Pflanze. Untere Stengelblätter schmallanzettlich, oben kleiner werdend und tragblattähnlich. Blütenstand anfangs kegelförmig, später zylindrisch. Blüten karminrot und duftend, äußere Hüllblätter abstehend, Lippe mit 3 etwa gleich großen Lappen. Sporn lang und abwärts gebogen. **St**: Auf Kalkböden. **Vb**: Westliches Südeuropa und Mitteleuropa; stark gefährdet. **Bl**: Juni bis Juli.

Netzblatt *(Goodyera repens)*

M: Höchstens 30 cm hohe Pflanze. Stengel dicht drüsenhaarig. An seinem Grund eiförmige, zugespitzte Laubblätter, netznervig. Sterben erst im nächsten Frühjahr ab. Stengelblätter nach oben zu schmal-lanzettlich. Blütenstand mit Drüsenhaaren besetzt; Blüten außen flaumig behaart, stumpfe Blütenhüllblätter nur 4 mm lang. **St**: Schattige Wälder. **Vb**: Mittel- und Nordeuropa. Gefährdet. **Bl**: Ende Juni bis August.

Fratzenorchis *(Aceras anthropophorum)*

M: Kahler Stengel, 20–40 cm hoch, wird unten von länglichen, lanzettlichen Blättern umfaßt, die weiter nach oben in die kürzeren Tragblätter übergehen. Langgestreckte Blütenähre mit zahlreichen gelbgrünen Blüten. Lippe orangenfarben oder bräunlich, tief dreilappig mit langen, spitzen Seitenlappen und einem schmalen Mittellappen. **St**: Sonnige Hänge. **Vb**: Süd- und Westeuropa. Stark gefährdet. **Bl**: Mai bis Juli.

Riemenzunge *(Himatoglossum hircinum)*

M: Kann bis 90 cm hoch werden. Stengel reich beblättert; Laubblätter breit-lanzettlich, bis 15 cm lang, beginnen während der Blütezeit meist schon zu welken. Äußere blaßgrüne Hüllblätter bilden einen lockeren Helm, im Inneren rot-grün gezeichnet. Lippe dreiteilig mit seitlichen linealischen, krausen Lappen und riemenartigem Mittellappen. **St**: Trockenrasen, Gebüsch. **Vb**: Südeuropa. In Deutschland stark gefährdet. **Bl**: Mai bis Juli.

Zweiblättrige Waldhyazinthe
(Platanthera bifolia)

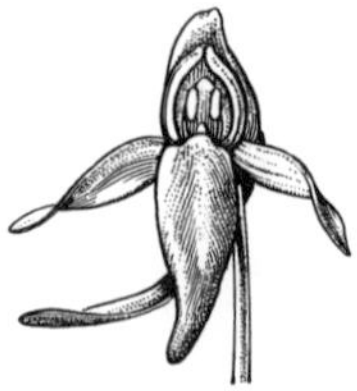

Merkmale: 20–40, mitunter bis 60 cm groß. Stengel kantig, frischgrün, mit 2 eiförmigen, glänzenden Laubblättern am Grund und nach oben zu einigen lanzettlichen, kleinen Blättern. Die vielblütige, lokkere Ähre kann etwa 15 cm messen. Weißliche Blüten verhältnismäßig grob. Äußere, seitliche Hüllblätter stehen weit ab, das obere wölbt sich helmartig. Ungeteilte Lippe wirkt wie eine lange Zunge. Fadenartiger Sporn ungefähr doppelt so lang wie Fruchtknoten. Staubbeutelfächer parallel gestellt.
Standort: Lichte Laubwälder, Waldränder, Gebüsch, feuchte Wiesen, Heiden.
Verbreitung: Fast ganz Europa. In Deutschland zerstreut; gefährdet.
Blütezeit: Mai bis Anfang Juli.

Mücken-Händelwurz
(Gymnadenia conopea)

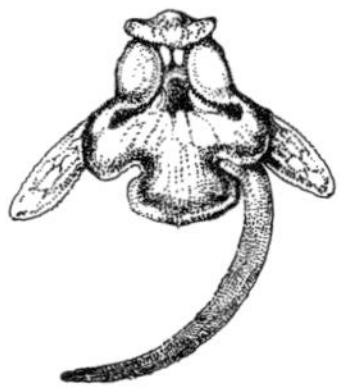

Merkmale: 20–60, gelegentlich bis 80 cm hoch. Laubblätter am unteren Stengel lanzettlich, gekielt und bis 15 cm lang, nach oben hin tragblattähnlich. Steifer, aufrechter Stengel rund und von hellgrüner Farbe. Langgezogene Ähre zylindrisch. Blüten rosa bis violett, selten weiß. Durch den dünnen, abwärts gebogenen Sporn, der zweimal so lang ist wie der Fruchtknoten, von anderen *Orchideen* und auch der nächsten Verwandten, der *Wohlriechenden Händelwurz,* gut zu unterscheiden. Äußere Blütenhüllblätter weit abstehend. Lippe läuft unten in drei stumpfe, ovale Lappen aus. Auch *Große Händelwurz* genannt.
Standort: Wiesen, lichte Wälder, Trockenrasen, Flachmoore, Heiden, bis 2400 m.
Verbreitung: Fast ganz Europa. In Deutschland recht verbreitet.
Blütezeit: Juni bis August.

Berg-Waldhyazinthe
(Platanthera chlorantha)

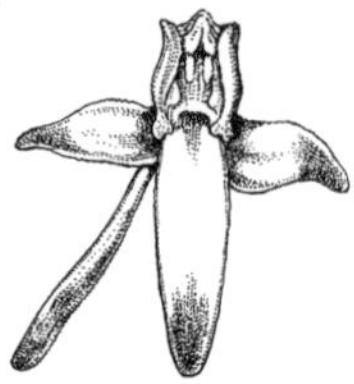

Merkmale: Mehrjährige, 20–60 cm hohe Pflanze. Stengel mit 2 großen, eiförmigen Blättern am Grund. Blüten nicht oder kaum duftend, grünlich, daher auch *Grüne* oder *Grünliche Waldhyazinthe* genannt. Von der *Zweiblättrigen Waldhyazinthe* am sichersten durch die Stellung der Staubbeutelfächer zu unterscheiden: sie laufen nach unten auseinander. Blüten sind außerdem größer und stehen lockerer in einer reichblütigen Traube.
Standort: Laubwälder, Gebüsch, Bergwiesen, Trockenrasen, auch auf kalkarmen Böden.
Verbreitung: Fast ganz Europa, in Deutschland zerstreut.
Blütezeit: Mai bis Juli.
Allgemeines: Auch unter dem Namen *Berg-Kuckucksblume* bekannt.

Wohlriechende Händelwurz
(Gymnadenia odoratissima)

Merkmale: Mehrjährige, 15–40 cm hohe, zierliche Pflanze. Auf den ersten Blick große Ähnlichkeit mit der *Mücken-Händelwurz,* aber oft nur halb so hoch. Der Sporn erreicht nicht die Länge des Fruchtknotens. Angenehm und intensiv nach Vanille duftend. 5 bis 7 mm große Blüten in einer etwa 6 cm langen Ähre angeordnet.
Standort: Moorige Wiesen, Bergwiesen, Nadel-, vor allem Kiefernwälder, ausschließlich auf kalkreichen Böden, bis 2200 m.
Verbreitung: Mitteleuropa, im Norden bis Südskandinavien, im Süden höchstens in den Gebirgen. In Deutschland selten in den Mittelgebirgen, im Süden zerstreut, vor allem in den Alpen, insgesamt selten und gefährdet.
Blütezeit: Juni bis August.
Allgemeines: Auch *Kleine Händelwurz* genannt. Der Name *Händelwurz* entstand wegen der handförmigen oder fingerförmigen Wurzelknollen. (Handwurzel = *Händelwurz*)

Fleischfarbenes Knabenkraut
(Dactylorhiza incarnata)

Merkmale: Kräftige Pflanze mit bis 80 cm hohem, hellgrünem, hohlem Stengel. Ebenfalls hellgrüne Blätter ohne Flecken, zu 3–7 am Stengel, steif aufrecht, die oberen an der Spitze ein wenig kapuzenförmig zusammengezogen; das oberste Blatt reicht in der Regel bis an die reichblütige, bis 20 cm lange Ähre heran, oft überragt es sie sogar. Aufgrund der Blütenfarbe unterscheidet man 2 Unterarten: die ssp. *incarnata* mit mehr oder weniger fleischfarbenen Blüten sowie die ssp. *ochroleuca* mit gelben oder auch gelblichweißen Blüten. Lippe höchstens 8 mm, schwach dreigelappt.
Standort: Sumpfwiesen, Flachmoore.
Verbreitung: Hauptsächlich Mittel- und Nordeuropa. In Deutschland zerstreut; gefährdet.
Blütezeit: Mai bis Juli.

Breitblättriges Knabenkraut
(Dactylorhiza majalis)

Merkmale: Kräftige, gedrungene Pflanze mit hohlem, 20–60 cm hohem Stengel, der oben oft purpurn überlaufen ist. Breit-lanzettliche Blätter bis 10 cm lang und auffallend breit, besonders in der Mitte, fast immer mit kräftigen, purpurnen Flecken. Dunkelviolette Blüten, breite, dreigelappte Lippe mit gezähnten und herabgeschlagenen Seitenlappen, außerdem mit schleifenförmiger, intensiv purpurner Linienzeichnung, kräftige Hochblätter länger als die Blüten, Sporn leicht abwärts gebogen, Blütenstand meist dicht und reichblütig.
Standort: Nasse, sumpfige Wiesen, Flachmoore, Gräben, Quellsümpfe.
Verbreitung: Fast ganz Europa bis auf die nördlichsten und südlichsten Gebiete. In ganz Deutschland nicht selten, insgesamt aber deutlich rückläufig und gefährdet.
Blütezeit: Mai bis Juni, z.T. bis Mitte Juli.
Allgemeines: Bildet häufig Bastarde mit dem *Fleischfarbenen Knabenkraut.*

Geflecktes Knabenkraut
(Dactylorhiza maculata)

Merkmale: Schlanke Pflanze mit bis 60 cm hohem, markigem und daher nicht zusammendrückbarem Stengel. 6–10, zuweilen auch 12 Stengelblätter lanzettlich, in der Regel gefleckt, spitz auslaufend. Hellpurpurne bis hellviolette Blüten mit schwach dreigelappter Lippe, bei der der Mittellappen deutlich kleiner ist als die abgerundeten, manchmal ein wenig gezähnten Seitenlappen, purpurne Zeichnung strichartig oder schleifenförmig; schlanker Sporn abwärts gerichtet, etwa so lang wie der Fruchtknoten; Blütenähre anfänglich pyramidenförmig, später zylindrisch.
Standort: Nasse oder feuchte Wiesen, Flachmoore, Heiden, lichte Wälder; eher auf nährstoffarmen und sauren Böden.
Verbreitung: Fast ganz Europa. In Deutschland zerstreut, stellenweise auch häufig.
Blütezeit: Mai bis August.

Brand-Knabenkraut *(Orchis ustulata)*

Merkmale: Schlanke, zierliche Pflanze von 8–30, selten bis 50 cm Höhe. Blätter länglich-lanzettlich, spitz, wie der Stengel hellgrün. Blüten anfangs in einer kugeligen oder kegelförmigen Ähre, später walzenförmig-länglich, an der Spitze bräunlichschwarz, daher der Name *Angebranntes-* oder *Brand-Knabenkraut*; die zu den kleinsten europäischen Orchideen-Blüten zählenden Blüten stehen unten locker, oben dicht in einer Ähre; tief dreilappige Lippe mit kürzeren, seitlich abstehenden Seiten- und einem längeren Mittellappen, der in 2 oft gezähnten Zipfeln ausläuft, die übrigen Blütenblätter bilden einen dunkelpurpurnen, halbkugeligen Helm; Sporn sehr kurz und stumpf.
Standort: Trockenrasen, grasige, trockene Hänge, Bergwiesen, gern auf kalkhaltigen und lehmigen Böden, bis 2000 m.
Verbreitung: Mittel- und Südeuropa. In Deutschland zerstreut im Süden und im mittleren Gebiet. Insgesamt selten.
Blütezeit: Mai bis Ende Juni, Anfang Juli.

Affen-Knabenkraut *(Orchis simia)*

M: 30–40 cm hohe Pflanze. Bläulichgrüne, breite Blätter, das oberste Blatt stengelumfassend. Blüten mit eiförmigem, spitzem Helm, purpurn geadert; die tiefgelappte Lippe erinnert an ein kleines Äffchen; in kugeliger bis kurz walzlicher, dichter Ähre, von oben nach unten aufblühend. **St**: Trocken- und Kalkmagerrasen. **Vb**: Süd- und südliches Mitteleuropa; in Deutschland selten; stark gefährdet. **Bl**: Mai bis Juni.

Purpur-Knabenkraut *(Orchis purpurea)*

M: Bis 80 cm hohe Pflanze mit nach oben purpurn überlaufenem Stengel. Breite, länglich-eiförmige Blätter oberseits glänzend. Dichte, walzliche Blütenähre bis 15 cm lang. Blüten mit kugelig-eiförmigem, außen braunrotem Helm und hellrosa oder weißlicher, dunkelrot punktierter Lippe; kurzer Sporn abwärts gebogen. **St**: Trockenrasen, lichte Laubwälder. **Vb**: Süd- und Mitteleuropa. Bei uns gefährdet. **Bl**: Mai/Juni.

Bleiches Knabenkraut *(Orchis pallens)*

Merkmale: Kräftige Pflanze, 20–40 cm hoch. Runder Stengel am Grund mit kurzen Scheidenblättern, wie die breit-eiförmigen, zugespitzten Laubblätter hellgrün. Große, blaßgelbe Blüten mit leicht dreigelappter, kräftiger gefärbter Lippe; waagerecht abstehender bis aufwärts gerichteter, gelblich-weißer Sporn fast so lang wie der Fruchtknoten.
Standort: Lichte Wälder, Gebüsch, Waldwiesen, vor allem in höheren Lagen, auf Kalk.
Verbreitung: Süd- und Mitteleuropa. In Deutschland zerstreut im Vorland und den Alpen, selten im Südwesten; potentiell gefährdet. **Blütezeit**: April bis Juni.

Dreizähniges Knabenkraut *(Orchis tridentata)*

M: 20–30 cm hoch. Stengel am Grund mit wenigen Scheiden-, meist 5 oder 6 Laubblättern. Blüten in kugeliger Ähre; obere Blütenblätter bilden einen vorne spitzen Helm, der innen purpurn geadert ist; hellrosa, purpurn gefleckte Lippe. **St**: Trockene Wiesen und Hänge. **Vb**: Süd- und Mitteleuropa. In Deutschland zerstreut bis selten; stark gefährdet. **Bl**: Mai bis Juni.

Helm-Knabenkraut *(Orchis militaris)*

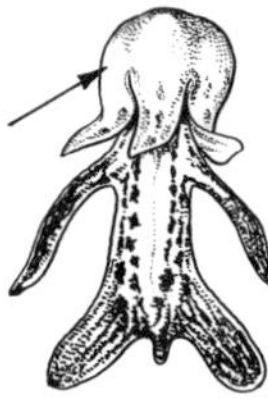

M: 20–40, selten bis 60 cm hoch. Schwach kantiger, hellgrüner Stengel. Blätter länglich-oval, bis 15 cm lang. Die oberen 5 Blütenblätter neigen sich zu einen Helm, der außen blaßrosa, innen rosaviolett gefärbt ist. Lippe tief dreigelappt, Mittellappen mit 2 abgerundeten Zipfeln, dazwischen ein Zähnchen. **St**: Grasige Hänge, lichte Wälder. **Vb**: Süd- und Mitteleuropa. Fehlt im Nordwesten; gefährdet. **Bl**: April bis Juni.

Kuckucks-Knabenkraut *(Orchis mascula)*

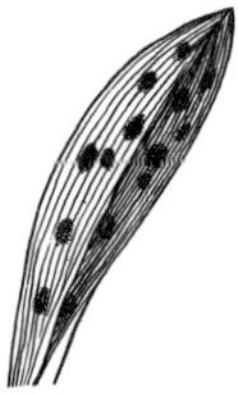

M: Kräftige Pflanze mit 20–60 cm hohem, oben purpurn überlaufenem Stengel, wie die zungenförmigen bis breit-linealischen Blätter oft mit feinen purpurnen Punkten und Strichen. Schmaler, lokkerer Blütenstand zylindrisch. Dreigelappte Lippe der hellrosa bis rotvioletten Blüten am Rand gekerbt und gewellt, Mittellappen geteilt. **St**: Lichte Laubwälder, buschige Hänge, Wiesen. **Vb**: Süd- und Mitteleuropa. Im Norden Deutschlands selten, sonst zerstreut; gefährdet. **Bl**: April bis Juni.

Fliegen-Ragwurz *(Ophrys insectifera)*

Merkmale: 20–40 cm hoch. Laubblätter lanzettlich, umfassen den dünnen Stengel am Grund scheidenartig. Ähre locker und langgestreckt, aus 4–8, manchmal auch mehr Blüten bestehend. Kennzeichnend für diese *Ragwurz*-Art ist die Ähnlichkeit der Blüte mit einer ruhenden Fliege (Name). Die lange Lippe stellt dabei den Körper dar, die beiden anderen inneren Hüllblätter sehen aus wie Fühler. Lippe mit zwei kleineren Seiten- und einem großen Mittellappen, der nicht immer zweispaltig sein muß, sondern auch nur ausgerandet sein kann. In der Mitte graublaue, viereckige, kahle Querbinde, der übrige rotbraune Teil samtartig behaart. Äußere 3 Blütenhüllblätter grün. **Standort:** Trockenrasen, lichte Wälder, auf Kalk. **Verbreitung:** Mitteleuropa. In Deutschland gefährdet. **Blütezeit:** Mai bis Juni.

Hummel-Ragwurz *(Ophrys fuciflora)*

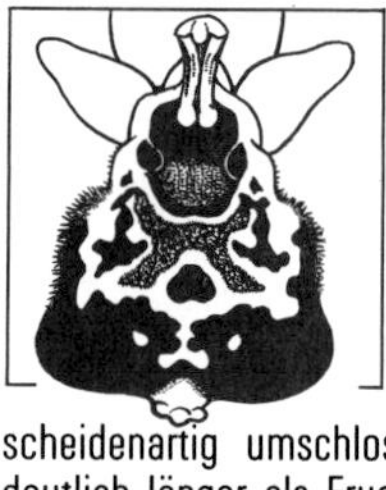

Merkmale: Bis zu 35 cm hoch mit kräftigem Stengel, der sich aus 3–6 rosettenartig angeordneten breiten Laubblättern erhebt und von einigen aufwärts scheidenartig umschlossen wird. Tragblätter deutlich länger als Fruchtknoten. In einer lockeren Blütenähre bis zu 10 Einzelblüten, in der Regel aber erheblich weniger. Äußere Hüllblätter rosaviolett, eiförmig, die beiden oberen inneren klein und dreieckig. Lippe ungeteilt und etwa so lang wie breit, typisch das nach oben gerichtete, dreiteilige untere Anhängsel.
Standort: Trockenrasen, sonnige Hänge und Hügel, lichte Kiefernwälder, auf Kalk.
Verbreitung: Mittel- und Südeuropa, in Deutschland selten; stark gefährdet.
Blütezeit: Mai bis Juni. **Vermehrung:** Bestäubung oft durch Langhornbienen.

Spinnen-Ragwurz *(Ophrys sphegodes)*

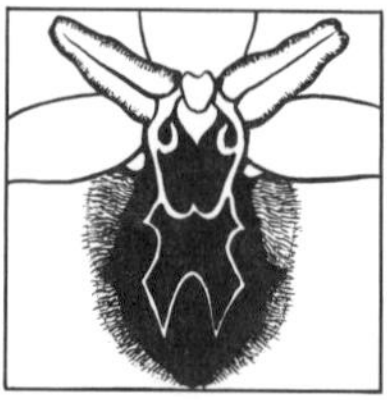

Merkmale: 15–30 cm hoch, selten bis 45 cm. Hellgrüner, kräftiger Stengel mit breit-lanzettlichen Laubblättern, die ihn nach oben hin scheidenartig umfassen. Bis zu 8 oder 10 Blüten können den locker-ährigen Blütenstand bilden, gewöhnlich sind es nur wenige. Gehören mit nur 1,5 bis 2 cm zu den kleinsten der *Ragwurz*-Gattung. Lippe dick, rund und ungeteilt, in der Mitte mit einer bläulichen Zeichnung in H-Form. Andere Blütenhüllblätter gelblichgrün. Tragblätter deutlich länger als Fruchtknoten und Blüten zusammen.
Standort: Trockenrasen auf Kalkböden.
Verbreitung: Südliches Mitteleuropa und Südeuropa bis griechische Inseln. Selten in Deutschland und nur in der südlichen Hälfte; stark gefährdet. **Blütezeit:** April bis Ende Mai, Anfang Juni. **Vermehrung:** Bestäubung durch männliche Kerbtiere.

Bienen-Ragwurz *(Ophrys apifera)*

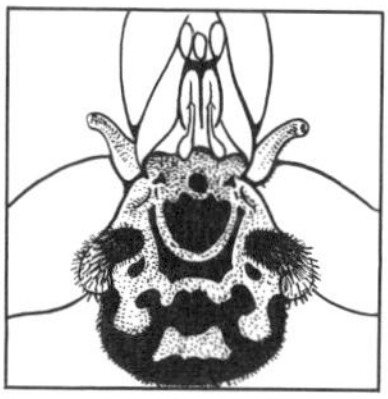

Merkmale: Kann 40 und sogar 50 cm hoch werden. Laubblätter grün, lanzettlich-spitz, obere umfassen scheidenartig den Stengel. Blüten etwa 3 cm groß, äußere Hüllblätter sehr groß, eiförmig, rosa. Lippe mit dickem, konvex gewölbtem Mittel- und zwei behaarten Seitenlappen, die wie Hökker aussehen, nach innen aber kahl sind. Wie bei der *Hummel-Ragwurz* umrahmt das Mal ein Basalfeld. Gelbgrünes Anhängsel lang und nach hinten gebogen.
Standort: Trockenrasen auf Kalk.
Verbreitung: Hauptsächlich in Südeuropa, Mittelmeerraum, außerdem zerstreut in ganz Mitteleuropa. Selten in Deutschland; stark gefährdet.
Blütezeit: Mai bis Juli.
Vermehrung: Samen. Bestäubung durch verschiedene Bienenarten. □

Kalmus *(Acorus calamus)*

Merkmale: 60 bis über 100 cm hoch, gelegentlich bis 140 cm. Blätter bis 2 cm breit, am Rande gewellt mit etwas vorstehender Mittelrippe, schwertförmig. Stengel dreikantig. Kolbenartiger Blütenstand auf den ersten Blick seitenständig. In Wirklichkeit jedoch erweckt das sich über dem Kolbengrund erhebende Hochblatt, die Spatha, den Eindruck eines fortlaufenden Stengels. Der fingergroße Blütenstand enthält sehr kleine und dichtstehende Zwitterblüten.
Standort: Gräben, Teichufer, Altwässer.
Verbreitung: Im 16. Jahrhundert aus Südostasien eingeführt, inzwischen in ganz Europa und vollständig eingebürgert. In Deutschland verbreitet. **Blütezeit**: Mai bis Juli.
Vermehrung: In Mittel- und Westeuropa nur vegetativ.
Allgemeines: Heilpflanze.

Drachenwurz *(Calla palustris)*

Merkmale: Zwischen 15 und 30 cm groß. Blätter mit glänzender Oberfläche, nahezu lederartig, herzförmig-rundlich, mit dem Stengel aus einer ober- oder unterirdisch kriechenden Grundachse emporwachsend. Die schlangenähnliche Wurzel führte zu dem ebenfalls gebräuchlichen Namen *Schlangenwurz*. Dicker Blütenkolben 2–4 cm lang, am Grunde mit Zwitterblüten, an der Spitze mit männlichen Blüten. Kolben wird von einem weißen Hüllblatt gestützt.
Standort: Bruchwälder (Erlenbruch), Waldsümpfe, Moorschlenken, Gräben.
Verbreitung: Nordeuropa bis Mittelschweden und Finnland, Mitteleuropa, im Westen bis Holland, Belgien und Frankreich, sonst Osteuropa. In Deutschland zerstreut, im Süden seltener.
Blütezeit: Mai bis Juli.
Allgemeines: Wurzelstock und Beeren *giftig*.

Aronstab *(Arum maculatum)*

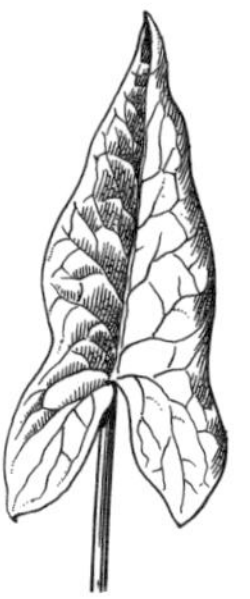

Merkmale: Mehrjährige Pflanze, 15–40 cm hoch, ausnahmsweise auch bis 60 cm. Die grundständigen, langgestielten Blätter werden 10–20 cm lang. Ihre Netznervatur stellt eine Besonderheit unter den einkeimblättrigen Pflanzen dar, ebenso die Pfeilform. Obwohl die Blätter verhältnismäßig selten und nur ganz schwach dunkelgrün bis braun gefleckt sind, brachten sie der Art den wissenschaftlichen und auch deutschen Namen *Gefleckter Aronstab* ein. Das große, tütenförmige, bis 25 cm lange Hochblatt (auch Blütenscheide oder Spatha genannt) umhüllt die untere Hälfte des Blütenkolbens ganz und erhebt sich auf einer Seite weit über ihn. Am (nicht sichtbaren) Teil des Kolbens sitzen die weiblichen Blüten unten, die männlichen darüber.
Standort: Laub- und Laubmischwälder, vor allem Buchen- und Auenwälder, gern auf Kalk.
Verbreitung: Süd- und Mitteleuropa, im Norden bis Südschweden. In Deutschland zerstreut, im Norden seltener.
Blütezeit: April bis Mai.
Vermehrung: Durch Samen. Komplizierter Bestäubungsmechanismus: Vom Aasgeruch angelockt versuchen Schmetterlingsmücken auf dem Rand der Hochblattscheide oder am Kolben zu landen. Sie rutschen jedoch an der glatten und durch feinste Öltröpfchen glitschigen Fläche ab und fallen in den Kessel (Gleitfallenblume). Haben sie aus älteren Blüten schon Blütenstaub mitgebracht, streifen sie ihn bei ihren Fluchtversuchen an den Narben ab, die daraufhin einschrumpfen. Die öligen Flächen trocknen ebenfalls ein, die erschlaffende Borstenreuse am Kesselhals eröffnet gleichzeitig den mit neuen Pollen beladenen Insekten den Weg in die Freiheit.
Allgemeines: Aus den Fruchtknoten entwickeln sich intensiv rote Beerenfrüchte, die wie die übrigen Pflanzenteile *sehr giftig* sind. □

Schmalblättriger Rohrkolben
(Typha angustifolia)

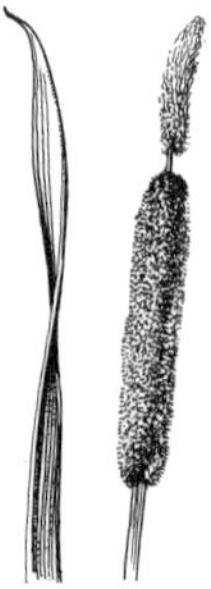

Merkmale: Mehrjährige, aufrechte, kräftige Pflanze mit kriechendem Wurzelstock und beblättertem, 100–200 cm hohem Stengel. Grasgrüne Blätter, 3–10 mm breit, linealisch, schwachrinnig. Blüten in Kolben angeordnet, die weiblichen, unteren Kolben von den männlichen, oberen durch einen Abstand von 3–5 cm deutlich getrennt. Neben den schmalen Blättern ein sicheres Bestimmungsmerkmal!
Standort: Röhricht und Verlandungszonen stehender und langsam fließender Gewässer, Sümpfe, Gräben und Ufer.
Verbreitung: In ganz Europa. In Deutschland in der Regel zerstreut bis selten, in manchen Gebieten, z. B. in höheren Lagen, ganz fehlend.
Blütezeit: Juni bis August.

Breitblättriger Rohrkolben
(Typha latifolia)

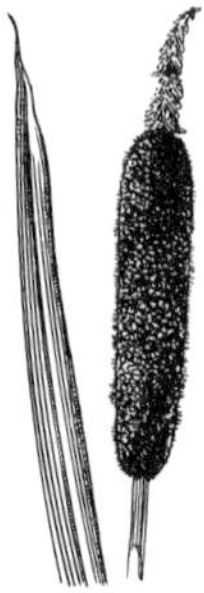

Merkmale: 100 bis 250 cm hohe Pflanze. Blaugrüne Blätter zweizeilig, 1 bis 2 cm breit (Name), linealisch. Sehr kleine männliche und weibliche Blüten in gleich langen, zylindrischen Kolben. Der dünnere und hellere männliche Kolben sitzt dem dickeren, zuletzt schwarzbraunen weiblichen Kolben unmittelbar auf. Die weiblichen Kolben können eine Länge von 30 cm erreichen und etwa 3 cm dick sein.
Standort: Vor allem auf schlammigem Grund in der Verlandungszone stehender Gewässer. Liebt nährstoffreichen Untergrund.
Verbreitung: Fast ganz Europa, im Norden bis Mittelschweden. In Deutschland verbreitet, stellenweise jedoch selten und allgemein zurückgehend.
Blütezeit: Ende Juni bis Anfang August. ☐

Ästiger Igelkolben *(Sparganium ramosum)*

Merkmale: Mehrjährige Sumpf-Pflanze mit kriechendem Wurzelstock. Durchschnittlich 30–80, manchmal auch 100 cm groß. Stengel ästig (Artname). Schwertförmige Blätter derb, nach unten zu dreikantig und bis in die Spitze gekielt, 0,5 bis 1,5 cm breit. Blüten eingeschlechtlich, in kugeligen Köpfchen vereinigt, größere weibliche Köpfchen unten, kleinere männliche oben. Fruchtstand in Igelform (Gattungsname). Blütenkopfstand insgesamt rispenförmig.
Standort: Stehende Gewässer.
Verbreitung: In ganz Europa zu finden.
Blütezeit: Juni bis August.
Vermehrung: Nach der Bestäubung wandeln sich die Griffel der zahlreichen Früchte in kleine Stacheln. Sie enthalten ein schwimmfähiges Gewebe, so daß sie übers Wasser zu neuen Standorten gelangen können.

Einfacher Igelkolben
(Sparganium emersum)

Merkmale: Mehrjährige Pflanze mit steif aufrechten Blättern und Stengel, dieser normalerweise zwischen 20 und 60 cm hoch, nur selten flutend, dann aber länger. Linealische Blätter 3–8 mm breit, gekielt, am Grund dreikantig, flutende Blätter meist mit hervortretendem Mittelnerv. Unverzweigter Blütenstand (sehr selten vorzweigt mit weiblichen Blütenköpfen) mit ähren- oder traubenartig angeordneten Blütenköpfen, die weiblichen zu 3–6, die männlichen zu 4–8 (beim ähnlichen *Schmalblättrigen Igelkolben* stehen die weiblichen zu 2 oder 3, die männlichen Köpfe zu 3 bis 6 zuammen); die untersten Köpfe häufig gestielt.
Standort: Teich-, See- und Flußufer, Röhricht, auf schlammigen Böden.
Verbreitung: Fast ganz Europa.
Blütezeit: Juni bis Juli. ☐

Rohrkolben-
gewächse

Igelkolben-
gewächse

Mitteleuropäische Lebensräume im Wandel

In den Jahrtausenden, die der Eiszeit folgten, konnten sich die Kältesteppen weiter Teile Europas nach und nach bewalden. Gletschereis hält sich bis heute in den Alpen und in Skandinavien. Bei ausreichend hohem Jahresniederschlag bildet **Wald** die kräftigste Pflanzengemeinschaft des Landes. Bei zu tiefem Grundwasserspiegel breitet sich Steppe aus, eine Pflanzengemeinschaft, die hauptsächlich aus Gräsern besteht.

Geschlossener Wald schafft verhältnismäßig tiefgründige Böden, begrenzt aber den grünen Bodenbewuchs durch Lichtmangel. Im reinen Nadelwald, wie er als **Taigagürtel** Eurasien und Nordamerika überzieht, herrschen ganzjährig ungünstige Lichtverhältnisse vor; dazu kommt ein hoher Säuregrad des Bodens, so daß hier nur wenig Wildblumen gedeihen.

Noch krassere »blumenfeindliche« Verhältnisse schaffen die Fichtenmonokulturen unserer Wirtschaftsforste, weil ihre Bestände nicht nur artgleich, sondern auch gleich alt sind. Eine Bodenbegrünung kann hier nicht mehr aufkommen. Laub- und Mischwald dagegen begünstigen Frühjahrsblüher, die sich im Windschutz der Bäume unmittelbar nach der Schneeschmelze entfalten und noch vor dem Austrieb des Blätterschirmes zur Blüte kommen. So sind viele unserer Frühlingsblumen Wald- und Waldrandpflanzen (Pestwurz, Veilchenarten, Leberblümchen, Buschwindröschen).

Wo der geschlossene Wald unterbrochen wird, kann sich die Arten- und Individuenfülle der Wildblumen vergrößern. Auf natürliche Weise fehlt der Wald im Hochgebirge, im Bereich regelmäßig überschwemmter Flußauen und in Moorgebieten. Die größten Breschen im europäischen Urwald schlug der Mensch durch seine Besiedelung, durch Ackerbau und Viehzucht. Er begünstigte durch die entstehende, reich gegliederte **Kulturlandschaft** viele Wildpflanzen und Wildtiere, so daß die Wildblumenflora Mitteleuropas durch den Menschen zunächst eine Artenbereicherung erfuhr.

Am weltumspannenden **Steppengürtel** hat nur Osteuropa mit der Pußta einen verhältnismäßig kleinen Anteil. Wildblumen Mitteleuropas mit Steppenherkunft wanderten größtenteils von Ost- und Südeuropa her ein, als mit dem Ackerbau menschengemachte Steppenbedingungen in einstigen Waldlandschaften geschaffen wurden. Viele unserer Ackerunkräuter gehören dieser Gruppe an. Sie sterben heute landschaftsweise wieder aus.

Auch **Mähwiesen** und **Viehweiden** sind bei uns mit Ausnahme der Hochgebirgsmatten oberhalb der Waldgrenze künstliche Biotope mit einer einst artenreichen natürlichen Pflanzengemeinschaft. Intensivnutzung durch hohe Düngergaben, die jährlich drei und mehr Schnitte ermöglichen, brachten eine Artenverarmung, die ihrerseits eine Ausdünnung der Tiergemeinschaften auf Wiesen, vor allem der Schmetterlinge, verursachte. Der Vergrößerung zusammenhängender Wirtschaftsflächen durch Flurbereinigung fielen und fallen zahlreiche Feldgehölze, Hecken und Gebüsche mit ihren Kleinbiotopen zum Opfer, die im engsten Umkreis der Sträucher und Bäume keine Mahd erfuhren. Sie wirkten deshalb als Vermehrungsinseln für zahlreiche Blütenpflanzen.

Heiden, Trockenrasen und **Magerwiesen** entstanden in unseren Breiten gleichfalls als Folge von Kulturmaßnahmen des Menschen. Heidekrautgewächse als Flächendecker auf einstigen Waldböden sind an hohe Luftfeuchtigkeit, Magerrasen unterhalb der Baumgrenze auf die Freistellung von Gehölzen angewiesen. Bei einer extensiven Bewirtschaftung, Voraussetzung für magere Böden, hielt man Strauch- und Baumwuchs fern – durch Weidegang und einmal jährliches Ausmähen im Spätsommer oder Herbst. Regelmäßige Düngergaben, auch in Form von Mist oder Jauche, vertreiben die kennzeichnenden Wildblumen der Trocken- und Magerrasen, so das Adonisröschen oder die Küchenschellen.

Auch staunasse und deshalb saure **Streuewiesen** (Roßwiesen) im Umkreis von Gewässern, Flachmooren und Hochmooren behalten ihre teilweise reiche Wildblumenflora am besten bei jährlicher Herbstmahd. Die Pflanzen können dann ihren Samen ausreifen; die Wegnahme des Bewuchses schützt die Pflanzendecke vor Verfilzung und vor Gehölzen.

Während das **Flachmoor** als Verlandungszone stehender Gewässer zunächst fruchtbar ist und viele Wasser- und Sumpfpflanzen ernähren kann, verarmt der Boden während der natürlichen Weiterentwicklung zum **Hochmoor.** Die wachsenden Schichten des Torfmooses, das selbst nicht auf Mutterboden angewiesen ist, heben die Pflanzendecke über den Grundwasserspiegel hinaus und machen das Biotop örtlich zum Trockengebiet auf staunassem Torfgrund. Torfabbau für einen überhöhten Verbrauch gewerblicher und privater Gärten sowie die noch immer nicht abgeschlossene Trockenlegung von Naßwiesen zur Nutzlandgewinnung ließen die Feuchtgebiete Europas erschreckend zurückgehen. Die herabgesetzte Wasserhaltekraft einer Landschaft führt zu unerwünscht schnellem Abfluß des Regenwassers. Die Pflanzen der Feuchtgebiete starben örtlich aus. Einige, wie die Schachblume oder die Sumpfgladiole, halten sich nur noch in sehr wenigen Verstecken mit rückläufigen Beständen.

Ein ganzes Bündel »moderner« Lebensräume dagegen konnte sich in unserem Jahrhundert ständig ausbreiten: die sogenannten **Ruderalfluren.** Man verbindet mit diesem Begriff unterschiedlichste Pflanzen, die jene Flächen, Plätze und Plätzchen besiedeln, die der Mensch für länger oder vorübergehend gleichsam übrig läßt, nicht bebaut und nicht als Kultur bearbeitet: Feldwege, Weg- und Straßenränder, Schienenstränge, Müllhalden, Fabrikgelände, Zaunstreifen, Aushübe auf Baustellen, Trümmergrundstücke, Mauerkronen. Die Ruderalfluren weisen im Gegensatz zu den **Segetalfluren** des Kulturlandes (Äcker, Gärten, Weinberge) oft sehr schlechte Böden auf, Rohböden, die nur von Pionierpflanzen erschlossen werden können, oder aber im Bereich der Schutthalden und Siedlungen Stickstoffübersättigung, oft nur wenig Bodenmasse

mit unterschiedlichem Nährstoff- und ungeordnetem Wasserangebot. Die Vegetationsspanne kann (wie auf den Segetalfluren) sehr kurz sein; nur anpassungsfähige, vielseitige, gegebenenfalls schnellblühende und -fruchtende Pflanzen kommen hier zum Zuge.

Diese Pflanzengemeinschaften sind uneinheitlich wie die Bedingungen, unter denen sie wachsen müssen. Neben vielen unscheinbaren Blüten, wie Wegerich, Hirtentäschel und Nesseln, finden wir hier ausgesprochen reizvolle Pflanzen, wie großblütige Disteln, Kletten, Nachtkerzen, Königskerzen, Weidenröschen und Natternkopf. Auch wenn die Ruderalpflanzen als Wildblumen oft kaum gewürdigt werden, so verdanken wir gerade ihnen, daß sich die Wunden, welche menschliche Betriebsamkeit der Kulturlandschaft beibringt, wieder begrünen, sich ohne unser Zutun sogar mit Blüten schmücken.

Die natürliche Verbreitung der Wildpflanzen belehrt uns darüber, daß es eng spezialisierte Arten gibt, die nur in einem Biotop bestimmter Bedingungen gedeihen, etwa das Edelweiß im Hochgebirge, der Queller im Salzwasser des Küstenlandes, der Frauenschuh im Waldesschatten oder das Sumpfknabenkraut auf Flachmooren. Zu diesen standortempfindlichen Arten gehören die meisten gefährdeten Wildblumen. Sie können nicht ausweichen, wenn ihr besonderer Lebensraum eingeengt, verändert oder zerstört wird.

Vergrößerte sich nach der Eiszeit die Artenfülle unserer Wildblumen durch die landschaftsgestaltende Tätigkeit des Menschen, so verarmt sie heute durch eine zivilisationsbedingte Landschaftsverödung. Wir erleben die Veränderung natürlicher Lebensraumqualitäten zugunsten gemachter Bedingungen. Wo die Erde mit einer Teer- oder Betondecke schließlich ganz versiegelt wird, erstirbt jeder Pflanzenwuchs.

Wildblumen sind kein Wirtschaftsfaktor. Als immer mehr Arten ausstarben und die Gefährdung vieler weiterer nicht mehr zu übersehen war, ging man daran, Schutzgesetze zu erlassen. Aber erst in jüngster Zeit schuf man auch die Grundlagen dafür: umfassende Bestandsaufnahmen. Seit dem Erscheinen der *Red Data Books* der International Union for Conservation of Nature (IUCN), der Internationalen Union zum Schutz der Natur und der natürlichen Hilfsquellen, werden Verzeichnisse ausgestorbener oder gefährdeter Tier- und Pflanzenarten »Rote Listen« genannt. Für die Bundesrepublik Deutschland enthält die »Rote Liste der Farn- und Blütenpflanzen« (2. Fassung, Stand 31. 12. 76), die 1981 unverändert aufgelegt wurde, folgende Zahlen:

58 Arten ausgestorben oder verschollen
161 Arten vom Aussterben bedroht
175 Arten stark gefährdet
213 Arten gefährdet
215 Arten potentiell gefährdet.

Diese zusammen 822 Arten machen fast ein Drittel (31 Prozent) der einheimischen und eingebürgerten Arten aus. Die Natur braucht unsere Fürsorge *heute*. G.S.

Register

Der Autor
Bertram Münker, Jahrgang 1956, hat sich durch seine Veröffentlichungen zum Thema Natur einen Namen gemacht. Er ist im Naturschutz tätig und Autor zahlreicher renommierter Zeitschriften. Bei seinen pflanzenkundlichen Arbeiten wird er von Manfred Stangier unterstützt, der ihn auch bei diesem Band wissenschaftlich beraten hat.

Der Zeichner
Fritz Wendler (†), geboren 1941, erhielt seine Ausbildung in Stahl- und Kupferstich bei Freiherr von Wackerbarth, München, und Professor Bajardi, Mailand. Er arbeitete zunächst als Kartograph, erregte aber bald Aufsehen durch seine minutiös durchgearbeiteten Tier- und Pflanzenzeichnungen. Seine Fähigkeit, Artmerkmale in lebendigem Zusammenhang mit der Gesamtgestalt eines Lebewesens zu sehen und darzustellen, sichern ihm europäischen Rang.

Der Herausgeber
Gunter Steinbach, geboren 1938, hat sich in zahlreichen Publikationen über die heimische Tier- und Pflanzenwelt einen Namen gemacht. Nach zwei Jahrzehnten Verlagstätigkeit lebt er heute auf seinem Einödhof im Westallgäu. Dort widmet er sich artgerechter Tierhaltung, dem biologischen Gartenbau in Höhenlagen und seinen Veröffentlichungen im Themenkreis Natur.